20世纪中国图书馆学文库·50

图书馆现代技术

刘荣 刘厚嘉 熊传荣 刘家真 编

圖 國家圖書館出版社

本书据武汉大学出版社 1986 年 12 月第 1 版排印

绪　言

　　图书馆的产生和发展与人类的各种社会活动与科学实践是分不开的。人类正面临着一场新的技术革命。电子计算机和现代通讯技术的广泛应用,促使我们的社会迅速向信息化社会发展。图书情报领域已成为人类信息收集,处理和传播的一个重要中心。电影,电视,录象等视听资料的应用成为图书馆传播知识的重要工具。印刷术的发明,使图书能够大量生产,文献复制技术提高了图书资料的传递速度,复制技术正冲击着出版印刷业。图书越来越多,占据的空间越来越大,各种新型信息存贮材料的出现,高密度激光存贮技术的使用,全息照相以及高密度缩微品的使用,向传统的记录知识的纸系统提出了挑战。图书保护技术研究危害图书的各种自然因素和社会因素,用科学方法对图书资料进行保护,使人类宝贵的精神和物质财富永远为人类造福。所有上述这些科学技术正在图书馆工作中迅速地发展着。总之,现代科学技术在图书馆工作中应用的理论知识和基本技能已成为图书馆工作者知识结构中的一个重要组成部分。

　　本书主要以计算机在图书馆各个方面的具体应用为重点,对图书馆自动化系统的设计原理,机读目录,编目子系统,索引子系统,连续出版物子系统,流通子系统及情报检索系统的设计方法;视听技术;文献缩微复制技术以及图书保护技术的基本原理作了论述,比较全面地介绍了图书馆现代技术的基本内容。

为了加深理解和全面掌握本课程的教学内容,与本教材配合使用的还有《图书馆现代技术学习指导书》和《图书馆现代技术教学参考资料》。前者对学习这门课程的方法,实验手段,内容要点,目的要求作了具体说明,并留有思考与练习题以便复习,后者是为了加深理解课程内容和扩大知识面而提供的参考资料。

图书馆现代技术是一门综合学科,它是建立在图书馆学,计算机科学和其它应用学科的基础之上的。同时还涉及到物理学,数学,化学,生物学,情报学,语言学及通讯科学等多种学科领域的知识,所以有志于图书馆现代技术事业者应广泛了解这些学科的有关知识。

在图书馆自动化中,要编制一个大型的自动化系统的计算机软件,不仅需要熟悉图书馆业务工作的各项要求,还需要系统的计算机科学知识和一定的编制应用软件的经验。这些都需要在今后的工作中不断的实践。本课程的教学目的,主要着眼于使学习者较全面的了解和掌握图书馆自动化技术,视听技术,文献复制技术,图书保护技术的理论知识和应用方法,了解图书馆现代技术的发展趋势,具有一定的动手能力,为从事图书馆现代技术工作打下基础,以适应图书馆现代化的需要。

本课程的实践性是很强的,在全面理解和熟练掌握基本理论的同时,还应该动手作一定的实验,增强感性认识,培养运用现代技术的能力,这一点对习惯文科学习方法的人来讲更应该引起注意。现代科学技术发展的一个重要特征就是学科之间的综合与渗透,这一点在学习过程中会逐渐体会到。学习的方法是很重要的,首先从宏观上弄懂基本概念和原理,然后再去解决具体问题,这是可以借鉴的方法之一。

本书在编写过程中,得到武汉大学图书情报学院领导的关心,出版社刘意成同志花费了不少时间,书中参考和引用了有关论著,在此一并表示深切的谢意。

2

本书第十三章由刘厚嘉编写,第十四章由熊传荣编写,第十五章由刘家真编写,毛玉姣参加了第九章的编写。其余各章由刘荣编写并最后统稿。

在我国,图书馆现代技术是一个新领域,理论研究和技术实践时间还很短,编者水平所限,错误和欠妥之处一定不少,恳请同志们不吝指正,以便进一步修订。

刘荣

1986 年 3 月

珞珈山

武汉大学图书情报学院

目　　录

3

8

第一章　图书情报工作的变革

第一节　图书馆现代技术体系

图书馆是人类文化的产物,电子计算机是现代科学技术领域中最卓越的成就之一。计算机与图书情报工作相结合,使传统的图书情报工作进入到一个自动化的新阶段。

从历史的角度可以看出,科学技术跟人类社会的相互影响是非常之大的。它不仅把人类从繁重的体力劳动中解放出来,而且不断创造新成果,不断提出新课题。计算机在图书情报工作中的应用,就是其中之一。它不仅丰富了图书情报工作的内容,而且扩大了这一领域的理论研究和科学实践的范围。

从五十年代图书馆开始计算机研究应用到现在,已经历了单机批式处理——联机处理——网络化处理三个阶段,图书馆已由最简单的机械装置,向全盘自动化过渡,使过去需要耗费大量人力和时间的手工操作,变成了高速、准确的自动化处理过程。

先进的工业国都在努力用现代技术装备图书情报机构,以开发"情报资源"。

图书馆工作之所以能发生如此重大的变化,主要有两个方面的原因。

1.科学技术发展,文献数量剧增,情报寿命缩短,要求对图书资料处理迅速,报导及时,传统的图书馆工作方法不能适应这种形势。如:美国国会图书馆已达8000万个收藏单位。平均每秒钟增加1.5个收藏单位,目录卡片以千万计,数量大得使读者很难使用。又如苏联国立公共科学图书馆每分钟接受读者各种要求20次,提供原本和复制本35份,服务项目达到了用秒计算的程度。这种在数量上和质量上对图书馆工作更高的要求,使得任何一个利用传统方法的图书馆都无力满足社会的需求。传统的图书馆工作方法与这种社会需求之间出现了越来越大的矛盾,所以图书馆必须寻求新技术以解决这种新矛盾。

2.科学技术的发展,尤其是电子计算机的出现,使图书馆工作自动化有了理想的设备。计算机功能不断完善,运算速度不断提高,使图书馆普遍使用计算机成为事实。包括通讯卫星在内的各种现代通讯设施为计算机化的图书馆网络提供了条件。所有这些技术成为图书馆工作发生变革的物质基础。所以随着科学技术的发展,图书馆实现自动化是必然的。

一、图书情报工作自动化的历史

图书馆工作向自动化方向发展大致经过了三个阶段。从这三个发展阶段可以看出,图书馆自动化必须依靠科学技术的发展。由于科学技术的发展,图书馆实现自动化是不以人的意志为转移的。

1.走向机械化

近代与现代科学技术的发展首先是从能量转换、传输与分布的研究开始的,如蒸汽机的出现和电力的应用。这一阶段的主要成果,是建立了电磁感应、电路学、应用力学以及热传播等理论,建成了动力工厂、热交换机、电动机、输电系统、配电网络等。这时期电力工业和电机制造工业的出现奠定了近代科学技术的基础。这一阶段从上个世纪末开始并占去了本世纪前面四十多年的时间。

这一时期以电力作为动力,采用了图书传送带和升降机;采用空气压缩机传送借书条;在书库里采用了手推车和水平机械传输装置。在检索方面,出现了手工穿孔卡片系统装置、光电穿孔卡片系统装置和缩微胶片(卷)系统装置等。其中,穿孔卡片的使用,在图书馆自动化过程中,有着重要的意义。

穿孔卡片源出于纺织工业。1725 年,在法国出现了第一条"存贮"程序的穿孔纸带。1801 年,在巴黎展出了第一台由穿孔卡片控制的织布机;1804 年,法国人 J. M. Jacqard 第一个使用穿孔卡片控制织布机工作。1880 年,美国人赫尔曼·霍勒瑞思(Herman Hollerith)设计出 80 列穿孔卡片和处理这种卡片的机器系统。该系统是由穿孔机、验孔机、分类机、计算穿孔机和制表机组成。1890 年,美国政府曾利用这种系统进行国情调查资料的分类和统计。1932 年,英国人 A. Perikins 又设计出一种边缘穿有直径 3 毫米的单排孔或双排孔卡片的编码方法,并在图书情报工作中得到应用。

这一时期较著名的系统有:1936 年拉尔夫·帕克在美国得克萨斯州立大学建立的霍勒瑞思穿孔卡片系统。开初用作图书流通管理,四十年代中期,该系统又被用于连续出版物的登记和管理。1942 年,美国新泽西州公共图书馆安装了两台在穿孔卡片上自动记录每份出版物的自动登记机。1950 年,美国国会图书馆使用穿孔卡片系统编制了书本式目录。利用穿孔卡片系统作为存贮和检索图书情报的手段,一直沿用了半个多世纪。图书馆自动化的早期,采用的就是这种机械系统,直到今天,这一简单的机械装置仍然使用着。尽管图书馆很早就把机械化、自动化方向作为研究的目标,但在电子计算机出现以前,由于工具的限制,并未取得显著的效果。

2. 走向自动化

1946 年,第一台电子计算机 ENIAC 型(Electroic Numerical In-tegrator and Computer)在美国出现,从而开始了人类科学技术的一个新阶段。这台计算机采用了 18000 个电子管,机重 30 多吨,占地面积 1500 平方呎。尽管笨重和运算不稳定,但由此开端各种用于技术计算和事务处理的计算机相继出现,图书馆也开始了应用计算机的研究和实验。

在这些研究中,最先实现了把文献按照固定的词库编制索引的是美国的卢恩(H. P. Luhn),从 1957 年到 1958 年他又完成了以关键词的统计处理为基础的自动文摘法和引文键词索引法。在情报检索方面,最初正式使用电子计算机的是肯特(A. Kent)。开始时,他们在以继电器为元件的选择器上进行试验。六十年代,他们完成了 GE225 型计算机情报检索系统。1954 年,美国海军兵器中心图书馆使用 IBM701 型计算机实现了单元词组配检索,成为最早使用计算机的图书情报机构。

这一阶段着重研究的科学技术有网络理论、电波整形、噪音控制、量子力学、电磁理论、通讯系统、预报理论、自动控制等。这一阶段的主要成果有雷达理论、复杂通讯系统、有色电视、宇宙航行,控制系统;具有重大意义的发展在于建立了巨大的通讯工业与电子工业;这一阶段最大的成就之一就是送人造地球卫星上天,同时出现了第二代晶体管电子计算机。

这一时期电子计算机的性能主要表现在:

1)逻辑元件已由电子管变为晶体管。由于不需要电子管那样的预热时间,而且电路已经小型化,运算速度由 1/1000 秒缩短到 1/1000000 秒,由于故障减少,可靠性迅速提高。

2)内存装置由磁鼓改为磁蕊。存取时间从 1/1000 秒缩短到 $1/10^8$ 秒,内存容量由大约 4000 个字增大到 30000 字以上。

3)软件也有显著进步。前期在编写程序时,或者直接使用机器语言,或者用与机器语言相近的汇编语言。这时已采用与自然语言相近的程序设计语言,并且实现了由电子计算机把程序语言翻译成机器语言的编译技术。同时还研制了用于大量分批处理系统和实时管理系统的管理程序。由于操作系统方面的这种进步,编写程序就比较容易,处理复杂的计算也就方便起来,应用程序得到了迅速发展。

电子计算机的进步,使图书馆自动化和情报检索也相应的逐步系统化。这时出现了定题批式处理和回溯检索系统。提问方式广泛采用的是,把要检索的内容或检索的特征当作关键词,并作成布尔逻辑运算式进行检索。由于是批式处理,在用户和系统之间,要有一位精通系统操作的专门人员操作,由用户委托他们将提问按适合于系统的形式加以规范。这项工作要求有相当熟练的技术和专门知识的人员进行。这时期,许多国家图书馆自动化系统开始出现。

下面是几个当时较有影响的自动化系统:

美国密苏里大学图书馆于 1958 年采用了图书流通自动控制系统。图书馆使用的机器是该大学数据处理中心的 IBM360/25 型计算机。主流通文档利用磁带存贮。尽管该系统开始使用时还不完善,只能输出文献号码、索取号和借者号,但在当时美国图书馆界很有影响,得到了美国图书馆委员会的重视和推荐。

1960 年,美国人布思诺夫(L. R. Bunnow)提出了编印目录卡片的机械化系统,1961 年开始编印只用大写字母的目录卡片,这是最初的机器可读目录。1962 年,美国加利福尼亚大学图书馆建成期刊管理自动化系统,该系统可编印全部馆藏目录,新书目录和未到新书目录。

1964 年,美国化学文摘社(CAS)建立了资料处理自动化系统,除作文摘和抽取关键词仍由人工完成外,其他过程均由计算机进行。该社出版的《化学题录》、《化学生物学活动》、《高分子科学与技术》以及《基本刊物文摘》均以书本、磁带两种形式发行。

1964 年,美国国立医学图书馆与美国化学文摘社同时实现了资料加工与检索自动化,取名为 MEDLARS(医学文献分析与检索系统)。文献标引采用医学标题表(MESH)。检索方式采用逻辑("与"、"或"、"非")组配。每篇文献可从 13 个角度查找。在当时,查全率可达 57%,查准率为 50.4%。1970 年,该图书馆进一步借助电话线实现了联机检索系统 MEDLINE 使用 IBM370/155 型电子计算机,能同时进行 45 个专题检索。MEDLINE 系统已经扩大到法国、西德、加拿大、澳大利亚和日本等国。

这一时期,工业较发达的国家,如日本、苏联、西德、意大利、法国、澳大利亚等国的图书情报自动化系统纷纷出现。

科学技术的发展为图书馆自动化提供了良好的物质条件,图书馆自动化系统进一步完善并开始走向广泛的实用阶段。

3. 走向网络化

随着第三代第四代电子计算机的问世,科学技术中十分活跃的一部分就是信息处理,被称为信息处理阶段。这时期研究的内容,主要有微电子学、激光、射流、仿生学、数理逻辑、通讯理论、计算机结构、程序理论、信息系统等。这些理论的实践,产生了软件技术,它的目标是寻求信息处理的最优解答。

在这一阶段,电子计算机领域分时技术逐步由实验阶段发展到实用阶段,与通讯系统相结合的 TSS(Time——Shared System 即分时系统)已在各个领域出现。属于软件技术的操作系统不但能够进行大量的数据处理,而且为各种工业部门的自动生产实现了过程控制。此时,情报检索已由批式处理向联机检索发展,从终端引入提问,立即可以得到回答。这一过程中最大的特点是读者直接同计算机会话,遇有错误出现可以立即修改,并可以反复进行提问检索。这一时期计算机在图书情报工作中应用研究的中心问题,是把人和计算机的关系以会话的方式联结起来,并向大型的网络化方向发展。

这时如美国的 NASA 系统,DIALOG 系统、ORBIT 系统、BRS 系统、MEDLINE 系统、欧洲航天局的 RECON 系统等,都在原有的基础上形成了跨国跨洲的国际网络。DIALOG 系统和 TYMNET 网络具有一定的代表性。

DIALOG 系统是美国洛克希德飞机公司的联机情报检索系统,属于会话型系统,1966 年研制成功,几经改进,现在已是世界最大的情报检索系统之一。DIALOG 系统文献数据库规模十分庞大,有 240 多个数据库,包括基础理论科学、工程技术、人文社会科学、商业经济四个领域,其中以科技文献为主,还包括专利情报、计划情报、市场动态情报和统计情报等。在全世界设立了 10000 多个终端。

DIALOG 采用了以下通讯线路:

1)4800 波特(480 字/秒)的高速专用线路;

2)1200 波特(120 字/秒)的直通电话;

3)300 波特的数据通讯线路(30 字/秒);

4)80—100 波特(8—10 字/秒)的电报线路。

此外,在美国国内还设有大量的咨询服务中心帮助检索。

TYMNET 网络是美国计算机情报检索通讯网。它是 TYM-SHARE 公司借用美国电话电报公司(ATT)和西联电信公司(WSTERN UNION)等机构的专用线路,以独自的技术研制成功的全美数据传输网。该网具备两个特点:一是位误传输低于 10^{-9} 即传输 10 亿位(大约合 1 亿字符)平均发生一位错误。第二是在美国国内不分远近收费都相同。所以美国许多联机情报检索系统都相继加入 TYMNET 网络。1975 年 TYMNET 把网络向东延伸到欧洲,先后在布鲁塞尔——海牙——巴黎——洛桑——伦敦设立网络点,使得欧洲这些城市都可以通过 TYMNET 网络利用 NLM,SDC,LOCKHEED 等机构的联机情报检索系统的文献资源。另一方向,TYMNET 网络又向西延伸到夏威夷,1976 年 11 月延伸到日本,1977 年又开始在菲律宾马尼拉、香港等地设立网络站。

目前,全美有网络通讯检索终端 50 多万台,几乎涉及到全部图书情报领域。在这些自动化系统中,值得注意的是,美国国会图书馆经过 7 年的努力,于 1981 年关闭了传统目录卡片的使用。机读目录占了主导地位。在图书馆自动化发展的历程中,这是一项具有里程碑意义的工作。

网络化可以使网络内的情报资源得到协调和平衡,以满足在不同地理环境中的用户对图书情报的需求。网络化是图书情报自动化发展的高级阶段。

二、图书馆现代技术体系

图书馆现代技术是在社会和科学技术发展过程中逐步形成的。它担负起变革图书馆工作的使命,把图书馆推向一个崭新的境界。

图书馆现代技术体系包括以下内容:

1. 电子计算机技术

电子计算机的使用使图书情报工作发生了根本性的变化。计算机具有存贮量大,处理速度快,输出形式多样,能够实现图书情报部门整体自动化和局部自动化控制。有智能系统,电子图书馆,电子书,电子邮政等。

2. 现代通讯技术

现代通讯技术包括电话通讯,电报通讯,电缆通讯,光导纤维通讯,激光通讯,卫星通讯及其它通讯设施。通讯技术的应用可实现联机检索和网络化,在远距离获得图书情报,达到图书情报地区或世界共享。

3. 光学技术

光学技术包括高密度激光存贮、全息缩微存贮、复制等技术。目前利用激光存贮技术,每个光盘可记录 56×10^9 位信息,相当于

1600 册 300 页的图书。可把五千万册以上的图书用四盘胶卷记录下来,缩微的密度和形式视需要情况可随意定其大小,可以是胶片、胶卷、平片等。计算机输出缩微胶卷提高了获得文献全文的速度,缩小了藏书空间。

4. 视听资料技术

视听资料技术是一种声像技术,包括唱片,幻灯片,录音带,录像带,电影,电视等。能使人们得到除图书以外的更直观更真实的情报信息。

5. 图书保护技术

图书保护技术研究危害知识载体的自然因素和社会因素,用科学方法加以保护。

6. 图书馆建筑及其它技术

图书馆建筑必须符合科学技术发展和人类文化的需要,包括采光及照明设施,空气调节、防污染设施,室内装饰,室内通讯设施,书库,书架自动控制装置,图书传送装置及其它自动化和机械化设施。

图书馆现代技术的形成和发展主要取决于:

1. 信息存贮技术及设备的发展:人类知识存贮经历了石,甲骨,竹,木,帛,纸,到今天的胶片,电影,唱片,磁带,录像盘,光盘等,扩大了图书馆对知识载体的使用范围和收藏领域。

2. 信息传播技术及设备的发展:无线电,电视,电话,电缆,激光通讯,卫星通信是传播信息的工具,促进了图书馆知识传播的速度。

3. 信息处理技术及设备的发展:印刷机,穿孔机,打字机,全息照相,缩微,复印,电子计算机的发展,促进了图书馆对信息加工的能力。

可以看出,以上三个方面,完善和充分发挥了图书馆的主要职能,随着图书馆现代技术的发展,图书馆工作将在一个更高层次的技术领域进行。

马克思主义认为,生产力的发展,首先是生产工具的发展。现代的生产工具大致分为工具机、动力机和信息机三种类型。工具机如车床;动力机如核电站;信息机是以计算机为核心,称为信息处理系统。信息处理技术日渐渗透、结合在工具机和动力机之中,使之高效化,自动化和现代化。图书情报工作处理的是大量的文字和数据信息,"信息时代"为图书情报工作开辟了广阔的技术领域,信息革命赋予了图书馆以新的使命,使图书馆具有更为宽广的时空意义。图书馆作为社会知识信息的存贮与传递中心,越来越受到社会的重视,图书馆将随着社会的信息化进入一个繁荣昌盛时代。图书馆作为社会的第一信息中心,将担负起社会知识信息的收集、整理,存贮、控制与传输的职能,成为社会的知识情报中心,文化中心,终生教育与研究中心。所以说,图书馆自动化无论对人们的思想、工作、方法以及对社会的影响,都是一场巨大的变革。

第二节 图书馆自动化概念与内容

一、图书馆自动化概念

"自动化"一词,在不同的环境中,有其特定的含义。从广义的角度理解,自动化是"采用能自动调节、检查、加工和控制的机器、设备进行生产作业,以代替人工直接操作的措施"。"是机械化的高级阶段"。

图书馆自动化是随着计算机技术的发展而建立起来的,自动化的目的是为了处理日益剧增的图书情报,提高图书情报工作效率,迅速、准确地为工业、农业、国防和科学研究的现代化建设提供图书情报。

图书馆自动化是一项综合技术,对图书馆工作产生以下影响:

1. 业务操作系统化:

通过计算机程序的自动控制,把图书的采访、验收、登记、编目、流通、情报检索等联成一体,利用以机读目录和数据库为中心的计算机系统开展图书馆各种业务工作。

2. 数据处理自动化:

对图书馆工作中的各种有关数据(书目、咨询、读者、流通、统计、经费等),计算机自动编排各种文档,并输出所需要的产品(目录、检索结果、通知单、统计表等)。数据处理是图书情报计算机处理的广义概念。

3. 记录事项规格化:

将书目、文献等存贮在磁带或磁盘等载体上,对磁带磁盘的记录格式、物理记录与逻辑记录的关系、字段、标识符号等必须作统一规定并严格执行。

4. 图书管理自动化:

即各种业务的自动分析。如读者服务的管理,图书资料馆藏统计与流通管理等。

5. 文献数据库化:

即把图书文献信息化,以一定的结构存贮在磁带等载体上,供各种计算机系统使用。

6. 数据传输网络化:

通过数据通讯线路,连接多个数据库,设立终端,实行远距离图书情报检索。建立地区或国家检索网络,使网络中的情报资源达到共享。

7. 数据利用普及化:

图书馆的资源通过计算机网络的传输,可以不受地理位置和交通条件的影响而得到普遍利用,而且效率高,费用低。

8.文献缩微复制自动化：

计算机输出缩微胶卷，速度快，可以复制。

归纳起来，图书馆自动化的概念是：以计算机为主体，与通讯系统相结合，对图书馆工作各环节实行自动控制的过程。

二、图书馆自动化内容

图书馆自动化系统主要实现以下几方面的自动化系统：

1）图书编目系统；

2）图书采访系统；

3）图书流通系统；

4）连续出版物系统；

5）编制索引系统；

6）情报检索系统。

此外，还有文献标引系统，图书分类系统，自动文摘系统，机器翻译系统等。对于图书馆自动化总系统而言，上述系统一般称为子系统。

图书馆大多数工作，计算机都可以做。但是，在自动化实施的过程中，应该首先明确，哪些由计算机完成，哪些必须由人手工进行；图书馆自动化先实现哪些部分，后实现哪些部分。完全依赖计算机或者对于计算机本身无法达到的目标一味地要去实现，都是不现实的，而且会使自动化失败。

第三节　图书馆自动化条件与组织

一、自动化条件

建立一个图书馆自动化系统，应具备下述条件：1、硬件；2、软

12

件;3、人员;4、可供使用的图书资料。

1. 硬件:是电子计算机本身及其外围设备,一般也称为硬设备。由输入输出装置、运算装置、存贮装置、操作台等组成。在联机系统中,有通讯控制设备、调制设备、终端输入输出设备等。

图书馆自动化对于计算机硬设备的要求一般是:

1)便于输入和处理自然语言(几种文字,特别是汉字的输入输出);

2)内存容量要大,处理速度要快;

3)快速输出与制表功能;

4)具有输出印刷底版或原始文献缩微胶卷功能;

5)具有显示功能,当需要图形显示时,要求显示分辨率高;

6)具有设立终端的功能。

应该指出的是,根据我国的实际情况,微型机在图书馆的应用具有重大的现实意义。微型机操作简便,使用灵活,维护较易,占地面积小,功能较强,是发展我国图书馆自动化带有方向性的机型。

2. 软件:软件是对计算机硬件而言的。软件是计算机完成任务所编的程序、文件以及所处理的信息的总称。如程序、数据、操作系统等都可称为软件。软件包括系统程序和用户程序两大部分。

1)系统程序:是控制与管理整个电子计算机工作的程序,是计算机基本软件之一。其中包括语言加工系统,数据库管理系统等。

2)应用程序:是针对图书馆具体工作编制的用户程序,是处理具体工作业务的。

图书馆自动化对计算机软件的要求比较复杂。在这些软件中,一些软件通常由制造厂根据机器性能设计与提供,如操作系统等基本软件;而图书采访、编目、检索等应用软件,通常由图书馆根据计算机的性能和图书馆的需要进行设计。

3.人员:图书馆自动化所需要的人员及数量视其自动化规模和具体条件而定,一般包括下述人员:

1)图书文献研究人员

负责对输入计算机图书、文献的评定选择。在建立文献数据库的过程中,对文献进行标引。

2)自动化系统分析和设计人员

负责分析原有系统的功能,确定计算机在图书馆使用的范围与达到的目的。这类人员由图书馆员和自动化设计人员组成。

3)程序设计人员

负责计算机运行前的具体设计工作。包括编制程序、上机调试、修改程序等。

4)机器操作和维护人员,包括输入准备人员(纸带、纸卡片穿孔或键盘输入人员)、操作员和维修员等。具体工作是:

① 输入准备人员将各种程序和图书文献形成穿孔纸带或纸卡片信息(或键盘输入),并校验无误,进行输入。

② 操作人员负责计算机运行管理服务工作。如:分析读者提问,编写提问式以及批式处理和联机处理的管理等。

③ 机器维护人员负责机器的检验、维修、机房设备的管理等。

4.可供利用的图书资料:即要有计算机可检索的对象——图书文献。

自动化系统的设计必须根据图书资料的数量以及要求计算机输出产品的形式来进行。馆藏资料的多少,可供计算机处理规模的大小,对于计算机系统的软件设计与管理人员的多少起着制约作用。如中小型图书馆可采用微型机或一定数量的终端进行图书管理和检索工作,而不一定要购置大、中型计算机。

在上述四个条件具备的情况下,一个图书馆自动化系统才能建立。但并不是说,四个条件在一个图书馆里必须全部具备,可以具备其中的一部分,也可以与计算机部门合作,共同具备上述条件,完成自动化系统。

二、自动化组织

建立一个图书馆自动化系统,除具备上述条件外,科学的组织与管理是实现自动化的基本保证。

图书馆自动化组织包括人员组织,设备组织和自动化系统设计组织。

自动化的人员组织,有以下几种方法:

1. 有目的的选派在职干部学习计算机知识,掌握计算机技术。这样的干部已有了图书情报工作的基础知识,一边学习,一边可以根据图书馆的需要进行计算机自动化的研究和设计。同时,争取得到具有计算机知识的专门人材。

2. 可在图书馆内组织自动化研究小组,研究内容包括计算机原理,程序设计,自动化系统分析,数据库的建立以及数据准备等,同时,对传统的图书馆工作作出具体分析,得出各种有关数据,研究和规划计算机的应用问题。

3. 除上述两种组织方法外,还可以直接委托计算机部门或程序设计人员进行一个图书馆自动化系统的设计工作。

自动化设备和自动化系统的组织,可以采取两种方式进行。

一是组织一个地区各类型图书情报机构,与计算机部门共同协作,在现有人力和设备的条件下,开展自动化研究和设计。

二是在同一系统中或同一专业领域内进行协作。如高等学校图书馆系统,公共图书馆系统,情报研究系统,科学院图书馆系统等,这些系统或专业领域在工作性质和内容方面比较一致,设备和人力可以适当安排,为图书情报工作自动化提供条件。

根据我国图书馆事业和计算机应用的实际情况,组织两种协作不仅是必要的,而且实践证明,也是可行的。同时也为网络化处理打下基础。

计算机及使用和管理费用都比较昂贵,一个图书馆要让它投入使用,从技术上和经济上讲,都不是轻而易举的事。因而,在设备、人力及协作方面,进行良好的组织是实现图书馆自动化的重要保证。

三、我国图书馆自动化的发展

我国图书馆自动化的发展,是从 1974 年开始。这一年 8 月,中央批准了"汉字信息处理工程"的研制工作,称为"748 工程"。主要包括汉字通讯、汉字排版,汉字情报检索的计算机应用软件、主题词表及机器翻译等。我国第一次大规模的图书馆自动化研究工作也随之开始。

我国最早研制计算机检索软件的单位是中国科学院计算技术研究所和第一机械工业部技术情报所。

中国科学院计算技术研究所,在 1973 年开始用国产 111 型计算机的汇编语言编写情报检索 QJ111 程序,1975 年投入运行,曾用来检索科技文献和公安户籍档案。1976 年与中国科学院图书馆合作试编了机读目录数据库,输入文献 5000 余篇,图书 300 余册,除进行成批处理 SDI 服务外,还进行了编制藏书目录和新书通报等试验。1979 年,中国科学院图书馆与有关单位协作编制了定题服务应用软件 SDI—111 系统。第一机械工业部情报所 1975 年 11 月对 500 篇铸造专业的外文文献进行主题词标引,与本部计算中心共同编制多检索词,顺排资料档的检索程序,在 DJS—C_4 型国产机上完成了检索实验,1977 年 12 月,在一机部大楼的终端设备上作了初步联机实验。终端和计算中心之间用市内电话线联接,从终端发出提问,从 500 篇文献中进行检索,几秒钟即将检索结果显示在终端设备的屏幕上,并在电传机上打出结果。这项成果在全国科学大会期间做了表演,受到欢迎。1979 年中国科技情报所与南京大学等单位协作编制了载有我国全部国家标准的国际交换用磁带,被联合国教科文组织验收后为 ISO 组织所接受。1979 年上海交通大学建立了检索系统。1979 年 4 月,一机部情报所、四川省机械工业局研究设计院计算站和情报站、武汉大学图书馆学系、陕西机械学院经济系协作在国产 TQ——16 型电子计算机上设计了 QJWS—2 检索程序。南京大学数学系情报检索教研室 1978 年与本校图书馆共同设计了 NDTS—78 西文图书检索系统。广东中山大学数学系计算机软件教研室 1976 年在国产 130 计算机上设计了多用户情报检索系统。1979 年北京图书馆、北京大学图书馆和图书馆学系、清华大学、中国图书进出口公司、中国科学院图书馆共同协作引进美国 MARC 磁带,对国外机读目录进行研究,并作了总体规划。1982 年武汉大学图书馆学系与湖北省情报所在 EC—1022b 计算机上研制了 SDI 系统。

从 1974 年开始,在五、六年时间里,全国高等学校图书馆系统、公共图书馆系统、科学院图书馆系统、科技情报系统,引进了一批计算机,使用了一批国产机,出现了一大批计算机图书情报应用的成果。科技情报系统在计算机检索方面发展迅速,全国已引进国外文献磁带 50 多种。其中一机部订购了《金属文摘》、《工程索引》、《英国机械文摘》、《科学文摘》四种磁带,1978 年向本部 100 个用户、500 多个课题进行了 SDI 服务。化工部情报所 1979 年引进美国《化学文摘》5 种磁带(化学题录、生化文摘、生态和环境文摘、能源文摘、高聚物科学技术文摘),与南京化学工业公司研究院计算站合作,在 S4000 型计算机上开展 SDI 服务。全国地质图书馆引进了美国地质文献磁带,在地质科学研究院 M160 计算机上开展 SDI 服务。邮电部情报所 1980 年引进日本 ACOS—500 型计算机。该机配有 ACOS—4 系统软件,IRS—4 情报检索软件以及 INSPEC、CAS、JICST 等文献磁带的转换程序,1980 年开始 SDI

服务。

国家建工总局情报所协同铁道、一机、交通、冶金、煤炭、石油、化工、地质各部情报所于 1980 年 3 月在香港装设了一台 DTC—382 型终端,通过香港电讯系统和国际通讯卫星与美国洛克希德公司的 DIALOG 系统联机,进行情报检索服务。终端一般 2 秒钟可与网络联通,15 秒钟即可与美国系统开始对话。每检索一个课题平均需十多分钟,一次可查十年内的资料,个别课题可查十五年以上。北京和香港之间采用邮递方式传送检索提问单和检索打印结果。国家建工总局安装一台电传机,以解决紧急课题快速传递问题。航天部在北京与西安之间设置了检索终端并已运行。1983年中国科学技术情报所与美国 DIALOG 等系统建立了国际联机检索终端,现在已有北京、上海、南京、杭州、福州、广州、石家庄、武汉、长沙、南昌、宁波、嘉兴、济南、西安、成都、重庆、包头、沈阳、长春等十九个城市设置了国际联机检索终端 30 多个,能查找世界400 多个数据库的信息资源。

据不完全统计,到 1985 年全国图书情报机构使用计算机及研制应用的单位有 400 多个。出现了一批国内数据库和一大批实用的自动化运行系统。北京图书馆 1984 年使用计算机对外开展MARC 磁带服务,目前正在筹备国际联机终端,中国科学院文献信息中心正在建立庞大的数据库和网络设施。目前,全国从事这项工作的人数已达 1000 多人。在这段时间里,我国完成了计算机使用的《汉语主题词表》,在全国文献工作标准化技术委员会下设立了第四分委员会——自动化分会,并进行了总规划,在全国高等学校的图书馆学系开设了有关图书馆现代化技术的课程。所有这一切都说明了我国图书情报工作自动化虽然起步较晚,但发展是迅速的。在一些地区,已开始规划实现图书馆计算机网络化的方案,不少地区正在筹建国际检索终端。我们应当相信,在不长的时间里,我国的图书馆自动化一定会赶上世界先进水平。

第二章 用计算机处理图书文献

第一节 计算机整体结构

电子计算机是用电子元件构成的现代化信息处理工具。它好象一个自动化信息加工厂,以数字、字母和符号作原料,经过加工、运算,得出数字或文件产品。1946 年第一台电子计算机诞生至今已发展到第五代。第一代计算机元件为电子管,第二代为晶体管,第三代为集成电路,第四代是大规模集成电路,第五代为激光元件。由于元器件的不断更新,计算机的运算速度从几万次/秒达到了亿次/秒,体积缩小,速度提高,计算机类型也越来越多。按功能分,有专用机,通用机;按运算量类型分,有数字计算机,模拟计算机,混合型计算机;按采用的数制分,有定点机,浮点机;按性能与大小分,有巨型、大型、中型、小型、微型计算机等。目前,计算机能做的工作有三千多种,其中,图书情报工作是计算机的重要用途之一。计算机之所以有这样显著的功能,是由于计算机能够"读、写、算、记、存"。"读、写"是将信息输入计算机和从计算机输出;"记"是将输入的信息记在内存中;"存"是将信息存在各种载体上;"算"是能对信息进行加工运算。这些任务是由几个具有特殊功能的装置完成的。这些装置是:1.输入器;2.运算器;3.存贮器;4.控制器;5.输出器。

它们之间的联系如下图所示:

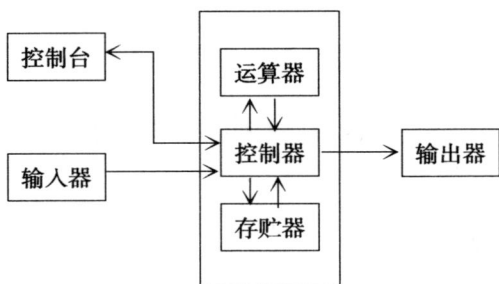

图 2—1

一、输入器

这是计算机与外部联系的通道,是把算题的计算步骤、有关数据以及图书资料中的篇名、作者、主题词、文摘和各种运算程序等送入计算机内的装置,包括各种输入设备,如:光电输入机、电传打字机等。使用计算机时,首先接触的就是输入器。不同型号的计算机配有不同的输入器。输入方式可分为两种:一种是依靠与计算机非直接连结的脱机装置,以适当的输入介质(如穿孔卡、纸带等)记录后进行输入的间接方式;另一种是不用记录介质,而依靠与计算机直接连结的联机装置进行输入的直接方式,这种方式也可用作会话处理和实时处理等。

二、(内)存贮器

是用以存贮原始数据、计算步骤以及运算过程中所得出的中间结果和最后结果的装置,可以存放图书资料和检索程序等。内存贮器是由一系列"单元"组成的,每个单元称为一个机器字,各有一个地址,组成每个机器字的磁蕊数,一般都是 8 的倍数。每个磁蕊可表示一个二进制代码,一个二进制位的一位为一个"比特"(Bit),8 个二进制位组成一个字节,称为一个 BYTE。一个存贮器

20

能贮存的全部信息量称为存贮容量,处理信息的单位是由字节数来表示的,例如能容纳 32768 个字的存贮器,其存贮容量为 32768字,对每个字从 0～32768 分别指定一个地址。

对图书馆使用计算机来说,要求内存贮器容量越大越好,但由于大容量、高速存贮器价格昂贵,从经济方面考虑自然会受到影响和限制。所以大多数采用低速廉价的大容量外存贮器作为辅助存贮器。外存贮器有磁带磁盘等。

三、运算器

这是把输入器输入到计算机内的各种信息根据程序的要求进行加工运算的装置。目前,计算机的运算主要有以下几种:

四则运算:加、减、乘、除;

逻辑运算:逻辑和(+)、逻辑乘(*)、逻辑非(-);

比较运算:大于、小于、等于。

四、控制器

是用以指挥整个计算机按照给定的计算步骤,协调地、有节奏地工作的装置,以控制计算机启动、输入、运算、打印结果、停止工作等。

五、输出器

是将计算结果或其它信息打印出来的装置,如打印出卡片目录、索引等。输出器种类很多,如宽行打印机,打印结果可直接阅读。还有屏幕显示装置等。

第二节　计算机的运算原理

一、命题计算

数学是建立在逻辑的法则之上的,同时又促进逻辑的发展。符号逻辑学中最基本的东西——命题计算,就是计算机最重要的原理之一。

命题计算的对象是命题。所谓命题,是具有具体意义,且能判断真假的文字。如下面的文字就是命题:

A.图书馆学是研究生物的科学。

B. $8 \times 3 = 24$。

在代数中,用字母可以代表数,在命题计算中,同样可以用字母来代表命题。

上述命题中,命题 A 是假的,命题 B 是真的。在这种场合,可用 $A = 0$,$B = 1$(用 0 表示假的,1 表示真的,$A = 0$,就是说命题 A 是假的)来表示。

以上命题只是表示一种内容的命题,叫基本命题;把几个基本命题集合起来的命题叫复合命题。

复合命题的真假由构成它的各个基本命题的真假来确定。在逻辑运算中,使用"与"、"或""非"等符号及括号把基本命题结合起来而成为复合命题。逻辑运算种类很多,这里主要介绍作为电子计算机运算基础的"加法"、"乘法"和"否定"原理。

1.命题相乘

正如两个矢量可以互相相乘一样,命题也可以互相相乘。但是,命题的相乘,是利用"与"这一个词把两个基本命题连接起来而构就一个复合命题的。

由此组成的复合命题便称作逻辑积。

命题运算的结果仍然是命题。但对我们说来,重要的一点是要搞清楚逻辑积的真假是如何由各个命题的真假来决定的,我们只要记住下面几条,就可以确定命题的真假。

1)如果两个基本命题都是假的,其逻辑积也是假的。

例:7 比 5 小与 5 比 9 大

不言而喻,其复合命题是假的。

2)两个基本命题中有一个是假的,它们的逻辑积也是假的。

例:7 比 5 大与 7 比 9 大

    7 比 5 小与 7 比 9 小

上面两种情况,第一种后面的命题是假的,第二种前面的命题是假的,所以其逻辑积也是假的。

3)仅仅在所有的命题都是真的情况下,它们的逻辑积才是真的。

例:7 比 8 小与 7 比 9 小

命题 A 与 B 的逻辑积可写成 AB(也可写成 $A \wedge B$ 或 $A * B$),如果逻辑积 AB 是真的话,则 AB=1;如果是假的话,则 AB=0。

把上面讲的列成表,则可得下表:

A	B	AB
1	1	1
1	0	0
0	1	0
0	0	0

我们把这个表叫做命题 $A * B$ 的逻辑积的真值表,由此表可以看出逻辑积 AB 的真值是如何由各个基本命题的真值来决定的。

当命题在两个以上时,情况也一样,如命题 A、B、C 的逻辑积 ABC,只有当基本命题 A、B、C 全是真的时,其积才是真的。

2. 命题相加

命题的加法是利用"或"这个词把两个命题连接起来而成为一个复合命题的,这个复合命题叫做逻辑和。

例:1)这个班的学生早上 7 点钟或 8 点钟开始上课。

2)明天上课时老师提问小王或小陈。

从这两个例子我们可以看出,这里的"或"具有两种意义:1)中的"或"表示这个班的学生要么在 8 点钟上课,要么在 7 点钟上课,既在 7 点钟又在 8 点钟开始上课是不可能的。就是说,它意味着"要么此时,要么彼时,不可能两个时间内同时开始上课"。而 2)中的"或",表示被提问者"要么是小王,要么是小陈,或者两人都被提问到"。

命题相加讲的逻辑和是指 2 这种场合,可写成:

A + B 或者 A∨B(明天上课时老师提问小陈 + 明天上课时老师提问小王)

我们所讲的逻辑和的运算规律,可以用下面的真值表表示:

A	B	A + B
0	0	0
0	1	1
1	0	1
1	1	1

也就是说,仅当 A 与 B 两个命题都为假时,他们的逻辑和才为假,其它情况下它们的逻辑和皆为真。

3. 命题否定

当一个命题 A 与"非"这个词连接起来时,就组成新命题"A非"。我们把它叫做命题 A 的否定,用 $\overline{A}$ 来表示。

例:今天借书——A;今天不借书—$\overline{A}$;

从上例可以看出,如果某个命题 A 是真的,那么 $\overline{A}$ 就是假的,

如果 A 是假的, $\overline{A}$ 就是真的。所以,否定的真值表如下所示:

A	$\overline{A}$
1	0
0	1

4. 逻辑运算的性质

用逻辑符号表示命题的逻辑关系叫逻辑式。

例:我去图书馆或资料室,并在那里看书。

可分解为:

A. 我去图书馆。

B. 我去资料室。

C. 我在那里看书。

A 与 B 组成逻辑和 A + B,第三个命题 C 与命题 A + B 组成逻辑积,用公式表示为:

$$(A + B) * C$$

所以,这个复合命题的逻辑式为:

$$X = (A + B) * C$$

如查找"汽车或拖拉机的发动机"的文献,用 A、B、C 分别表示三者,其逻辑式为 $(A + B) * C$。

如果:A 代表小王在图书馆里,

B 代表小王看书,

C 代表小王唱歌,

那么对于逻辑式 $X = \overline{A}\,\overline{B}C$,可用以下文字来描述:"小王不在图书馆里,不看书,在唱歌"。

又,对于"小王没有在图书馆里唱歌"这一命题,可写成如下逻辑式:

$$X = \overline{AC}$$

由于有非常复杂的命题,所以逻辑式也就很复杂;但无论多么复杂的逻辑运算,都有一定的规律性。

1）逻辑和的性质

① $A + B = B + A$

就是说,改变逻辑和的命题的顺序,其真值不变(这相当于普通加法运算中的交换律)。

② $A + (B + C) = (A + B) + C$

这相当于普通加法运算中的结合律。

③ $A + A + A + \cdots\cdots + A = A$

就是说,同一命题反复相加,其逻辑和的真值不变,这种性质叫"同字母反复律"。

④ 还有如下恒等式：

$$A + 1 = 1 \qquad A + 0 = A$$

2）逻辑积的性质

① $AB = BA$

$A \cdot (BC) = (AB) \cdot C$

② $A \cdot A \cdot A \cdots\cdots \cdot A = A$

$A \cdot 1 = A$

$A \cdot 0 = 0$

3）否定运算的性质

$A = \overline{\overline{A}}, A + \overline{A} = 1, A \cdot \overline{A} = 0$

这三种运算性质,可通过"分配律"把它们联系起来。例如：和普通代数一样,（逻辑）积对于（逻辑）和说来,具有如下的分配性质：

$A \cdot (B + C) = AB + AC$

但在逻辑运算中,逻辑和对于逻辑积说来,还具有像下面所示的分配性质：

$A + (BC) = (A + B) \cdot (A + C)$

为证明其正确性,让我们作出真值表：

26

A	B	C	BC	A + BC	A + B	A + C	(A + B) · (A + C)
1	1	1	1	1	1	1	1
1	1	0	0	1	1	1	1
1	0	1	0	1	1	1	1
1	0	0	0	1	1	1	1
0	1	1	1	1	1	1	1
0	1	0	0	0	1	0	0
0	0	1	0	0	0	1	0
0	0	0	0	0	0	0	0

试比较一下此真值表中第 5 列与第 8 列,马上可以看出,命题 A + BC 与命题(A + B) · (A + C)的真值相等。这样的命题叫做同值命题。

5. 复合命题的否定

不仅仅是各个基本命题的否定,复合命题全体被否定的逻辑式也是存在的。

例:$X = \overline{A + C}$

在这个命题 X 中,否定是对逻辑和 A + C 来进行的。像这种情况,只要使用下面两个公式,即可把复合命题的否定变换成各个基本命题的否定。

$$\overline{A \cdot B} = \overline{A} + \overline{B}$$

$$\overline{A + B} = \overline{A} \cdot \overline{B}$$

这两个公式的正确性,只要作一作真值表便可一目了然。

第一个公式可用如下文字来表示:

"二个命题的逻辑积的否定与各命题的否定的逻辑和同值"。

第二个公式也可用如下文字表示:

"二个命题的逻辑和的否定与各命题的否定的逻辑积同值"。

而且,基本命题不局限于两个,超过两个时,上面的公式依然成立。

所以,如写成一般式,如下所示:

$$\overline{ABCD\cdots\cdots K} = \overline{A} + \overline{B} + \overline{C} + \overline{D} + \cdots\cdots + \overline{K}$$

$$\overline{A + B + C + D + \cdots\cdots K} = \overline{A} \cdot \overline{B} \cdot \overline{C} \cdot \overline{D} \cdots\cdots \cdot K$$

我们把这两个公式叫做"狄·莫根定理"。

二、逻辑元件

上述的逻辑运算原理就是设计计算机的重要原理之一。

如果知道了命题 A、B 的真值,我们就能求出它们的逻辑和 A + B 及逻辑积 AB 的真值,又,不论是何种命题,只要知道它的真值,也就可以求出其否定的真值。

命题计算也可以看作是信号计算。我们把具有能使信号相加、相乘或否定的能力的装置叫做逻辑元件。

所有的电子计算机,不论是简单的,还是复杂的,都是由"与"、"或"、"非"等逻辑元件组成的。这些元件很容易把一种信号状态改变成另一种信号状态,从而使运算方便。

1."非"元件

在逻辑元件中,最简单的是进行否定运算的元件,我们称作"非"元件,或称作反相器。如下表示:

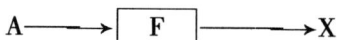

图 2—2

A 表示元件的输入端,X 表示输出端。如果输入端有信号,就表示这个元件否定真的命题;如果输入端无信号,就表示这个元件否定假的命题。

所以,如 A = 1 则 X = 0;如 A = 0 则 X = 1。

2."与"元件

能进行逻辑运算的装置叫"与"元件。"与"元件用下面的符

28

号表示：

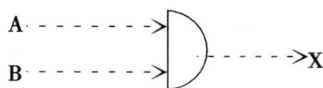

图　2-3

A、B 是元件的输入端,X 是输出端。只有当输入端 A、B 同时有信号(即两方命题同时为真)时,同逻辑积 A.B 的真值有关的信号,才在"与"元件的输出端出现。也就是说,只有 A、B 都为"1"时,X 才等于"1"。

3."或"元件

能进行逻辑和运算的装置,叫做"或"元件。"或"元件用下面的符号表示：

图　2-4

在命题加法中,命题 A、B、C……的逻辑和中有一个是真的,则逻辑和就是真的。所以输入端 A、B 的任何一方,或两方同时有信号时,输出端 X 便出现信号。

上述元件中,出现的信号的有无,可用"1"或"0"表示。

第三节　计算机中数的表示

电子计算机从外部接收到文字或数字表示的所有信息,然后在内部通过开关动作对信息进行处理,将处理的结果再次复原成数字或字母送到外部。

在计算机全部加工过程中,所有的信息都被分解成二进制数码"1"和"0"。因此,使用计算机就必须懂得所有的原材料,如数据、文献资料、字母、程序等变成使计算机能认识的符号之间的转换方式。

一、十进制数

我们日常生活中用得最多的数是"逢十进一"形式的数,叫做十进制数。这种数的每一位都是 0、1、2、3、4、5、6、7、8、9 十个数字中的一个,且以"10"代表"十",这个"十"就叫做十进制数的基数,数中不同位置的数字具有不同的含义。

例:$12.37_{(+)} = 1 + 10^1 + 2 \times 10^0 + 3 \times 10^{-1} + 7 \times 10^{-2}$

十进制数每一位上的数满了十,就向邻近的高位进一,所以,十进制数就是"逢十进一"的数制。

十进制数虽然应用广泛,但并不是唯一的计数制。在日常生活中还会遇到许多非十进制的数,如,1 分钟等于 60 秒,60 分钟为 1 小时,是六十进制,基数是 60;24 小时为一天,是二十四进制;12 个月为一年,是十二进制等等。这些都是以不同的基数进位制计算的。在计算机中,更多的是采用二进制和八进制数。

二、二进制数

二进制数的每一位是"0"、"1"两个数中的一个,其中,"10"表示"二",这个"二"就是二进制的基数。数中不同位置上的数字表示不同的含义。

例:二进制数 $10.011_{(=)} \quad 1 \times 2^1 + 0 \times 2^0 + 0 \times 2^{-1} +$
$$1 \times 2^{-2} + 1 \times 2^{-3}$$
$$= 2.375_{(+)}$$

其中,从左到右的二进位数字 1、0、0、1、1 分别是 2^1、2^0、2^{-1}、2^{-2}、2^{-3} 数位上的数字,二进制数每一位上的数字满了"二"就向高位上进一,所以,二进制就是"逢二进一"的计数制。

由此可知,十进制数中十个数字对应的二进制形式为:

十进制:	0	1	2	3	4	5	6	7	8	9
二进制:	0000	0001	0010	0011	0100	0101	0110	0111	1000	1001

从上面的表示式中可以看出,用二进制计数写起来既不方便,看起来也不习惯。那么,为什么电子计算机上又要采用二进制数呢? 因为二进制数具有别的数制所不具有的一些优点:

1. 表示容易:

二进制每一位上只有 0 或 1 两个不同的数字符号,所以任何具有两种不同稳定物理状态的元件都可以用来表示二进制的一位数。例如用高电位表示 1,低电位表示 0;有脉冲表示 1,无脉冲表示 0 等等。

2. 运算简单:

二进制中只有 0、1 两个数字,所以四则运算很简单。

3. 节省设备:

对表示一定范围的数来说,采用二进制能节省存储设备。

4. 可以使用布尔代数这一数学工具分析和综合有关逻辑线路,在一定程度上为设计计算机提供了方便。

由于以上这些优点,电子计算机中广泛采用二进计数制。

三、二进制数的加、减、乘、除运算法则

二进制数的加、减、乘、除运算和十进制数的运算法则相似,所不同的是在加法、乘法中遇到进位,就要"逢二进一";在减法、除法中遇到借位,就要"借一为二"。

例:$1011_{(二)} \times 101_{(二)} = 110111_{(二)}$

$1100_{(二)} + 100_{(二)} = 10000_{(二)}$

二进制乘法表   二进制加法表

$$0 \times 1 = 0 \qquad\qquad 0 + 1 = 1$$
$$1 \times 0 = 0 \qquad\qquad 1 + 0 = 1$$
$$1 \times 1 = 1 \qquad\qquad 0 + 0 = 0$$
$$0 \times 0 = 0 \qquad\qquad 1 + 1 = 10$$

二进制的减法,常用加"补数"的办法来实现。在十进制数的计算中,如减 9 或 98 之类的数时,可先减掉 10 或 100,然后再加上 1 或 2,这时,我们就把 1 叫做 9 的补数,2 叫做 98 的补数。

二进制的补数与十进制的补数形式相同,因此,可以利用这种特点把二进制减法化为对补数的加法。

我们规定,一个二进制数中各位数字 1 换 0,而数字 0 换 1,这样得到的叫做"反码","反码"加 1 得到的叫做"补码",即补数。

例:$7_{(+)} - 5_{(+)} = 2_{(+)}$ 化为二进制为

$111_{(=)} - 101_{(=)} = 010_{(=)}$

$101_{(=)}$ 的反码为 $010_{(=)}$ 则补码为 $011_{(=)}$

所以,$111_{(=)} + 011_{(=)} = 1010_{(=)}$

相加的结果,最高位有进位时丢掉进位,则为 010(=)。

可以看出,上述三式的结果是相等的。

二进制数中的除法运算是用减法来完成的,减法又是用加补数的方法完成的,所以说,在计算机中数的加、减、乘、除都是用加法的形式进行的。

四、八进制数

八进制数的每一位数字都是 0、1、2、3、4、5、6、7 八个数中的一个,且以,"10"表示"八",这个"八"就是它的基数。数中不同位置上的数字具有不同的含义。

例:八进制数 2.3 可以表示为:

$$2.3_{(八)} = 2 \times 8^0 + 3 \times 8^{-1} = 2.375_{(+)}$$

其中,2 是 8^0 数位上的数字,3 是 8^{-1} 数位上的数字。八进制每一位上的数字满了八,就向高一位进一,所以,八进制就是"逢八进一"的计数制。

从上例可以看出,八进制表示的 2.3 等于十进制表示的 2.375。

五、十进制、八进制、二进制数的互相转换

1. 数的十进制形式同八进制形式的互化:

任何一个数 X,在十进制和八进制里的表示形式是不一样的,但它们代表的数值大小是相同的,所以这两种数之间有一定的转换关系。

十进制形式转换成八进制形式的方法:

1)整数的化法——"除八取余,从后往前写"。

例:把十进制整数 $75_{(+)}$ 转换成八进制形式的整数。

即:

```
8 | 75        余数
  8 | 9 - - - 3
      1 - - - 4
```

根据"除八取余、从后往前写"方法得 $113_{(八)}$。

2)小数的化法——"乘八取整,从前往后写"。

例:把十进制小数 $0.825_{(+)}$ 转换成八进制形式的小数,

即:

```
        0.825
×           8
      6 . 600
×           8
      4 . 800
×           8
      6 . 400
```

33

根据"乘八取整,从前往后写"方法,得 $0.646_{(八)}$……

3)一般十进制数的化法——"整小分开化,整小合一成"。

先用上面两种方法,把一般十进制数的整数部分和小数部分分别转换成相应的八进制形式,再综合两部分的结果,就得到一般十进制数的八进制形式。

例:把十进制数 $75.825_{(十)}$ 转换成八进制数,即先把十进制整数 $75_{(十)}$ 按"除八取余"法则转换成八进制形式的整数 $113_{(八)}$,再把十进制小数 $0.825_{(十)}$ 按"乘八取整"方法转换成八进制形式的小数 0.646……$_{(八)}$。

最后,把两部分结果合起来,即得

$$75.825_{(十)}=113.646……_{(八)}$$

如果要把一个八进制形式的数转换成十进制形式,则可根据八进制数中各位数字的含义直接得出,即"按八展开法"。

例:把八进制数 $15.6_{(八)}$ 转换成十进制形式,只要按公式直接计算即可。

$$15.6_{(八)}=1\times 8^1+5+8^0+6\times 8^{-1}=13.75_{(十)}$$

2. 数的八进制形式同二进制形式的互化——"一位拉三位"。

由于 $8=2^3$,所以,八进制数的一位可以用二进制的三位来表示:

八进制	0	1	2	3	4	5	6	7
二进制	000	001	010	011	100	101	110	111

由此,数的八进制化为二进制时,可以采用"一位拉三位"的方法。

例:八进制数 $113.64_{(八)}$ 化为二进制时为

$$113.64_{(八)}=001001011.110100_{(二)}$$

反过来,数的二进制形式化为八进制形式时,以小数点为基准往左往右都是"三位并一位"。

例：二进制数 110.101$_{(二)}$ 化为八进制数时为

110.101$_{(二)}$ = 6.5$_{(八)}$

由于数的八进制形式同二进制形式的互化很简单,所以要把一个十进制形式的数转化为二进制形式的数,通常是先把它转化为八进制形式的数,然后再转化成二进制形式。

十、八、二进制数的对应关系如下：

十进制数	八进制数	二进制数
0	00	0000
1	01	0001
2	02	0010
3	03	0011
4	04	0100
5	05	0101
6	06	0110
7	07	0111
8	10	1000
9	11	1001
10	12	1010

第四节　软件与程序设计

一、软件

软件包含的内容相当丰富,下面是软件系统一览表,概括了现代软件系统的主要内容。

软件系统
- 系统程序
  - 面向用户的
    - 语言加工系统
    - 辅助系统
    - 应用程序及数据库
  - 面向维护人员的
    - 诊断维修系统
      - 调机程序
      - 诊断修复程序
    - 日常事务管理系统（记录机器运行情况）
  - 面向电脑自身的
    - 故障处理
    - 输入输出系统
    - 数据管理系统
    - 操作系统
      - 成批处理
      - 分时处理
      - 实时处理
- 用户程序

语言加工系统
- 语言
  - 机器语言
  - 程序设计语言
    - 低级语言——汇编语言
    - 高级语言
      - 编译
      - 语言
        - COBOL 等
        - ALGOL.
        - FORTRAN 等
        - PL/1,PASCAL,
        - ANA 等
      - 特殊问题专用语言
      - 一般专用程序语言
- 汇编及编译程序

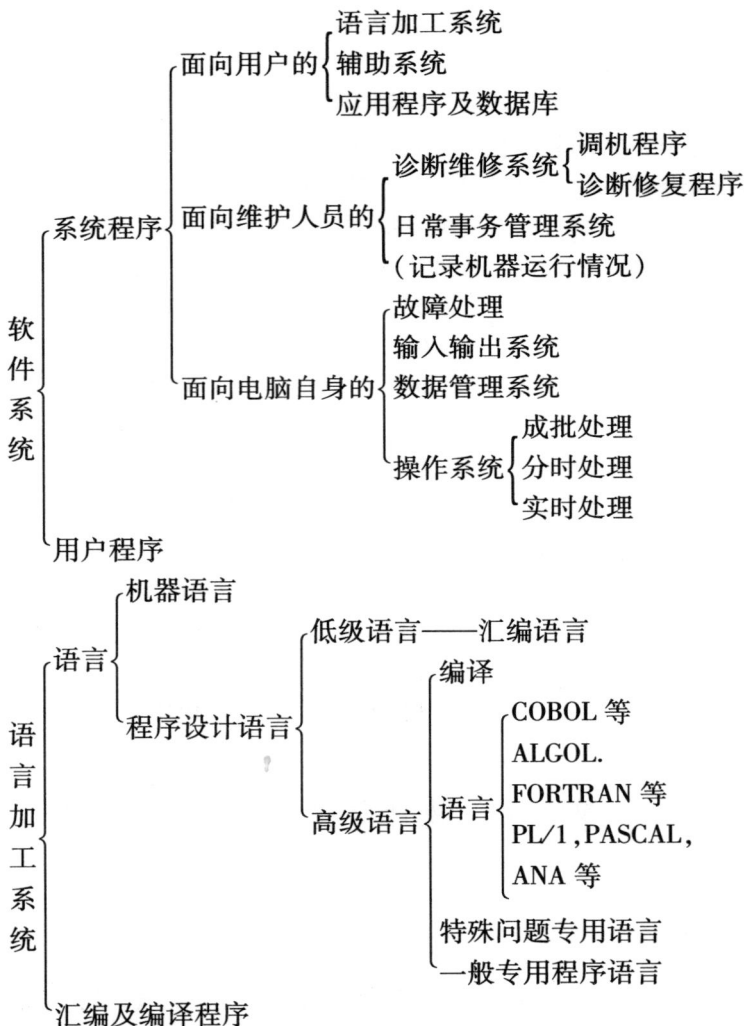

软件用高级语言编写,也可用机器语言编写。因为计算机直接执行的只是机器语言编写的程序,所以用高级语言编写的程序

须先经特定软件加工，将其变换成对应的机器指令，然后才能执行。

通用程序或程序包，也属软件之列。这些程序是解决一般问题的，如分类、更新料资档、统计分析等；也有为图书馆用的更专门的程序包。程序包的提供有以下机构：

1、计算机制造厂；

2、软件公司；

3、计算中心；

4、图书情报部门。

使用程序包一般要收费用，费用多少要根据程序包的复杂性，用户的数量，提供后援的次数和后援品的等级来定。目前，计算机系统开支的大约90%都用于软件而不是硬件。

二、程序设计

电子计算机运算速度很快，每秒可达几千万次甚至亿次，但其运算仍是严格按照事先人工安排好的一条条指令进行的。这一条条指令成为程序，编制程序的工作称为程序设计。

程序安排了计算机所要完成的任务及完成这一任务的严格步骤。离开了程序，计算机就无法工作，所以应用计算机的关键在于程序设计。

在计算机上完成一项作业的步骤是：

1、把要解决的问题转换成数学问题，这部分工作叫做建立数学模型；

2、对数学模型选择最佳的计算方法；

3、用框图和有向线段把处理问题的每一步骤详细描述出来。设计框图时要先粗后细，最后接近于用程序设计语言描述的程度。

4、按细框图编制程序；

5、在计算机上调试。

三、用 BASIC 语言进行程序设计

BASIC 是"Beginners ALL—Purpose Symbolic instruction Code"的缩写,意思是"初学者通用符号指令码"。这是一种交互式会话程序设计语言,它提供了人机对话功能,即通过电传打字机的键盘和印字装置或显示装置,人可以和计算机相互应答。

BASIC 语言的基本成分包括字母、数字、变量、表达式、函数以及一些标点符号和运算符号等。

基本词汇

1、字母

BASIC 语言采用了 26 个英文字母,即:

A B C D E F G H I J K L M
N O P Q R S T U V W X Y Z

2、数字

BASIC 语言使用 10 个阿拉伯数字,即:0 1 2 3 4 5 67 8 9

3、符号

1)运算符: + − * / ↑

2)分隔符及括号: : , · ? " " ( ) !

3)关系符:= < > > = < =

4)其它符号:# $ % &

4、基本词汇

在用 BASIC 语言编写程序时,常用下列一些英文词或缩写词:

ABS(绝对值)	LET(赋值)
CLOSE(关闭)	PRINT(打印)
DATA(数据)	READ(读入)
END(结束)	SGN(符号)
DIM(维数)	STEP(步长)

FILF(文件)　　　　　　THEN(则)
FOR(对于)　　　　　　WRITE(写)
INPUT(键盘输入)　　　COTO(转至)
IF(如果)　　　　　　　STOP(暂停)
INT(取整)　　　　　　TO(到)
NEXT(循环变量按步长增值)
REM(注解)

5、语句

语句是建立程序的 BASIC 指令形式。BASIC 语言是由一系列单独的语句构成的,每个语句都要写一个标号,也叫行号。行号由十进制整数构成,通常范围在 0～32676 之间,计算机执行程序时,是按行号顺序而不是按输入次序进行的。

1)赋值语句:LET〈变量〉=〈表达式〉

是将表达式的值赋予某个变量," = "读作赋值号。如:LET S = A + B,表示计算 A + B 的值然后赋给变量 S,LET 也可以不写。

例:10　　X = Y + 5

　　20　　H $ = "1984 · 10 · "

　　30　　M% = A% + N%

2)输出语句:PRINT〈一组打印项〉

在显示器上显示或在打印机上输出各打印项的值。

例:10　　PRINT　A + B + C + D

　　20　　PRINT　"72. 83/M3"

　　30　　PRINT"COMPUTER PROGRAM"

3)特定输出格式:

　　PRINT　TAB〈表达式〉;〈打印项〉

可以从打印机的任意字符位置处开始打印。

例:10　　PRINT TAB(3);"73. 87□ □ □ □ Jerry□ Willis"

20　PRINT TAB(3);"W734";TAB(12);

"Computers for Everybody"

30　PRINT TAB(12);"172P·␣ ␣ ␣ ␣ 　$5.95"

40　PRINT TAB(3);"00621"

程序执行后输出以作者为标目的卡片著录格式为：

```
73.87    Jerry willis

W734    Computers for Everybody

         172P.         $5.95

00621
```

4)键盘输入语句：INPUT〈一组变量〉。

是把数据从键盘上输入赋给所列的变量。

例：10　PRINT"VALUES OF A,B";

20　INPUT A,B

30　PRINT

40　S＝A＋B

50　PRINT"S＝";S

这时只要给显示屏上？(A)一个数据,？(B)一个数据,则 A
＋B 的值即显示出。

5)读数据语句：READ〈一组变量〉

DATA〈一组数据〉

READ 语句从数据区依次读出数据给各个变量。

例:20　DATA　3,2,5

　　30　READ　A,B,C

执行后则 3,2,5 分别赋给 A,B,C

6)转向语句:GOTO〈语句号〉

改变程序执行顺序。

7)条件转移语句:IF〈关系表达式〉THEN 语句。

BASIC 语言有许多语句,弄懂每个语句的含义,就可以编制出解决某个问题的程序。下面是两个实例,从中可以看出编写程序的过程和基本方法。

例 1:在 M 个项目中(此项目可以是数字、登录号、分类号、著者名、书名、出版年等)检索出某一个指定项 N $,并输出该项目所在的位置编号(第一个项目编号为 1)。

如果检索到时,输出项目的编号;如果找遍所有项目没有找到,则印出"NOT　FOUND"。编程如下:

```
10   DIMA $　(500)
20   PRINT　"M,N $";
30   INPUT　M,N $
40   PRINT
50   FOR　I=1　TO　M
60   READ　A　$(I)
70   IF　A $(I)=N $　THEN　GOSUB　95
75   NEXT　I
80   PRINT
85   PRINT　"NOT FOUND"
90   STOP
95   PRINT　I
100   PRINT A　$(I)
```

41

```
105    RETURN
110    DATA…
200    END
```

注释：

行 10 是数组说明，这里是 500 篇文献著录项目的存贮空间。

行 20 是打印 M，N $的符号。

行 30 是键盘输入准备查寻的文献著录项目总数和要检索的关键词（作者、书名……）。

行 50 到 75 是控制循环查找次数。

行 60 是从数据中读出一个项目。

行 70 是将读出的内容同检索词比较，如果命中则转到行 95 打印子程序入口。

行 80 是打印一篇命中文献后空一行。

行 85 是如果没有找到与输入关键词相同的项目，则印出"没有找到"并在 90 行停下。

行 95 到 105 是打印子程序。

行 110 以后为数据项。

行 200 表示程序全部结束。

如果键入 M 为 500，检索词 N $为："Computers for Everybody·Jerry Willis 1981."假定数据文档中第 251 条文献正好相符，则计算机打印出：

251

Computers for Everybody·Jerry Willis·1981。

若将 500 篇文献查找完毕，未有此文献，则输出：NOT FOUND。程序用正常出口，查完所有文献，即 I = M 时跳出循环。

例 2：有 A、B、C 三类读者，其编号分别为 2、3、4 开头的三位数，根据外借项目表求 C 类读者借书数的百分比。

表的记录形式为读者号、书号，表的结尾用 999 表示。

算法:根据题目要求,算法为

$$P = \frac{C \text{ 类读者外借数}}{\text{外借总数}} \times 100, M \text{ 为读者号}, N \text{ 为书号}。$$

P 为百分比,S 表示分子,L 表示分母,即:$P = \frac{S}{L} \times 100$

设计思想:

① 外借总数置 0;即 L = 0

② C 类读者外借数置 0;即 S = 0

③ 读下一个记录;

④ 如果是最后一条记录,则转到第 9 步;

⑤ 在外借总数上加 1;

⑥ 如果不是 C 类读者外借,则转第 3 步:

⑦ 是 C 类读者,在 C 类读者外借数上加 1;

⑧ 转到第 3 步;

⑨ 计算所需的百分比;

⑩ 打印出百分比;

⑪ 停机。

程序

```
10    LET      L = 0
20    LET      S = 0
30    INPUT    M , N
40    IF       M = 999   THEN   90
50    LET      L = L + 1
60    IF       M < 400        THEN 30
70    LET      S = S + 1
80    GOTO     30
90    LET      P = S/L * 100
100   PRINT    P
```

110　END

　　上机调试,能顺利运行便可以使用,否则要进行修改。调试时应该用实际数据。

第三章　图书文献的输入输出和存贮

第一节　程序、符号、文字信息化

为了把程序和文献资料输入到计算机内,必须把程序、文献资料等信息化。信息化的过程是按照一定的编码规则把程序和文献资料编成数码序列,穿孔在纸带或纸卡片上,通过光电输入机输入到计算机的内存中去。

一、字符的编码

不同型号的计算机能处理的字符种类是不同的,有的是 64 个字符,有的是 92 个字符等等。汉字字符个数更多,也采用编码的方法输入。这里以 TQ—16 型计算机字符编码为例予以说明。

TQ—16 型计算机所用字符共 64 个,其中任何一个字符可用二位八进制数(即六位二进制数)编码。编码表见下。

高位 ＼ 符号 ＼ 低位	0	1	2	3	4	5	6	7
0	0	1	2	3	4	5	6	7
1	3	9	·	10	A	B	C	D
2	E	F	G	H	I	J	K	L
3	M	N	O	P	Q	R	S	T

（续表）

符号 高位 \ 低位	0	1	2	3	4	5	6	7
4	U	V	W	X	Y	Z	+	−
5	*	/	÷	↑	∨	∧	¬	<
6	≤	=	≥	>	≠	,	:	;
7	#	(	)	[	]	'	ε	⌣

从表中可以看出,每个字符都有一个固定的编码,如 01 表示 1,11 表示 9,14 表示字母 A,70 表示#等。所以"图书馆"的汉语拼音和英文分别为:

Tushuguan　37 40 36 23 40 22 40 14 31……

Library　27 24 15 35 14 35 44……

名字 Smith　36 30 24 37 23……

图书分类号　34 11 05 10 12 02……
Q958.2

二、穿孔纸带

上述编码穿孔在纸带上才可使用,穿孔纸带一般有 8 单位和 5 单位。8 单位纸带每排有 9 个孔位:一个中导孔,一个奇偶校验孔,七个数码孔。5 单位纸带每排 6 个孔位:一个中导孔,一个奇偶校验孔,四个数码孔。

中导孔的主要作用是定位,对于每个中导孔所在排,相应的数码孔位有孔表示 1,无孔表示 0。

奇偶校验用来校验输入代码的正确性。如果同一排孔位上孔的个数(包括校验孔本身,但不包括中导孔)为奇数,则该排孔所代表的信息就输入机器,否则机器认为输入有误,就停止输入,即

46

为奇校验。但有两种孔型例外，一是只有中导孔，二是纸带的全孔，光电机遇到这两种孔型后，不把任何信息送入机器，所以不算输入有误。同样在偶校验中，纸带上任一排孔的总数不是偶数，也认为发生错误，停止输入。

对某一竖排孔的读法是：对 8 单位纸带，第 1—3 位和第 4—6 位各构成一个八进制数字，第 7 位构成一个二进制数字，所以一竖排孔可读出一个三位数，高位是二进制数字，后两位是八进制数字，如全孔可读作 177。对 5 单位纸带，1—3 位构成一个八进制数字，第 4 位构成一个二进制数字，所以一竖排孔可读出一个二位数，高位是二进制数字，后一位是八进制数字，如全孔可读作 17。

纸带的记录密度通常为 10 字/时，由于纸带上的信息是一长列的，须通过程序来控制每次读出的量，读出后传送到中央处理机存贮器上，读出速度是可变的，一般在 400—1000 字符/秒之间。下面是五单位纸带表示图。

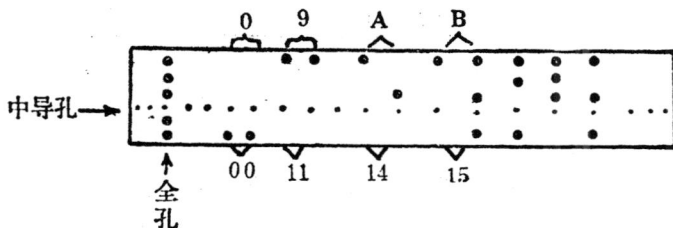

图 3-1

0,9,A,B,分别是 00,11,14,15(八进制,对照前表)。

除穿孔纸带外还有穿孔卡片，也是通过孔的有无来记录信息的。

穿孔纸带和穿孔卡片是最普通的存贮介质，它们有几个优点：便宜，容易更换，便于管理，数据准备比较简单，并且能脱机实现。

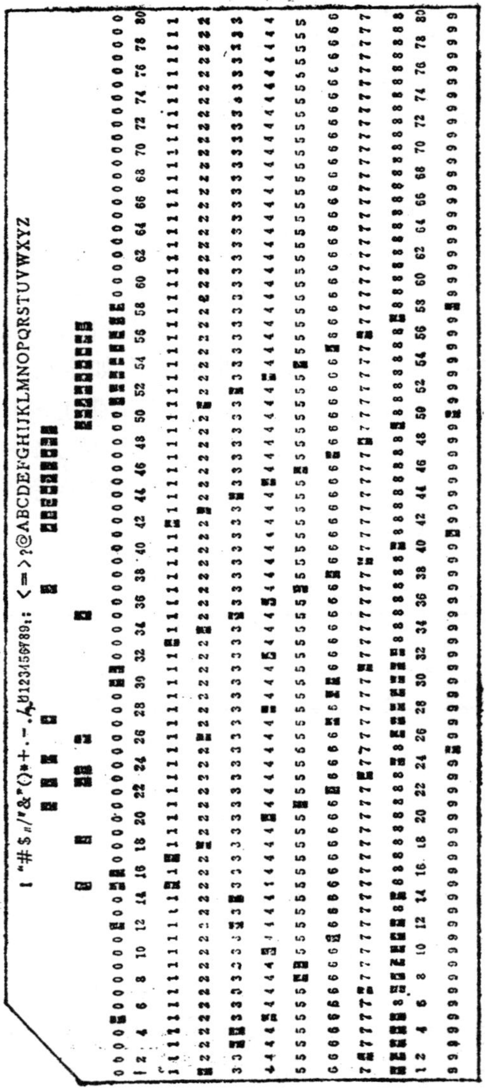

图 3—2 80 栏卡片格式

纸带和卡片的缺点是,容易损坏,与其它介质相比显得庞大,不节约存贮空间,每次读出它们时,必须重新把卡片或纸带装入读出器,而由于存贮器、运算器速度快,卡片或纸带输入速度慢,就造成计算机内部等待外部的现象。

可以看出,任何一个符号或字符,只要它在计算机可处理的符号、字符以内,都可以信息化,输入计算机和从计算机里输出。

除上述用介质输入外,还可用终端键盘打字机直接键入。输入的方法同打字一样,将文献逐字按键,在程序控制下自动输入计算机,并可在键盘上修改,操作方便,但占用机时较多,一般不作为大量文献输入的手段。

第二节　图书文献输入输出装置

一、输入装置

输入装置的作用是将图书资料输入计算机,根据输入方式分类如下:

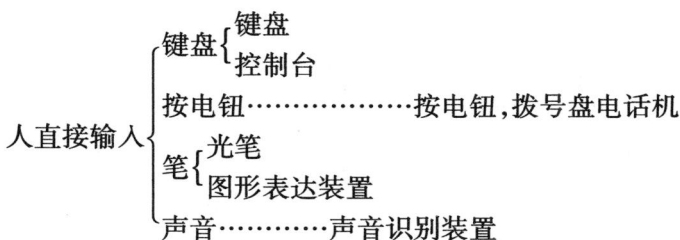

人直接输入
- 键盘
  - 键盘
  - 控制台
- 按电钮…………………按电钮,拨号盘电话机
- 笔
  - 光笔
  - 图形表达装置
- 声音…………声音识别装置

$$
由记录载体输入
\begin{cases}
文字输入
\begin{cases}
磁性墨水字符……磁性墨水文字读取装置 \\
印刷字符…………光学文字读取装置 \\
手写字符…………光学文字读取装置
\end{cases} \\[2mm]
标记输入……手写标记
\begin{cases}
光学标记读取装置 \\
磁性标记读取装置
\end{cases} \\[2mm]
符号输入
\begin{cases}
纸带…………纸带读取装置 \\
纸卡片………卡片读取装置 \\
磁卡片………磁卡片读取装置 \\
磁带…………磁带读取装置
\end{cases}
\end{cases}
$$

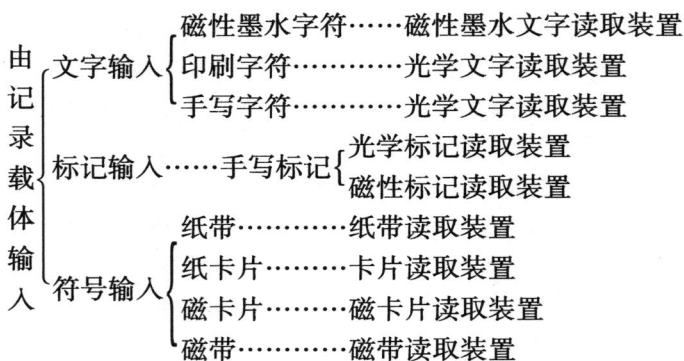

对于大量图书文献的输入,常采用记录载体输入的方式,这种方式是目前图书文献的主要输入方式之一。

键盘、光笔等可作为终端输入设备,远距离操作,联机输入很方便,操作简单,便于随时输入,但这种输入设备要求质量高,没有前者经济。

二、输出装置

这是由计算机输出各种产品如书目、文献、数据的装置。根据输出形式分类如下:

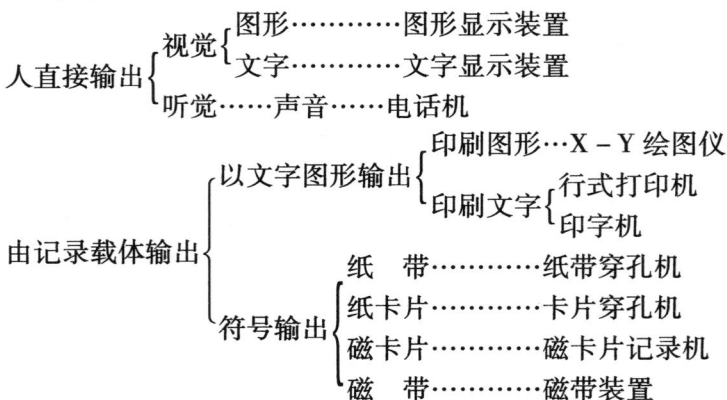

$$
人直接输出
\begin{cases}
视觉
\begin{cases}
图形…………图形显示装置 \\
文字…………文字显示装置
\end{cases} \\[2mm]
听觉……声音……电话机
\end{cases}
$$

$$
由记录载体输出
\begin{cases}
以文字图形输出
\begin{cases}
印刷图形…X－Y绘图仪 \\
印刷文字
\begin{cases}
行式打印机 \\
印字机
\end{cases}
\end{cases} \\[2mm]
符号输出
\begin{cases}
纸\quad 带…………纸带穿孔机 \\
纸卡片…………卡片穿孔机 \\
磁卡片…………磁卡片记录机 \\
磁\quad 带…………磁带装置
\end{cases}
\end{cases}
$$

我国图书情报部门目前使用比较广泛的输出方式,是行式打印机,可以根据图书馆的要求,打印出不同的格式。

在情报检索系统里,因为初始数据的大量输入和检索时利用会话型检索的人机系统及 SDI 等要求一下子输出大量数据,所以键盘打字机显示装置及 COM 装置具有代表性。

三、键盘打字机

这是目前广泛用于文献数据通讯的终端装置。一般地说,键盘打字机按照其 1、同电子计算机的连接方式;2、在终端之间的使用情况;3、印字种类,印字速度,绘图功能;4、作为辅助的纸带的穿孔或读出功能;5、向磁带或盒式带输出的功能等,而有许多类型。

用于图书馆自动化或情报检索方面的电传键盘打字机往往把一部分指令设置为功能键,便于操作。

在使用普通键盘时,常用数字、英文字母和符号输入命令。在使用具有功能键的键盘时,由于一条指令预备一个键,同利用普通键盘输入的方法相比较,操作是容易的。从下页键功能表可以看出键盘上不同符号的键所具有的不同功能

四、显示装置

显示装置由于回答迅速,使用方便,比较直观,所以对于会话型检索系统是很好的输出装置。这种装置以画面来表达,修改也较容易。

显示装置按照使用目的可分为,用于单纯显示情报的指示器,用于人与计算机对话的控制台显示,以及用于向许多人显示的大屏幕显示装置。这里介绍字符显示装置。

	键	功　　　　能
使用 开始	USER(U)	确认用户的姓名和地址
检 索 范 围 指 定	LIST(L)	指定存贮文献数据的检索范围
	AUSH(A)	指定著者姓名
	CORP(C)	指定所属机关名
	#	指定应当检索的文献流水号
	DATA(D)	指定应当检索的文献的出版时间范围
关键词 的指定	SUBJECT(S)	作为检索标志的主题词的输入
输 出	TITLE(T)	引文索引的显示
	ORDER(O)	指定打印、输出
辅 助 键	·	检索完毕
	+	显示要求下一页
	–	显示要求上一页

（键功能表）

　　字符显示装置通过通讯线路与电子计算机进行数据交换,对于画面,为了使之不发生内变现象,以每秒 30—60 次的比率读出。

　　文字发生器是根据控制器的指令,把从存贮装置读出的文字符号在荧光屏上显示的装置。所以控制器是文字符号显示装置的中心。

　　用户进行输入时,一般采用向电子计算机传送信息的功能键,由按盘上的键将文字写入存贮装置。同时,用户可以用特定的键来移动指示器(光标),对写入的内容进行修改。另外,利用光笔也可以直接指定文字的位置和修改,到得到正确的结果为止。

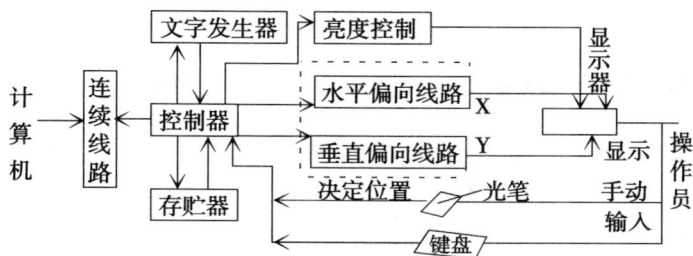

图 3-3　字符显示装置的基本结构

五、COM 装置

与电子计算机中央处理装置的高速度相比,一般输入输出装置的速度是不相称的,故其能力远未发挥。COM 装置(compu－ter output microfilm,即计算机输出缩微胶卷)以缩微胶卷直接进行电子计算机的输出,使计算机的输出速度显著提高。

这种装置是当文献在磁带输出时,不用行式打印机直接打出,而是由 COM 装置从磁带转向缩微胶卷输出。一般缩微胶卷文献贮存密度可达 10^8bit/cm^2,为磁带的 100 倍,输出速度可达 5000行/分钟—30000 行/分钟,同时缩微胶卷还便于保管和使用。

COM 装置由下述各部分构成:磁带装置和控制装置;显示磁带内容的文字发生装置和 CRT(cathoderay Tube);将 CRT 上所显示的图形或文字拍摄为缩微胶卷的装置;将缩微胶卷显像的显像装置;制作缩微胶卷的复制品以及从缩微胶卷进行复制的打印机;读取缩微胶卷的阅读机;检索缩微胶卷等装置。同时,根据使用目的,也可以把这些装置组合起来使用。

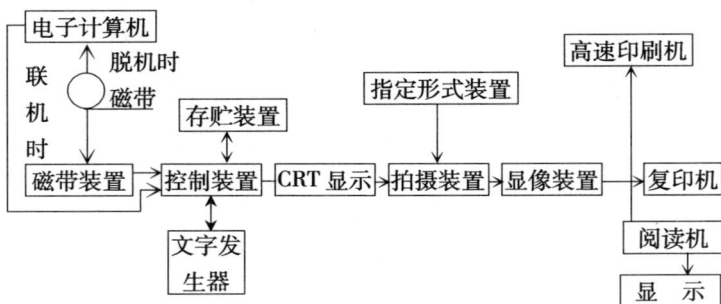

图 3-4　COM 装置略图

六、光电输入机

光电输入机是把文献数据、程序在计算机和输入指令的控制下输入到计算机中去的装置。

输入时一般分两步：

1. 首先把文献、数据、程序在穿孔机上形成穿孔纸带；

2. 将穿孔纸带放在光电输入机带盘上，在计算机输入指令控制下启动输入。

光电输入机一般由主动轮、压轮、制动轮、带盘、摆杆、光电放大器等组成。主动轮由马达带动旋转。左带盘放带，右带盘收带。纸带上方装有光源，下方装有光敏管，当纸带前进时，光源照在纸带上（穿孔纸带上有孔表示"1"，无孔表示"0"，即光的有和无），在光敏管的作用下，将光信号的有无转换成电脉冲的有无，从而将所有信息（文献、程序、数据等）输入到计算机里。

七、宽行打印机

打印机是电子计算机的主要输出设备之一。它的作用是把电子计算机计算的结果或中间结果以人能识别的数字和符号按照一定的格式打印在表格或纸上,如书目,索引,检索出的文献等。

打印机所能打印各种字符的多少叫打印字符种类,打印机一行最多能打印的字符个数称为打印位数,有 16 位、80 位、120 位、160 位几种,一行中打印的字符越多,打印纸也越宽,所以打印机位数也叫打印宽度。16 行以下的叫窄行打印机,80 行以上的叫宽行打印机。

打印机每秒钟能打印的行数叫打印速度,一般的宽行打印机的打印速度是 10 行/秒。

打印机一般由打印系统、走纸系统、色带系统和逻辑控制系统四部分组成。

打印系统由字轮、榔头、电磁铁等组成。当主机给一打印信息时,电磁铁的线圈通有一定宽度和一定幅度的电流,电磁铁吸引打印杠杆,即打印开始。

走纸系统由步进电机和打印纸组成,打印机打完一行之后,打印纸前进一格,不断打印,纸就不断地一格一格前进。

色带系统主要由两个色带轴、色带和两个伺服电机组成,两个色带轴分别由两个伺服电机带动轮换卷带。

逻辑控制部分主要是控制线路连接各工作部分,使打印机协调和稳定地工作。

对于计算机输出的格式,主要是在程序设计时进行设计,如目录卡片格式,检索出的文献的排列以及表格等等都是事先设计好了的,打印机只是按照计算机给出的信息工作,它本身不作格式处理。

除上述几种输入输出装置外,图书馆自动化使用的输入输出装置还有卡片输入机、键盘磁带输入机、键盘磁盘输入机、光学读出机、纸带穿孔输出机、卡片穿孔输出机、制表打字机、自动绘图机、静电印刷打印机等。

其中光学读出机是新型的输入装置之一,它包括光学字符读出机,光学标志标出机和磁油墨读出机等,是利用光对字符的照射并转换反射光为电信号而识别出字符的一种装置。可以将文献、程序、手稿直接输入计算机而不必先制作穿孔纸带或穿孔卡片等。

第三节　图书文献存贮装置

存贮装置是电子计算机存贮文献、数据及程序的装置,根据使用目的的不同有多种结构,性能也有很大区别。

一、存贮体及存贮装置类型

```
      ┌ 纸带……………………纸带装置和保管库
  带 ┤ 磁带……………………磁带装置和保管库
      └ 视频带…………………视频带装置和保管库

      ┌         ┌ 固 定………磁盘装置
      │ 磁盘 ┤ 可 卸………磁盘组件装置和组件保管库
  盘 ┤ 陶瓷盘…………………盘装置
      │ 光盘
      └ 录像盘

  鼓……………………磁鼓装置
  蕊……………………磁蕊……磁蕊存贮装置
  半导体…………高速缓冲存贮装置

      ┌ 无散光光源 ┌ 缩微胶卷装置
  膜 ┤             └ 滚筒胶卷装置
      └ 散光光源……………光学存贮装置
```

一般地讲,存贮载体的选择和对所存贮的情报资料如何利用,关系是很密切的。如果在联机系统里,要求检索性能高,一般应采用磁盘;在脱机系统里,一般多采用磁带进行存贮。

二、磁带存贮器

磁带本身是由塑料制成的长带,带的表面涂着磁层。磁带一端卷在供带盘上,另一端卷在收带盘上,在进行读写操作时,由于两盘的转动,磁带逐渐由供带盘上放出而卷在收带盘上,磁头紧贴着磁带进行读出和写入。当第二次读写时,必须先使磁带反方向运转,从收带盘上倒转送回到供带盘上,然后再由正方向运转,进行读写操作。这就是磁带在磁带机上工作的基本过程。

目前,图书情报存贮普遍使用的磁带有 1 吋和 0.5 吋两种。国内一般为 1 吋的宽度,记录密度每毫米 20—30 个二进制信息,磁带道数为 9 道、7 道、16 道等,长度为 800—1000 米,厚度 50 和 37 微米,漏码率为 $10^{-5}-10^{-6}$,国产磁带机走带速度一般 2M/秒。一盘磁带上可记录 2×10^7 BYTE(约二千万个字符)的信息。

磁带存贮器具有存贮密度高、容量大、成本低、磁带本身可多次使用,又可长期保存而不破坏信息等优点。它还可以作输入输出设备使用。在作输入设备时,先将信息记录在磁带上,然后把它放在输入装置中,就可把所记录的图书情报信息读出而送入主机内;在作输出设备时,主机把所输出的结果先记录在磁带上,然后把它放在专门的磁带印刷机上,便可将记录在磁带上的图书情报打印在纸上。因而,磁带存贮器是图书馆使用的主要存贮装置之一。

1. 磁记录原理及方式

磁带存贮器的记录原理是利用某些铁磁材料不同剩磁状态进行二进制信息的存贮的。若用正剩磁表示代码"1",则负剩磁便表示代码"0"。

判别这些状态的是磁头,磁头实际上就是绕有线圈的电磁铁。当线圈上通有一定方向的电流时,就在铁蕊里产生相应方向的磁通,在铁蕊空隙处就引起一定方向的磁场,载磁体在磁场作用下,就被磁化成相应极性的磁化单元。若电流方向为写"1",则在线圈里通入相反方向的电流,就可以得到相反极性的磁化单元,即为"0"。

如何读出记录在载磁体上的信息呢?是通过磁头相对于载磁体进行运动,切断磁化单元的磁力线,从而使绕在铁蕊上的读出线圈感应出不同方向的电动势来进行区别的。

磁记录的方式,一般有归零制,不归零制和调相制几种:

1)归零制记录方式

此记录方式在记录"1"时,读写磁头的线圈里,通某一方向的(规定为正方向的)窄脉冲电源;在记录"0"时,读写磁头线圈里通一个相反方向的窄脉冲电流。记录完毕,读写磁头线圈里没有电流脉冲,这就是归零制的含义。线圈里的电流产生磁场,使处在读写磁头下面的磁层达到相应的饱和磁化状态。由于电流方向不同,磁化方向也不同,两种不同磁化方向分别用来表示"1"和"0",或者先把磁表面在工作前就磁化为某一剩磁方向(例如正剩磁)。若记录"1"信息时,则通以一个方向的脉冲电流,使它磁化为负剩磁状态;记录"0"信息时,则不加电流脉冲。

利用一定的剩磁方向来区别"1"信号和"0"信号是归零制的主要特点。

2)不归零记录方式

不归零记录方式是指在记录信息时,磁头线圈若没有正方向磁化电流,就必有反方向的磁化电流,不停留在无电流的状态(即不归零)。因此,记录信息的磁层,不是正方向饱和磁化(记录1),就是反方向饱和磁化(记录0),当运动着的磁层经过磁头底下而产生感应电势的时候,若记录的相邻两个信息是不同的(1 或 0)那么剩余磁通方向不变,这时磁头线圈里没有感应电势。

不归零制是以剩磁方向的改变来区别代码的,写线圈中的电流方向只要从一个方向改变到另一个方向,就规定为"1"信号,方向没有改变,则为"0"信号。所以,用不归零制记录时,在每一存贮单位里的剩余磁通变化最多只有一次,而用归零制方式时,在每一存贮单位里的剩余磁通变化最多有两次。这样,在相同条件下,用不归零制记录时,存贮密度可以增加近一倍。

3)调相制记录方式

在调相制记录方式中,记录"1"时,磁头线圈中电流是先正后负,记录"0"时,磁头线圈中电流是先负后正。所以调相制的写入线路必须根据输入是"1"还是"0"而达到向磁头线圈通入不同相位的电流,电流相位不同,使磁层磁化状态也有不同的相位,不同相位的磁化状态所感应的电势是不同的,读出线路能把这种不同再反映成有无脉冲,从而表示"1"和"0"信息。

2. 磁带上记录的信息格式

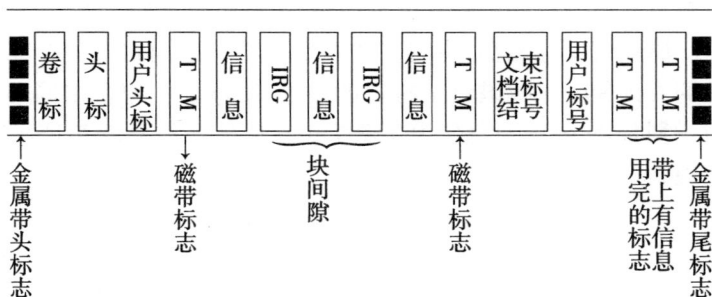

每卷磁带总有两个金属贴纸作为带头和带尾标志,指明可利用的磁带区段。

卷标、头标、用户头标、文档结束标号、卷结束标号、用户专用尾标等标号都各占 80 排磁带位,它们记载着有关磁带中所录内容的信息。

由于内存容量的限制,磁带上的信息不能一次全部读进内存,所以就要分块。由于磁带运转是靠机械装置带动的,每读一块,它都要作一次惯性滑行,所以块与块之间要留有间隙,称作内部记录间隙或块间隙(记为 IRG),现在标准间隙长为 3/4 英寸。每块的长度可视内存贮器大小与内外存数据交换的需要而定,不宜过长或太短。太长,内存贮器会周转不过来;太短,则磁带上块间隙太多,因而不合算,目前大多数都是一块有 1204 排或 2048 排信息。

磁带上记录的信息,一般都采用特殊的编码系统表示。有"扩充的 2—10 进制编码"(简记为 EBCDIC 码)、"国际标准编码"(ISO),"美国信息交换用标准代码"(ASC Ⅱ)等。

磁带是一种顺序存取装置,也是最廉价的快速存贮装置。由于磁带上的信息必须顺序处理,寻找带尾处的信息,又要花很多的时间,为此,人们还采用随机存取装置,常用的是磁盘。

三、磁盘

磁盘有硬磁盘和软磁盘之分,软磁盘像唱片,硬磁盘外表则像磨盘。磁盘有单片磁盘,也有多片磁盘合在一起而组成一个磁盘组件的。为便于寻找磁盘上特定的位置,磁盘面上用很多同心圆和射线划分成一些扇形区,由于磁头可自由伸到各个磁道下面,故可实现随机存取。

磁带磁盘磁鼓光盘优缺点比较表

名称	优点	缺点	适用条件
磁带	自由装卸,容量不受限制,便宜,体积小,质量稳定。	顺序存取,忌尘埃,放密封盒中。	当记录中有 4—8% 以上作为处理对象时,就可用它。
磁盘	容量大,中速存取。(比磁带快 50 倍,便宜,随机存取。)	易坏(对重要文献应复制磁带)	当记录中处理内容少于 4—8% 时,宜用。
磁鼓	速度高,容量中等,密封不易坏,出错率低。	容量不大	同上
光盘	容量极大,可存贮字符图像、影片等。	须配专门设备,要求高。	大量图书、档案存贮。

60

一个扇形区

99 磁道

0 0 磁道

（a）俯视图

读写磁头

录制面

磁头装置

6
个
磁
盘

（b）侧视图

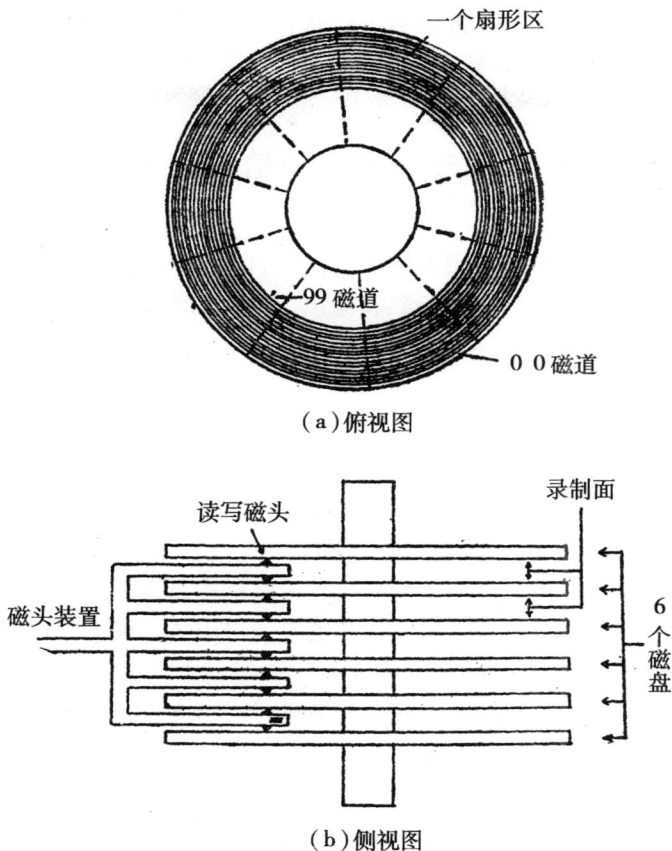

图 3-5　磁盘示意图

同心圆磁道分成为各种记录,找寻一种记录时,必须说明：

1、磁盘机；　　2、磁盘；　　3、磁道；　　4、记录。

四、光盘

光盘是用激光记录信息,直径 30 厘米,象密纹唱片,记录密度

61

很高,光盘的每一面能容纳 100 亿比特的数字化信息。相当于 1600 册 300 页的图书。它最终将取代磁带,磁盘等存贮体。

第四节　汉字的输入输出

汉语是世界上使用人数最多的语言,字种多,字形复杂,同音字多,所以汉字的输入、存贮和输出,对图书馆自动化有着十分重大的意义。

一、汉字的输入

现在,虽然可以"人机对话",但实际上是,人先得把自己的话经特定键盘直接传输给电子计算机,或把自己的意思先穿孔在卡片或纸带上,然后让计算机去识别。这个键盘就是键盘穿孔机与电传打字机。西文中每个词皆由若干字母串行排列而成,因此,西文打字机只要具备几十个键的小键盘就可以了。汉字是由绘画文字和象形文字发展而来的,中文打字机键盘上需要几千个常用字才能应付需要,这就是"大键盘",但康熙字典有几万个汉字,键盘该有多大!日本创造了盘面上带有三千个汉字的大型输入键盘,给每个汉字一个代码,对盘外汉字用输其代码解决。

为了确定常用汉字,国家"748 工程"即"汉字信息处理工程"调查了 7075 篇文章,共 696 万 7 千多字,其中用到的字种 5480 个,而 2476 个常用字便可满足 99% 的用字需要。

计算机除能够输入常用字外,还要能输入非常用字,由于大键盘找字速度较慢,所以又出现了小键盘输入方式。目前主要有以下几种类型。

1. 用汉字的拉丁拼音代替汉字输入。此方案的不便之处在于汉字的同音字多,据统计在收录 7500 个汉字的新华字典上,有

"意"音的字 68 个。区分同音字的办法是,拼音再加偏旁或特征,即"音形结合"的输入办法。

2. 部件和字根合成法。即将汉字当作零部件进行合成的方法,如"李",由"木"、"子"合成。这样按"零部件"作成的键盘就可小一些。

3. 代码输入法。即按一定的易记规则给汉字规定代码,然后用直接输入汉字代码的办法输入汉字。

国内上述几种输入方法和相应的设备都已生产,可供使用。在图书馆自动化系统中,汉字的输入主要解决三个问题,即"设备"、"编码"和"监控纠错处理"。

二、汉字的输出

根据汉字的代码,按照指定的格式,输出复杂多变的图形般的汉字字形,通常采用的办法是:仿照电视用黑白点阵来表示图形,点阵越密,字形刻划越加细致逼真。但一个汉字需要更多的字位才能表示,若用 32×32 点阵表示一个汉字,就需占 1024 个存贮单位,于是采取了"黑白计数法"以压缩信息。据统计,一个字的黑色字迹部分只占整个字形的 1/10 左右,所以用压缩技术可将原来的信息压缩到原来的 1/3—1/20 左右。

用黑白间断点阵表示字形,点阵不大时,字形精密度不高;点阵太密时,存贮量增长惊人,对现有的存贮设备及存贮技术来说都是沉重的负担,故除点阵输出外,还采用了线阵方式,笔划方式,字根合成方式及飞点方式等等。

已经使用的汉字输出设备有:

1. 汉字打印机。相当于英文及数字打印机,因汉字字种多,故多采用针式矩阵打点打印。若采用机械式印刷,则每分钟可印 300 行;若采用静电式印刷,每分钟可印 1000 行。

2. 汉字排印机。采用字母显像方式排字,可达 300 字/秒;若采用光学方式排字,则为 1000 字/秒。这种输出设备输出的汉字质量可与手工照相排字设备媲美。

3.汉字显示器。其显示精细度比电视要求高,这种设备国内已生产。

4.计算机汉字缩微胶卷输出设备。

输出设备的造价一般较高,性能较特殊,选择时应慎重。

第四章　图书馆自动化系统的建立

图书馆自动化系统的建立,是指从确定自动化目标到系统实际运行的过程。

所谓系统,是指在一定目标的指导下,为完成一个事物或任务所形成的有组织的整体。图书馆自动化系统即设备,人力、技术、机器运行等各种因素的组合体。

建立系统的基础理论之一,是系统科学。系统科学是用近代的数学方法和工具,研究和讨论一般系统的分析、规划、设计、组织、管理、评价等问题的一门基础学科,它要求用科学的方法解决以下问题:

1.怎样把一个大目标分解成一个小目标?

2.如何根据总系统的指标来确定各个分系统的指标?

3.如何根据总的进展要求来合理安排各环节的工作,确定最优工序,确定每项工作各环节、各步骤的进展要求。

这些问题要求从系统总体上、全局上来考虑和协调系统中的每一个部分,这就是系统思考。在图书馆自动化系统的设计中,系统分析占有重要位置,也就是说,图书馆自动化系统的建立和系统科学的应用是分不开的。

从一个图书馆的手工系统到实现自动化系统大致可划分为四个阶段。这四个阶段是:系统分析、系统设计、系统运行和系统评价。

第一节　系统分析

一、系统目标

系统目标是指设计自动化系统应达到的各种指标以及系统运转后的效果和达到的目的。

在制订系统目标的过程中要明确和解决以下问题：

1. 自动化总方案；

2. 总设计进展时间；阶段进展时间；

3. 总投资与阶段投资；

4. 工作量与人力。

同时，还应考虑到由于技术发展及设计过程中的修改变动，要在上述几方面留有余地。

整个自动化目标的确定，必须以系统的要求为基础。

系统的要求和目标具体的讲就是：

1. 建立该系统的目的，具备哪些条件；

2. 系统要做哪些工作，使用什么样的设备；

3. 系统解决什么问题，用什么方式，是联机，脱机或网络；

4. 现有系统(手工的或机械的)存在什么问题；

5. 系统供什么人使用。是馆员还是读者。

也就是说，必须明确系统正式投入使用后要达到的目的。这一工作属于图书馆自动化系统的可行性研究。

不同的图书馆应根据本馆藏书的种类、数量、借阅以及服务对象的实际情况，来确定先完成什么系统，后完成什么系统；哪些系统的功能要求强些，哪些系统要求特殊功能等。所以不同的图书馆在建立自动化系统的过程中，有着不同的系统目标。

二、系统分析方法

在明确系统目标后,就要对已有的和要建立的整个系统进行综合分析,分析系统的工作过程和工作方法,找出构成系统的基本成分,明确建立新系统的阶段和步骤。

系统分析方法一般有:

调查分析法。是通过观察,实际体验,抽查取样将结果记录下来。

数学分析法。主要运用概率论,数理统计,运筹学等方法进行统计,建立起整体和局部的分析模型,进行逻辑分析。

图表分析法:用图表形式表示系统各个方面的情况。如系统功能表,人力费用表,判定表等。

实际分析时,一般都采用综合性的方法,而不是一种方法。

系统分析工作由图书馆员、图书馆领导和程序设计人员组成工作小组进行。

系统分析可分四步完成,即工序分析、工作量分析、经费分析和时间分析。

1.工序分析:

任何一个事物或工作任务,都有它的特点和所包含的内容,构成它们最基本的成分以及所有这些成分之间的相互关系。工序分析就是系统分析人员对完成任务的每一个工序进行分析的过程,即把一个工作任务分析成若干个结构块,每个块再分成若干部分,根据事物的内在联系,层层划分下去,直到对每一步所完成的工作十分明确为止。

下面是图书馆工作流程和逻辑功能两方面的分析粗框图(图4—1、图4—2)。

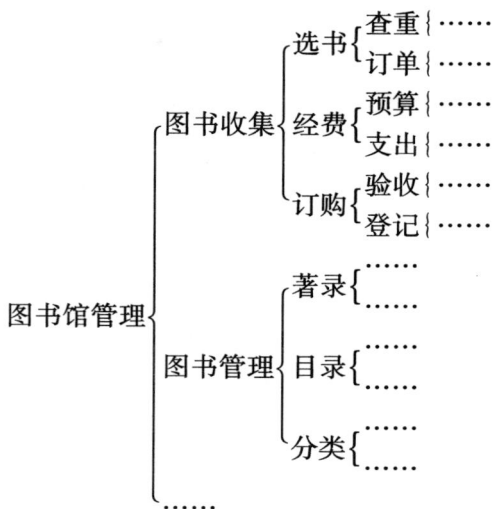

图 4—1

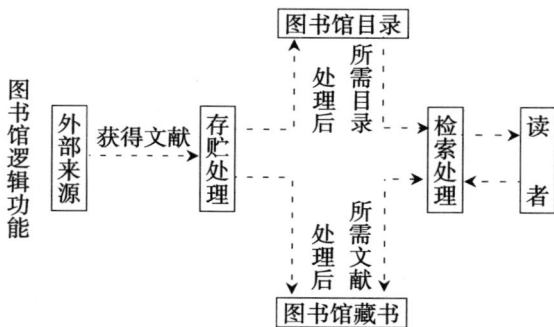

图 4-2

　　在分析和说明现存工序的过程中,分析员应把现有系统划出详细的框图,这是第一个框图。第二个框图是表示正在研究的系统与图书馆现有系统之间的关系图。第三个框图应是新系统的详细框图,表示出新系统的基本成分或要素,每个成分所包含的各个

68

部分、各个步骤以及它们之间的关系。框图一定要清晰完整。

通过工序分析,要达到的目的是:明确现有系统工序、新研制的系统工序和它们相互间的关系(如图4—4,见76页)。

系统分析员的工具就是流程图,用它来说明某个工作如何操作,以及各工作之间的顺序和联系。流程图可用各种几何图形、流线和简单的文字说明。所用的基本符号,见图4-3。

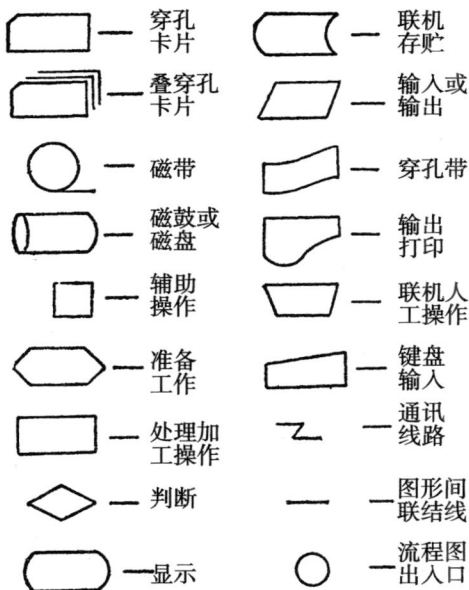

▢— 穿孔卡片	▷— 联机存贮
▱— 叠穿孔卡片	▱— 输入或输出
◯— 磁带	▱— 穿孔带
⬭— 磁鼓或磁盘	▱— 输出打印
▭— 辅助操作	▱— 联机人工操作
⬡— 准备工作	▱— 键盘输入
▭— 处理加工操作	⏚— 通讯线路
◇— 判断	—— 图形间联结线
▢— 显示	◯— 流程图出入口

图4-3

2. 工作量分析

一个自动化系统的设计,必须准确地计算出它的工作量,对系统设计中的每一部分的工作量应有明确的说明。

对工作量的分析,是以分析图书馆手工系统的各种工作量为基础的。在分析过程中,系统分析员必须与图书馆工作人员密切

结合。分析主要包括输入量分析,输出量分析,文档结构分析和系统使用状况分析等,一般有:

文献库的容量分析。

文档的结构分析。

子系统处理的过程分析。

子系统处理的数量分析。

书目记录的种类分析。

采访书籍的周期、数量状况分析。

编目的状况分析。

借阅的数量、时间分析。

文献检索次数、人数状况分析。

原有系统和新系统使用人员状况分析。

输出产品的种类格式分析(纸卡片,胶卷,缩微平片)。

总之,通过分析,对系统中所涉及到的具体事项和产品,必须作出明确的决定,并计算出在设计中这些参数所包含的工作量。

3. 费用分析

建立一个图书馆自动化系统的费用是较大的,经费的保证是自动化系统成功的基础。在设计时,首先要明确整个系统实际目标的费用,同时要明确实现最终目标的各个阶段的费用,要避免由于对经费考虑不周而引起的系统设计的无限期的延时。

图书馆自动化系统的费用分析包括三个方面:

1)装备费用:包括机房、计算机、处理设备、各种载体(磁带、磁盘)、打印纸、通讯设备、显示、打印终端等费用。台数等。

2)研制费:包括系统设计、程序编制、上机调试、试验运行等费用。

3)操作费用:包括用户使用费用和人员培训费用。对于用户使用的经济价值如何,是检验一个自动化系统效率的标准之一,费用昂贵,常使系统失去使用的价值。

自动化系统的费用,是在与不同系统对比调查的基础上作出的,一般计算的方法是按工作单元为基础、即单元价格计算的。

例如:

1)在自动化系统中检索一次的费用。

2)借出一本书的费用。

3)编制一套程序需要多少人? 多少工作单元?

4)编制一条机读目录记录需要多少费用等等。

对自动化系统工作量的详细分析是制订投资的依据。

4.时间分析

时间分析,是设计系统的重要参数。时间分析从两方面进行:一是整个系统设计需要的时间,这方面视规模的大小而定;二是在自动化系统中,二个操作之间的间隔时间。如:外借一本书到外借另一本书之间需要的时间(假如一个终端外借一本书需要 20 秒钟,在一定时间内借 1000 本书需要多少终端才能满足借书要求而不排长队……),文档更新的周期,以及为了完成各项工作所需要的准备时间和消耗的时间等。

时间分析是明确自动化系统工作效率高低的条件之一。

三、系统说明书

系统说明书是说明系统要求的正式手册或文件,是对上述几方面分析内容的文字记载。主要包括以下内容:

1、对自动化系统的研究报告(系统目的、效果、解决图书馆的哪些问题)

2、对计算机的选择和评价

3、工作量的分析说明

4、输入的内容和输出的产品类型

5、系统的处理功能

6、系统的应用范围

7、在预定的费用和限定的范围内实现系统运行的主要流程图

系统分析是很重要的,它从定性,定量两个方面为系统的设计提供了依据,打下了系统设计的初步基础,是系统设计的准备阶段。

第二节 系统设计

系统分析阶段中的详细调查为系统设计准备了大量的资料,积累了必要的数据。在系统分析的基础上,就可开始系统设计。自动化系统的设计一般应符合下列要求:

1. 简单易用。便于管理和维护。图书馆自动化是为了提高效率,不仅供馆员使用,也供各种文化水平的读者使用,所以必须简单易用,过于追求技术上的先进而把操作设计得过于复杂,难以使用,这不是一个好系统。

2. 具有一定的灵活性。便于修改和扩充,但也要具有相对的稳定性。

3. 作为一个统一的整体而存在。如果是局部功能,也应该是整体系统的一部分。也就是说系统应留有接口,不是封闭的。

4. 系统应有严格的检测手段,提供的信息准确,可信。

5. 具有一定的经济效益。

符合上述几条,建立的自动化系统才具有生命力。

系统设计一般分为四步进行:

一、设备选择

主要是对计算机的选择和调试。系统设备有硬、软两类,选择系统所需的设备一定要从实际出发。大型机、中型机、小型机以及微型机都有各自的优点,而不要一味追求某一种机型。

图书馆自动化系统对硬件的要求是存贮量大、速度快、具有较强的逻辑判断和传送可变长数据的能力;对软件要求能处理字符串,以及以数据管理为中心的操作系统与用于数据库的检索语言。在研制或挑选新的硬软件设备时,必须充分考虑这些要求。

除此之外,机房还有以下应考虑的因素:

1. 操作室:要求洁净、隔音、防静电、防潮、防尘、防盗,特别是防断电,防电压电频的大幅度跳动,防雷击。保持室温在 15℃—30℃、变化系数不超过 10℃／小时,湿度为 50—70% 之间。禁止穿不清洁的鞋入内。

2. 资料室:用以存放磁带、磁盘等。

3. 穿孔室:纸带、卡穿孔。注意照明、隔音。

4. 程序室:是软件工作者编制程序的地方,附有书架、资料柜等,注意安静。

5. 维修室:维护人员维修机器的工作室及贮藏室,应配全修理机器、工具、零件、测试仪器等。

6. 用品室:存放纸带、卡及随时要用的小件。

7. 输入输出处理室:室内配有穿孔机、分类机、译孔机、复制机、分离机、切订机及输入输出装置。

二、详细系统设计

详细系统设计,是针对选定的计算机进行的设计,包括以下内容:

1. 输入设计

输入设计是把原始数据转换成计算机处理形式的设计。输入的质量,数量和形式直接影响到系统的输出,也影响到整个系统的效率。

输入设计包括输入方式和输入格式的设计。输入方式一般有纸带输入,卡片输入,键盘输入,光学字符识别输入,光笔输入,磁带输入,声音输入等。把输入方式确定下来以后,就要确定数据的输入格式和数据的收集方法。一般的输入格式是制备输入工作单,工作单记录输入的内容和各项目的安排次序。要准确和标准化。

2. 输出设计

输出设计和输入设计是对应的,相联系的。图书馆一般的输出设计包括输出方式和输出格式两个方面。输出方式设计有打印输出,显示输出,缩微品输出,磁带输出,纸带输出,有外文输出,汉字输出等。确定输出方式后就要设计输出格式。

打印输出:一般的输出格式有:卡片,索引,表格,图表等形式,要规定纸张种类、规格,每行字数,行距和字距。表格输出要符合实际需要。表格上的信息分为固定信息和不固定信息两部分。固定信息是表格的线条,标题,栏目,不固定信息是计算机要填入的信息,表格版面要按数据的最大容量设计,以免数据长度超出表格。

显示输出:将卡片、索引、表格等信息从荧光屏上显示出来。这种输出形式很灵活,需要打印显示结果时,可立即打印。

为了有效地控制输入、输出,在设计中一般多采用人——机对话的形式。人——机对话方式有两种。一种是菜单式,这种方式是在系统终端上列出系统所能做的工作的项目,读者根据需要按一个与某一项目对应的字母键,就可显示出结果,象点"菜单"一样。第二种是回答式。在系统运行过程中,执行一步后机器用文字在屏幕上显示一句话,询问下一步如何执行。读者回答后继续执行,一边询问一边回答,直到显示出满意的结果为止。

3. 记录结构与文档设计

计算机系统的记录结构大致与手工系统的记录结构相同。规定记录结构的目的,在于说明图书馆数据有哪些类型。每种类型的数量有多少,记录格式是固定长还是可变长,数据形式是全称还

74

是缩写等等。这里的记录结构,只表示一条记录的数据安排,即设置多少个字段,其中哪些是可检字段,并规定各字段的标识符,顺序和大小(长度)等。

将记述一篇文献、一本图书的外表特征、内容特征以及有关内容的字符串数据作为一个单元,记录在磁带或磁盘等载体上,这一个单元称作一条记录,将若干条这样的记录,按照一定的逻辑顺序存入磁带或磁盘上供检索的一个独立的记录集合,称之为文档。也就是说,文档是由若干个逻辑记录构成的信息集合,如图书馆传统的著者目录、书名目录等就是手工文档。

计算机系统的文档结构设计可参照手工系统的文档结构。但必须对手工文档结构进行详细分析研究,确定删除手工文档中冗余的记录。如在手工目录体系中,一本书的著者、书名、分类、主题等反映在各种目录内都是相同的。在计算机系统中,由于有一次输入多种输出的功能,即输出产品多样化,因而只需一次存入一本书的各项记录组织主文档,用程序控制就能分别输出各种子文档,即各种目录。

4. 程序设计

1)程序设计语言选择:人与计算机进行信息交换,要使用"语言"。目前,世界上有近于 500 种高级语言,但其中只有少数是通用的,世界公认为 COBOL,FORTRAN,ALGOL 是最通用的三大语言。集 COBOL 和 FORTRAN 优点的 PL/1 语言,也是一种多功能的程序设计语言。BASIC 是人机交互式程序语言,在终端使用十分方便。

FORTRAN——是为科学计算建立的语言,虽有较好的四则运算功能,但不适合于字符处理和表的处理,对于大量情报检索、存贮、终端显示等都有某些局限性。

PL/1——是包括科学计算和事务处理等多用途的语言。

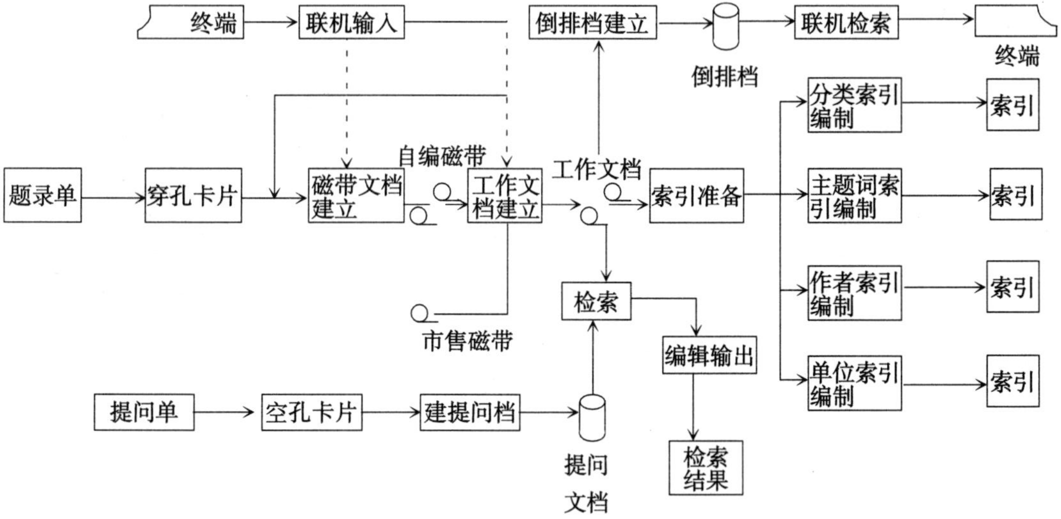

图 4—4 计算机目录索引编制与检索系统框图

COBOL——是面向商业数据处理的通用语言,广泛应用于银行和商业数据处理。

由于 COBOL 语言比其它语言更接近自然语言(英语),程序结构的各个部分几乎都是用准确的英语单词(或语句)来表达的,所以易学易用。同时 COBOL 语言的书写及程序格式比较定型,对数据描述功能较强(如图书著录项目的描述),所以自动化系统较多地采用该语言编写程序。BASIC 语言功能较强,对话灵活,是图书情报自动化常用的语言之一。

语言的选择必须按照计算机的系统性能,不是任何一种计算机都可以使用任何一种语言。

2)程序编制:

文档结构和程序设计语言确定后,程序员就可动手编制程序。编制程序实际上是把系统分析的结果用程序语言加以具体化,使解决问题的内容变为计算机能够接受的指令或语句系列。编制程序按下列顺序进行:

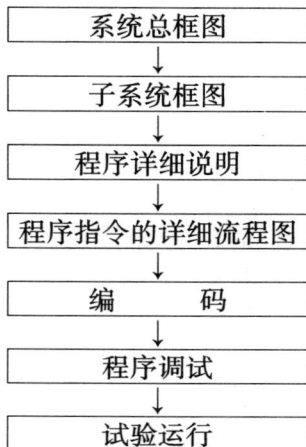

图 4 - 5

系统总框图:主要内容是确定系统的范围,系统运行的流程图,系统的处理功能,规定文档结构,选择和确定存贮介质(磁带、磁盘、胶卷等),确定输出产品类型,并把所有的子系统表明出来。

子系统框图:是完成系统中某一部分工作的框图,如流通子系统、采访子系统等。

程序详细说明:是对详细系统设计的说明。

程序指令的详细流程图:是表示计算机如何执行操作的流程图。如比较、转移等,即程序的所有操作指令流程图。

编码:把流程图翻译成程序指令。

程序调试:在计算机上调试和修改程序,然后试验运行。

三、手工数据准备

手工文档数据编制的主要内容,是对存入计算机的文献、目录进行标引和整理,使之适合于计算机要求的格式。分析和著录的项目要准确、完备,在程序设计完成以后便可以立即输入数据。数据准备要保证数据数量和质量,它直接影响计算机处理能力的发挥。这一部分属于文献数据的准备和输入工作。

四、人员培训

围绕计算机工作的人员,可分以下几类:

1. 系统管理员,职责是确定计算机的工作任务;

2. 系统设计员,职责是进行系统设计;

3. 程序设计员,职责是编写程序;

4. 穿孔员;

5. 操作员;

6. 硬件维护员;

7. 其它工作人员(调度员,会计等)。

上述人员在自动化开始准备阶段就要进行选择,有目的地训练。

第三节　系统运行

系统运行是建立图书馆自动化系统的最后一个阶段,是在系统设计、程序编制完成的基础上进行的。

一、系统实验

首先,将各种程序开始相互连接,以保证整个系统能够连接起来。这一阶段的工作量与要实现的系统的规模有关。在某些大系统中,这一阶段几乎占整个实现自动化过程的 40% 或者更多一些。

系统实验的目的是保证本系统所用的所有计算机程序能够协同工作,以满足预定的要求和达到预定的系统目标。一般实验过程应利用实际数据,以保证实验本身具有足够的代表性。

在实验过程中应注意以下事项:

1. 实验开始前,系统已被划分为若干实验单元或模块,要为每个单元或模块确定系统要求,并提供实验数据。如采访子系统,编目子系统等,都应输入相应的数据。

2. 在检查每个单元功能时,对每次实验的输入和输出表,以及每种情况下的试运行记录必须进行鉴定。

二、系统修改

这项工作包含两方面的意义:一是指把已有的系统改造为新系统;二是修改正在实验的系统本身。包括以下内容:

1. 文档的建立和修改

2. 改造的系统形式

3. 组织改造的顺序

4. 对人力和设备的重新配置

5. 修改的详细论述

6. 错误记录

这一阶段,图书馆自动化负责人必须经常检查所完成的每项任务,图书馆管理机构必须检查输出结果,随时修改,以保证满足所有要求。

三、系统转换

自动化系统设计完成投入使用,将会取代传统的手工系统或老的系统,这之间的过渡就是系统的转换。转换时考虑不周会使图书馆工作发生混乱甚至停顿。转换有以下方式:

1. 完全转换:即在一个规定的时间内,直接用新系统代替旧系统。这种突然的转换方式要选择准备充分、处理量小,把握性大、独立性强、对整个自动化系统影响不大的小系统,以不影响用户的使用为原则。

2. 分阶段转换:把系统分成几个部分,逐段转换,直到全部运行满意为止。这种方法延时较长,易于纠正各种问题,是一种谨慎和安全的方法。

3. 并行运行:即新旧系统并行运行操作一段时间,直到新系统操作满意时才废除手工系统或旧的系统。这种方法可使新旧系统进行对照比较,是大多数图书馆自动化系统采用的转换方法。

4. 实验性操作:在较小的或工作量小的分馆进行,取得经验和证明系统完全可靠以后再在主馆安装。采用这种方法人员不需太多。

四、操作管理

1. 在系统分析时就开始的用户使用的培训工作,这时应基本完成。在系统分析和系统设计人员的指导下,作好正式服务的所有准备工作,使用户取得使用该系统的全面操作知识。

2. 严格执行系统维护规则并编制出系统使用说明书,内容包括:

1)系统的目标;

2)系统的功能;

3)系统的数据流程图和控制结构图;

4)系统所使用的程序语言;

5)系统所使用的各种命令;

6)系统所适应的机种;

7)系统对输入输出方式及格式的要求;

8)系统的可变更性和扩充性;

9)系统所需要的环境条件;

10)具体使用系统的操作方法。

使用说明书内容要简明扼要,对系统的各项要求必须准确无误。

第四节　系统评价

系统虽已实施,但未经最后评价,还不能说系统已完成。系统评价的目的是检查新系统的效果是否达到系统设计阶段所预想的要求,为系统的改进和发展提供依据。

系统的效果,分直接效果和间接效果,有些是马上可以看出来的,有些需要数月、数年才能看出。有些效果可以用数量来表示,如人力、费用的减少、处理时间的缩短,这属于直接效果;但有些则难以用数量来表示,如业务质量、管理质量的提高,管理制度的改善等,这属于间接效果。评价一个系统主要依据以下各项:

1.经济性。包括系统建立的全部费用,即系统设计费、程序设计费、机房费、设备费、用品费等。系统维持费:即劳务费、维护费、水电费、消耗品费以及用户操作使用费等。上述费用是否在限额之内,新系统和旧系统的费用比是否超过预定的指标。

2.时间性。操作时间是否缩短,完成某项工作(如检索)的时间是否缩短,以及缩短的程度。

3.可靠性。好的系统应少出故障,出了故障应有排除措施。

4.准确性。输出错误的最低程度。

5.对用户的限制。一个系统对用户使用的限制越少越好。

6.在情报检索中,查准率和查全率是主要的评价因素,它们的值越大越好。

7.其它方面。如系统处理的数量、充裕度、扩展性、保密性等。

系统评价是个综合性问题,是对构成自动化系统的诸因素的全面考核,经济效益是它的重点。

第五章　机读目录

第一节　机读目录的产生和发展

一、什么是机读目录

　　机读目录也叫机器能读的目录或机器可读的目录（英文 Ma-chine—Readable Catalogue，缩写 MARC，音译也叫"马尔克"），是目录载体发展到本世纪六十年代出现的一种新型目录。由于科学技术的发展，目录载体也随着存贮介质的改变在不断发展着，目录由书本型，卡片型、穿孔卡片型、缩微型发展到今天的机读型。不同的目录载体要求不同的阅读工具，必须借助于某一种工具才能识别某一种目录。机读目录就是计算机能够识别的一种目录，它是将书目文字信息转换成"0"、"1"这种代码记录在计算机的存贮载体上的，所以机读目录必须具备三个条件：

　　1.目录信息完全以计算机识别的代码出现；

　　2.目录信息完全以计算机识别的方式组织；

　　3.目录信息完全存贮在计算机存取的外部介质上。

　　这三者缺少一个条件，就不成其为机读目录。根据这一内容，我们可以给机读目录下个定义：以代码形式和特定结构记录在计算机存贮载体上的，能够被计算机识别和编辑输出书目信息的目录形式叫机读目录。机读目录是计算机编目后的输出产品。

二、机读自录的产生与发展

机读目录产生于美国国会图书馆。美国国会图书馆从 1961 年开始图书馆自动化的设想,1963 年在电子计算机已发展到能处理商业数据和科学技术问题,以及图书馆界已开始采用电子计算机处理事务性工作的条件下,国会图书馆进行了关于图书馆自动化的调查研究,肯定了采访、编目、查目、编制索引和文献检索在技术上和经济上的可能性。1964 年同信息公司作进一步调查,发表了"用机器形式记录国会图书馆书目数据"的报告,并在该馆馆长办公室下设立了机读系统办公室。1965 年 1 月,产生了《标准机器能读目录款式的建议》,即 MARC—Ⅰ式。1966 年 2 月开始了"MARC 试验计划",到 11 月输入了 5 万条书目,并向参加试验的 16 个馆发送试用磁带,每周一次,每盘磁带约 1200 个记录。但由于 MARC—Ⅰ格式较多地照顾了编制程序上的方便,与传统的编目方法差别太大,给编目工作造成了不少麻烦。经过修改,于 1967 年 11 月提出了 MARC—Ⅱ格式,1968 年实验结束,1969 年 3 月开始正式向全国发行 MARC—Ⅱ格式的英文图书记录磁带,这项工作,在图书馆自动化过程中被认为是一个里程碑。

MARC 计划由美国国会图书馆的技术加工部负责。该部由四个单位组成,即:MARC 研究室;MARC 编辑室;技术加工研究室;卡片工作室。

其中 MARC 研究室主管书目工作全部自动化系统的研究、发展和实验,其余三个单位把新旧图书的编目数据转换为机读形式,利用机读目录生产书本式目录、卡片目录、各种专门书目及各种印刷的输出产品,如 MARC 磁带的复制,输出打印等。这四个单位在自动化系统中紧密合作。

进入七十年代后,MARC 格式被接受为国际标准。到目前为止,机读目录的设计已有六个不同的版本,分别是:

MARC BOOK	图书 MARC
MARC FILM	胶卷 MARC
MARC MANUSCRIPT	手稿 MARC
MARC MAP	地图 MARC
MARC MUSIC	乐谱 MARC
MARC SERIAL	连续出版物 MARC

六个版本在格式上虽有不同之处,但属于同一体系,只是某些形式和具体规定略微不同。

美国国会图书馆所发行的磁带,包括资料类型和文种不断增加,到1976年已发行全部拉丁文字的记录,1977年开始发行斯拉夫文字的记录,原计划在1980年以后,所存资料类型和文种的记录都转换为机读目录形式。

MARC的出现和成功,不仅影响了美国图书馆界,而且引起了世界图书馆界的关注,许多国家也纷纷进行研究、规划、试验和建立自己的机读目录系统。英国于1969年夏开始发行机读目录实验磁带,1970年扩大到利用英美两国的磁带,建立了"UKMARC",到1974年英国约20个图书馆采用UKMARC磁带。西德于1972年生产出西德国家书目试验磁带,不久扩大到利用美、英的磁带。法国于1970年初设计出了一种新的磁带格式,并开始将国家图书馆的目录进行转换;1973年又与比利时、荷兰、瑞士和英国协作,设计出一种新格式来处理法国、比利时、瑞士和加拿大等国出版的法文出版物,1975年正式发行《法国书目》磁带。加拿大于1966年就开始利用美国磁带,1975年正式发行国家书目磁带。澳大利亚于1974年3月正式发行国家书目磁带。日本国会图书馆1968年开始图书馆机械化调查,1971年采用MARC—Ⅱ磁带对西文图书、期刊进行编目,出版了全国西文图书联合目录,存贮记录约713495条;1978年1月根据日本机读目录格式编印出版了"日本全国书目"。苏联于1970年开始搞机读目录。此外,还有瑞典、意大利、比利时、挪威、丹麦、尼日利亚等,也已经建立了自己的机读目录系统。至于利用别国磁带和正在计划建立自己的机读目录系统的国家,就更多了。机读目录在世界范围得到了广泛的应用。

三、MARC 系统功能

MARC 系统是 MARC 计划的实施,即创制机读目录的一系列技术和操作方法的整体,包括硬件和软件两个方面。

MARC 系统大致分为四个子系统:

1. MARC 输入子系统

1)MARC 输入数据的收集。根据图书编制 MARC 输入工作单,按照编目规则写成底片,由人工来完成。

2)MARC 输入预备工作。校订输入工作单数据,加上必要的标识。

3)MARC 数据输入准备。按工作单用穿孔机打在穿孔纸带上,校对无误后由计算机处理。

4)MARC 数据输入。由计算机把穿孔纸带译成机器可读符号,按程序要求排成款式,构成一条完整的 MARC 记录(相当于完成一种图书的主要款目),存入 MARC 数据库(相当于排入目录)中。

2. MARC 存贮子系统

1)MARC 存贮处理。把机读的代码形式书目数据存贮在计算机存贮器上,美国国会图书馆主要使用磁带。可以及时追加新数据,即"更新"。

2)MARC 存贮管理。可以及时存贮、追加、更正、删除记录,即对所存贮的书目数据进行管理。这部分工作相当于手工编目的目录管理阶段。

3. MARC 检索子系统

1)MARC 检索语言规则。利用计算机检索,必须使检索者使用的语言同计算机所用的语言相符才能完成检索要求。国会图书馆使用杜威十进分类法、国际十进分类法等。计算机语言主要有COBOL和FORTRAN两种。

2）MARC检索处理。这是实行检索，把检索提问和数据库中的资料进行对比和运算，求出结果，然后输出打印，即查目处理。

4. MARC输出子系统

1）MARC输出分类。这是计算机输出的准备工作。把要输出的书目由计算机自动分类。

2）MARC输出处理。输出①各种专题书目；②馆藏书本式目录；③目录卡片；④复制9道或7道的磁带。⑤荧光屏显示。需要印刷的就把计算机与光电排印机联接。由计算机排印。

3）MARC输出产品分发。由卡片组按订户寄发磁带或卡片。

四、MARC—Ⅱ记录的优点

MARC—Ⅱ是在MARC—Ⅰ的基础上产生的。其优点主要有以下几点：

1. 保留了图书馆传统的著录项目，统一了机读目录体系和手工目录体系。

图书馆的目录体系是开展一切业务工作的基础，图书的著录格式要求稳定，否则就破坏了目录的系统性与完整性。因此，在建立机读目录时一定要考虑到传统的手工著录项目的形式与内容。国会图书馆充分考虑到了手工著录格式，为著录项目设置了001—999个字段，基本保留了手工编目法对一本书的著录（著者项、书名项、出版项、稽核项、丛书项、附注项、分类项、主题项等），使手工检索的卡片目录与机读目录并存，具有同样的检索效果。

2. 采用了国际通用的标准著录条例。

MARC—Ⅱ的著录规则是以英美编目条例（AACR）为准则（全称Anglo—American Cataloging Rules），以国会馆的目录体系为依据的。1961年召开的国际编目原则会议通过了 AACR 作为国际标准编目条例。在联合国教科文组织和国际图书馆协会联合会的建议和协助下，国会图书馆按照 AACR 规定的原则著录 MARC—Ⅱ 的每一条记录。在叙述性记录格式方面，MARC—Ⅱ 采用了1974年通过的国际标准著录格式 ISBD。从此，MARC—Ⅱ 的著录格式基本上实现了国际标准化，受到联合国教科文组织的推荐。

3. MARC—Ⅱ式有扩充和修改功能，能适应各种不同类型的图书馆编目著录的要求。

MARC—Ⅱ为书目著录项目设置了999个可变长字段（001—999），每个字段固定分配给一个著录项目，目前 MARC—Ⅱ带只用了不到300个可变长字段，国会图书馆只用001—899字段，从900—999字段空着，给各馆增加项目时使用。因此，在利用 MARC—Ⅱ磁带编目时，可增加本馆使用的分类号、索书号、联合目录馆代号等。

4. MARC—Ⅱ磁带格式对不同类型的计算机具有兼容性。

MARC—Ⅱ格式是在 IBM360 系列机上实现的，IBM 公司对使用 MARC—Ⅱ磁带的单位可提供应用软件。它所用的磁带是国际通用的9道和7道两种半吋磁带，所用的代码是国际标准化组织认可的，程序设计语言是比较通用的 COBOL 数据处理语言。因而为使用其它种类的计算机或代码转换提供了条件。

五、MARC—Ⅱ磁带的应用

1967年11月美国国会图书馆正式成立 MARC 订购服务部，发行 MARC—Ⅱ磁带。内容有各种文字（拉丁字母）的图书、期刊、地图、技术报告、影片、缩微复制品、视听资料等。据该馆馆长说："自1969年 MARC—Ⅱ磁带发行后，这些年来磁带出售比目录卡片还要多。1977年购买 MARC—Ⅱ磁带的图书馆及其单位就有30000个之多"。MARC—Ⅱ磁带的用途主要有以下几方面：

1. 选书：

以 MARC—Ⅱ磁带记录为依据，选出适合自己馆藏的图书资料，编制成"待入藏文档"供选书使用。

2. 建立图书订购文档：

因为国会图书馆享有"在版编目"优先权，所以 MARC—Ⅱ磁带比一般图书发行早，使用 MARC—Ⅱ磁带的单位可利用MARC—Ⅱ磁带记录建立本馆采购文档。如果 MARC—Ⅱ磁带的某一条记录所著录的内容合乎需要，这条记录就可作为订购文档的记录，不必重新编制。

3. 编目：

1）直接利用 MARC—Ⅱ磁带记录作为自己的目录文档，不必重新编目。入藏的图书在 MARC—Ⅱ磁带记录中占的比例越大，利用 MARC—Ⅱ磁带的效果就越好。如日本每年从各种途径引进约十万种西文书，其中90%的图书可直接从 MARC—Ⅱ磁带上转录其编目内容。

2）建立联机协作编目系统。联机编目系统是，成员馆通过终端检索网络中心存贮的 MARC—Ⅱ书目数据库，查找是否有本馆要编目的图书的著录，若有，网络中心可在中端打印出该书的目录卡片；若没有，该馆可通过联机自行编目，将编目数据输入到网络中心的书目数据库内，供网络中其它馆使用。

3）可将 MARC—Ⅱ磁带格式转换成适合自己计算机使用的格式，成为自己的编目成果。

4）利用 MARC—Ⅱ磁带可开展定题书目情报提供。

六、机读目录与传统目录的比较

机读目录与传统目录（书本式、卡片式），它们都是反映馆藏的书目信息，它们都是检索工具，收录同一图书资料，这是两者相同点的基础。但是,前者所用的是计算机,后者是手工,所以两者在结构原理、物质形态、著录格式、编制方法和使用方法等方面都存在很大的区别。

1.书目信息存贮的介质不同,手工目录是记录在纸上,人可直接阅读,而机读目录是存贮在计算机识别的载体上,一般为磁带,必须要有相应的硬件和软件,才能输出。例如:半时宽的磁带不能用在1时磁带机上,记录密度、代码种类与记录格式如果不适合就不能用,要用就必须进行转换。这些条件是严格的。

2.传统目录分为分类目录、主题目录、书名目录、著者目录等,每种目录自成体系,只有一种检索功能,只能提供一种检索方法,几种目录结合起来,才能构成一套较完整的目录体系,提供较多的检索途径。而机读目录具有多种检索功能,可提供多种检索方法,它所记录的书目信息,可以组成多种目录。即一条记录,多种目录。

3.传统目录采用各种各样的著录方式,款目种类繁多,一种书需要编制许多不同的款目,而机读目录只用一种非常详尽的著录法,一种书也只编制一条记录。即一条记录,多种款目。

4.传统目录每种目录都有与其它目录不同的组织方法,即各自有不同的排列方法,机读目录中的记录一般是按输入顺序排列,需要按某种标识输出时,依照计算机的排序功能可直接输出。即一次输入,多种输出。

5.传统目录为各种著录项目规定一定的位置和排列次序,根据位置的不同和排列次序的先后就可以识别不同的著录项目。一个项目的开始与结束以及该项目的性质等信息是隐含的,都是由人眼和脑判断的。机读目录则不然,它必须把这些隐含的信息标明出来,给各种项目规定特有的标志,计算机根据不同的标志符号,来辨别各种项目。即一条记录,多种标识。

6.机读目录为适应计算机的需要,有严谨的格式结构,分为头标区、目次区、数据区等部分,数据区又分为固定长字段和可变长字段,其间插入各种分隔符、终止符等,以明确各字段的始终。在传统目录中,这种格式上的特殊性是不存在的。

7.机读目录的编制以手工编目为基础,但在输入时还有一系列机器操作过程,对编目和操作质量要求极其严格,这点也与传统目录不同。

第二节　机读目录格式

这里讨论的机读目录格式,是以 MARC—Ⅱ 为目标的。

一、标识系统

MARC—Ⅱ 格式的主要特征,就是它有一套完整的标识系统,计算机就是依靠这套标识系统来完成编目工作的。

1.字段设置

为了使计算机准确地辨识每个著录项目的内容,MARC—Ⅱ对每个著录项目设置了一个对应的字段,字段分为两级,第一级是字段,相当于一个著录项目;第二级是子字段,相当于著录项目中的分项。字段的设置,实际上是目录正文的安排,表明了目录中实际包含了哪些内容。MARC—Ⅱ 在字段设置上有三个特点:1)字段数量多,并留有很多空白字段供使用,字段顺序从 001—999;2)字段内容著录详尽;3)可检字段多,一般有 25 个可检字段,即检索的途径和可以输出的目录种类多,正文部分伸缩性强,适应面广。

2.标识符号

MARC—Ⅱ 的标识符号用于清楚地标明记录、字段、子字段的含义,以保证计算机辨认目录数据的绝对准确性。

1)字段标识符:用三个数字表示,从 001—999。三个符号的含义是,第一个表示功能,第二个表示种类,第三个表示种类的细分。如第一个符号为"0",表示各种号码项,"1"表示主要款目,"2"表示书名项,"6"表示主题附加款目等。

例:110 表示主要款目的团体著者

610 表示主题附加款目的团体著者

2)字段指示符:用于描述或指示可变长字段内容特征的两个符号,放在每个可变长字段的开头,后边紧跟子字段代码。

3)子字段代码:用二个字符表示,第一个是定义符,表示子字段,用"$"表示;第二个字符用 26 个英文字母之一表示。

4)终止符:字段终止符和区终止符用ⱴ表示,一条记录结束终止符用"Ɽ"表示。

5)空白符:用"Ⱶ"表示空白,用"∅"表示零。

二、MARC—Ⅱ磁带格式

磁道:9 道和 7 道两种

记录密度:8 单位(1 吋 800bit)与 6 单位(1 吋 556bit)

磁带宽度:12.7mm(1/2 吋)

磁带长度:1400 呎

字符代码:ASCⅡ代码(美国信息交换标准代码)

奇偶数校验:奇数校验

物理记录长度:2048 个字节

逻辑记录长度:可变长

卷头标记长度:60 个字节,标号 VOL

文档头标长度:80 个字节,标号 HDR

档终标记长度:80 个字节,标号 EOF

MARC—Ⅱ磁带构造格式分为四部分:

1. 头标区

2. 目次区

3. 固定数据区

4. 可变数据区

其结构图如下：

·········	目次········	·········	·········
头标区	目次区	固定数据区	可变数据区

四部分的性质和作用分述如下：

1. 头标区

头标区,是对一条记录的总体说明,包括该记录的总字符数和记录状态,由 24 个字符组成固定长。24 个字符位的作用分配如下：

数据项目名称	分配字符个数	记录中位置
1）逻辑记录长度	5	0—4
2）记录状态	1	5
3）文献类型	1	6
4）目录类别	1	7
空白	2	8—9
5）字段指示符	1	10
6）子字段指示符	1	11
7）数据起始地址	5	12—16
8）编码级别	1	17
空白	2	18—19
9）长度 1	1	20
10）长度 2	1	21
11）未定字符	2	22—23

分别介绍如下：

1）逻辑记录长度:指这条逻辑记录的总字符数,右边排齐,左

93

边若有空位补∅.5 位能容纳最大记录长度为 99999 个字符。

2）记录状态：下列字符表示记录状态：

　　　　　　　n—新记录

　　　　　　　c—修订的记录

　　　　　　　d—删除的记录

　　　　　　　P—以前是在版编目记录

3）文献类型：　区别不同的资料类型：

　　　　　　　a—印刷品

　　　　　　　b—手写本

　　　　　　　c、d—乐谱

　　　　　　　e、f—地图（手绘、印刷）

　　　　　　　q—胶卷带

　　　　　　　h—缩微资料

　　　　　　　i、j—视听资料

　　　　　　　k—图片资料

　　　　　　　l—机读文献库

4）目录类别：　a—丛书分册

　　　　　　　m—单行本

　　　　　　　s—连续出版物

　　　　　　　c—合订本

5）字段指示符：每个可变长字段都用由阿拉伯数字表示的两个指示符号开始，表示该字段的性质。对于单行本，指示符为二个字符，指示符的个数在头标区的第 10 位填写，即填写 2。

6）子字段指示符：可变长字段内的各个子字段，由子字段指示符识别。子字段指示符由二个字符组成，其个数填写在第 11 位，即填写 2。

7)数据起始地址：　　这是指记录中第一个数据字段,即固定数据区的起始字符位置。其位置数字等于头标区和目次区的长度之和,即 24 + 12N + 1。N 为数据区的字段数。

8)编码级别：　　用一个字符代码表示该记录的完整程度。ʋ = 完全级,是实际了解图书而编制的记录,1 = 二次级,比较完全的机读记录;8 = 在版编目记录。

9)长度 1：　　第 20 个字符位置上的长度表示目次中每个字段长度部分的长度数值,这个值固定为 4。

10)长度 2：　　第 21 个字符位置上的长度表示目次中每个字段的起始字符位置部分的长度数值,这个值固定为 5。

11)最后两位为未定字符,可以扩充,一般记∅。上面就是头标区 24 个字符的格式安排和项目内容。例:

00515nam　　2200145　　4500

分析:该逻辑记录为 515 个字符长;新记录;印刷文字资料;单本书;数据的起始地址为第 145 字符;字段指示符和子字段指示符均为 2;完全级编目;目次中字段长度为 4;目次中数据起始地址的字符位置长度为 5。

根据数据起始地址的规律,可得出该机读目录共有字段 n = (145 − 24 − 1) ÷ 12 = 10(个)

2. 目次区

目次区紧接在头标区之后,由若干个固定目次字段构成,每个固定目次字段长 12 个字符。目次区总长度为 12 × N + 1,N 为目次个数,最后一位是区的终止符个数。图示如下:

| 字段标识符　3 | 字度长度　4 | 起始字符位置　5 | ⋯⋯ | ⋯⋯ | Ⱨ |

←目次字段1——————————→｜目次字段2｜目次字段N

目次字段是 12 位字符的固定长,由字段标识符、字段长度、字段起始地址三部分构成。

1)字段标识符:表示一个字段的属性,由 3 位字符构成,即001—999。从 001 到 899 为 MARC—Ⅱ字段使用,从 900 到 999 供其它图书馆自行采用。

2)字段长度:即字段标识符所表示的该字段的总字符数,由 4 位构成包括字段指示符、子字段指示符、字段数据(包括标点符号、空白)和字段结束符,从右边排齐。

3)字段起始地址:表示记录中该字段的首字所在地址,由 5 位构成以第一个数据字段的首字为起点计算。数据地址目录中第一个字段的首字地址是从 00000 开始,以后各项,由加上前项的字段的总长度来计算。

例: 00100130000000800410001305000180005408200160007210000230008824500630011126000610017430000390023550000370027465000590031

分析,这个目次区共有 10 个目次

	字段标识	长度	起始地址
1	001	0013	00000
2	008	0041	00013
3	050	0018	00054
4	082	0016	00072
5	100	0023	00088
6	245	0063	00111
7	260	0061	00174

8	300	0039	00235
9	500	0037	00274
10	650	0059	00311

3. 固定数据区

固定数据区的字段长度是固定的,不使用字段指示符和子字段指示符。计算机依照各固定字段的长度及位置来识别和区分。

固定数据区分为两部分:

1)001 字段——国会馆卡片编号部分

001 字段是控制号字段,这个字段存放的是国会馆卡片号。使用者也可根据这个位置规定自己的控制号,而将实际存入的国会馆卡片号移至 010 字段。

2)008 字段——书目性质部分

主要说明入档资料的性质,为计算机识别而设置的各种代码和指示符号。

这一字段,数据为 40 个字符,1 个字段终止符,整个字段长为 41 个字符,叫固定数据字段,有 19 个数据项。

该字段设置的每个项目和每个字符位的作用如下:

数据单元名称		字符个数	字符位置
①	入档日期	6	0—5
②	出版日期类型	1	6
③	日期1	4	7—10
④	日期2	4	11—14
⑤	出版国代码	3	15—17
⑥	插图代码	4	18—21
⑦	知识水平代码	1	22
⑧	复制形式代码	1	23
⑨	内容形式代码	4	24—27
⑩	政府出版物指示符	1	28

（续表）

数据单元名称		字符个数	字符位置
⑪	会议出版物指示符	1	29
⑫	纪念文集指示符	1	30
⑬	索引指示符	1	31
⑭	款目内的主要标目指示符	1	32
⑮	小说指示符	1	33
⑯	传记指示符	1	34
⑰	文种代码	3	35—37
⑱	修改记录指示符	1	38
⑲	编目来源代码	1	39
⑳	字段终止符	1	40

各数据单元名称的内容说明如下：

①入档日期：用 6 个数字字符表示该记录入档的日期，以表示记录的时效。691005 表示 69 年 10 月 5 日。

②、③、④出版日期：包括出版日期类别代码，日期 1 和日期 2。具体内容如下：

　　s—出版日期明确

　　　　日期 1 为出版日期

　　　　日期 2 为 ЬЬЬЬ

　　c—出版日期和版权日期并存

　　　　日期 1 为出版日期

　　　　日期 2 为版权登记日期

　　n—出版日期不明确

　　　　日期 1 和日期 2 全为 ЬЬЬЬ

　r—复印本。日期 1 为复印日期，日期 2 为原版日期。

　m—多卷本。日期 1 为最初出版日期，日期 2 为最终出版日期，未出完时，日期 2 为 9999。m 与 r 冲突时，m 优先。

98

q—推定出版年。例:194—或19—,缺少1至2个字符时,日
　　期1为最初推定年,日期2为最终推定年。

例:

出版年	出版日期类型	日期1	日期2
1966	S	1966	ⅤⅤⅤⅤ

分析:出版年为1966年,明确:出版日期类型中填S,
　　日期1填出版年1966,日期2为空白。

　⑤　出版国代码:用2—3个罗马字母表示出版国,对美、加、
苏、英等国,第1—2字为州名,第3字为国别。如果著作是其他国
家出版的,第3字为空白,如PKⅤ代表巴基斯坦,cau代表加利福
尼亚州,美国。

　⑥　插图代码:可按下列顺序表示到4个插图代码,不足4个
时左边对齐。

a—插图

b—地图

c—肖像

d—图表

e—设计图

f—图版

g—乐谱

h—复制

i—徽章

j—系图

k—样本

m—唱片

如插图、地图为abⅤⅤ,无插图时为ⅤⅤⅤⅤ。

　⑦　知识水平代码:面向儿童的图书,代码为"J"。其它图书
为空白。

⑧　复制形式代码：以下列字符表示：

　　　　　　　a—缩微胶卷

　　　　　　　b—缩微胶片

　　　　　　　c—不透明缩微品

　　　　　　　d—放大复制品

　　　　　　　b—非复制品

⑨　内容形式代码：优先级如下：

　　　　　　　a—文摘

　　　　　　　b—书目

　　　　　　　c—目录

　　　　　　　d—辞书

　　　　　　　e—百科全书

　　　　　　　h—手册

　　　　　　　i—索引

　　　　　　　p—教科书

　　　　　　　r—指南

　　　　　　　s—统计资料

　　　　　　　y—年鉴

　　　　　　　b—无确定形式

　　　　　　最多取 4 种，左边对齐。

⑩　政府出版物指示符：国会馆暂不提供此信息，为空白。

⑪　会议出版物指示符：如果有会议录、报告或其它会议文献，用 1 表示，否则用∅表示。

⑫　纪念文集指示符：是纪念文集为 1，否则为∅。

⑬　索引指示符：图书本身附有索引时为 1，否则为∅。

⑭　款目内的主要标目指示符：如果能在款目内找到主要标目用 1 表示，否则为∅（在著录中，主款目用的标题名称，即在款目主体中，有时也以书名的一部分、著者或出版项表示，这时标题

名称的形式可同可不同。当标题名称在款目内时即用 1 表示,否则为∅。这个指示符,在输出时如遇到不必按主款目标题,而只要打出书名或从款目内找到省写的著者这种情况,则是必须的)。

⑮　小说指示符:是小说为 1,不是为∅。

⑯　传记指示符:传记或自传用下列字符表示:

　　　　　　a—自传

　　　　　　b—个人传记

　　　　　　c—家谱(总传)

　　　　　　d—包含有传记资料

　　　　　　ʋ—非传记

⑰　文种代码:规定以 3 个文种代码表示,多语种资料或翻译资料,只记第一文种代码,其它记入可变区的∅41 中。

⑱　修改记录指示符:

　　　　　　x—由于改换字符而使记录内容发生变化。

　　　　　　s—因太长而缩短了的记录。

　　　　　　d—补充信息

　　　　　　ʋ—记录未修改。

⑲　编目来源代码:国会馆从其它馆取得著录情报的全部或部分时用

　　　　　　a—国家农业图书馆

　　　　　　b—国家医学图书馆

　　　　　　c—联合编目

　　　　　　ʋ—国会馆自编

⑳　字段终止符:用 Ⅴ 表示。

4.可变数据区:

可变数据区记录书目的各项数据,如书名项、作者项等。由于这些书目数据不能固定其字符个数,是可变的,所以 MARC—Ⅱ记录中的这一部分叫做可变数据区。

可变数据区中对于可变字段的识别是采用目次方式进行的。前面已经讲过,目次是由字段标识符、字段长度和字段起始地址组成的,因而,可变字段的标识符、长度、地址都反映在相应的目次中。每条记录有多少个字段,目次区中就有多少个相应的目次,计算机是用指针把字段和目次联系起来的。可变区的字段数量很多,从 001 到 999,字段下面又分子字段。每个字段前面有二个指示符号,每个子字段前边也有二个指示符号,每个字段有一个终止符,最后一个字段的终止符𝔽省略,以全部记录结束符ℝ代替。

结构图如下:

××	$a	⋯⋯	𝔽	××	$a	⋯	$b	⋯	ℝ
字段指示符2个	子字段指示符2个	数据内容	字段指示符2个	第一个字段指示符			第二个子字段指示符		整个记录结束符

可变数据区字段标识符顺序如下:

字段标识	字段名称	内容说明
001	控制号	供各用户用
008	固定长数据字段	
010	国会馆卡片号	
011	连接国会馆卡片号	LC 暂不用
015	国家书目号	资料来自外国国家书目
017	美国版权号	给著作的版权号
020	国际标准书号	$a 国际标准书号
025	国外采访号	$a 国外采访号
035	当地系统号	各单位的控制号,可与 LC 连接组织自己的文档

040	编目来源	$a 图书馆名称
041	文件	$a 著作原文文种代码
		$b 著作摘要的文种代码
042	查询代码	不知控制号时,用以查询
		机读目录的代码
043	地区代码	
045	年代范围号	
050	国会馆索书号	$aLC 分类号, $b 书号
051	复本项	$aLC 分类号,
		$b 书号, $c 复本号
060	国家医学图书馆索书号	
070	国家农业图书馆索书号	
071	国家农业图书馆复本号	
072	国家农业图书馆主题范畴号	
080	国际十进分类法分类号	
081	英国全国总书目分类号	
082	杜威十进分类法分类号	
086	美国文献管理处分类号	
100	主款目——个人作者	
110	主款目——团体作者	
111	主款目——会议、集会	
130	主款目——通用书名	
240	通用书名(编目人拟加的书名)	
241	罗马字书名(用于非罗马语图书的罗马化	
	形式的图书名)	
242	翻译书名	
245	书名项	
250	版本项	
260	出版项	
300	稽核项	$a 页数, $b 插图, $c 书高
350	书价	
400	丛书说明——个人名称/书名	

410	丛书说明——团体作者/书名
411	丛书说明——会议名称/书名
440	丛书说明——书名 $a 书名,$v 卷期号
490	丛书说明——未附加或以别的形式附加的书名
500	一般说明
501	合订本说明
502	学位论文说明
503	图书史说明
504	书目说明
505	目次说明
520	文摘或简介
600	主题附加款目——个人作者
610	主题附加款目——团体作者
611	主题附加款目——会议
630	主题附加款目——通用书名
650	主题附加款目——课题性
651	主题附加款目——地理名称
652	主题附加款目——行政管辖区
700	其它附加款目——个人作者
710	其它附加款目——团体作者
711	其它附加款目——会议
730	其它附加款目——通用书名标目
800	丛书附加款目——个人作者与书名
810	丛书附加款目——团体作者与书名
811	丛书附加款目——会议与书名
840	丛书附加款目——书名
900—999	国会馆不使用

以上是可变字段的标识,从中可以看出,机读目录这一部分的设计是很周密的,不仅考虑到了卡片款目可能出现的每一种数据,而且还留下了扩充的可能,这种设计可以适应相当长的时期内目录结构可能发生的变化。

另外,字段标识的设计也容易被人们掌握,它们的大部分与卡片款目的结构是相对应的,并且还具有内部关系相对应的特点,请看下表:

著者与书名特征 \ 字段性质	主要款目	丛书项	主题附加款目	附加款目	丛书附加款目
个人姓名	100	400	600	700	800
团体名称	110	410	610	710	810
会议/集会	111	411	611	711	811
通用书名标目	130	—	630	730	830
书名(根查)	—	440	—	740	840

从表中可以看出,对一本书所具有的主要特征—著者和书名,采用了很容易记忆的后两位相同的编号方法。而且,只要仔细推敲,就不难发现其它的规律性。

我们在说明机读目录的优点的同时,还应看到它的不足。这样一个复杂而庞大的记录,虽然能够为用户提供尽可能详细的书目内容,但对一般性的图书馆来说,生产它是不易的,不仅要有可观的数据量,而且对数据的输入要求达到相当的精确度。随着书目数据量的增长,要维护整个系统并使存取自如,负担是相当大的。如果对它作适当的简化,以满足自己馆的需要,而不是完全照搬,还是可以用的。正因为如此,在图书馆自动化过程中,建立共享的机读目录中心,就显得十分必要了。

三、MARC—II 编制实例

以下面这条图书目录款目为例,编制一条完全的机读目录记录。所有标识按前面的表,指示符和子字段指示符均按美国国会图书馆的格式说明。

Sugarman, Stephen.

    Petroleum industry handbook.〔Edited by Stephen Sugarman. n. p.〕

Published by J. M.

Weiner for D. H. Blair〔1969〕

    xxii, 794p. illus, maps. 29cm.

    "For limited distribution only."

    1. petroleum industry and trade – Handbooks, manuals, ets. 1. Title.

HD9560. 5. S8   338. 2′7′282   75 – 10118

                                                    MARC

    采取如下步骤:1.写下24个字符的头标内容。2.写下每个固定字段和可变字段的内容,确定每个字段的长度。3.编写目次字段。4.写出整个记录的字符串。

    1.头标内容:

    记录长(字符位置0—4):整个记录完成后才能确定。

    记录状态(字符位置5):这是新记录,记作"n"。

    文献类型(字符位置6):这是印刷的文字资料,记作,"a"。

    目录级别(字符位置7):这是专著,记作"m"。

    空白(字符位置8—9):记作"ƄƄ"。

    字段指示符数目(字符位置10):记作"2"。

    子字段指示符数目(字符位置11):记作"2"。

    数据的起始地址(字符位置12—16):只有知道目次字段的字符数目后,才能决定。由于字符位置是从0算起,所以数据的起始地址是头标和目次字段的字符数目加上1,即24 + 12N + 1。

    编码级别(字符位置17):这个目录记录是根据手头的书来编的,所以记为"Ƅ"。

    空白(字符位置18—19):记为"ƄƄ"。

    款目安排(字符位置20—23):因暂不用,记为"ƄƄƄƄ"。

    现在头标区的内容就成为:

106

| n | a | m | ƀƀ | 2 | 2 | | ƀƀƀƀƀ |

2. 固定字段

所有数据字段按其标识的数字顺序进行。

字段 001,国会馆卡片号:这是一个规定为 12 个字符的固定字段,加上一个字段结束符 ƀ,就成为:

| ƀƀƀ75010118 ƀ | ƀ |

字段 008 固定长数据字段:这是一个包括下列 19 个子字段的 41 个字符的固定字段:

1)入档日期:指归入资料档的日期,年、月、日,各 2 个字符,这个记录是 1970 年 3 月 19 日归入资料档的,所以记作"700319"。

2)出版日期类型:1 个字符

3)年 1:4 个字符

4)年 2:4 个字符

这三个子字段可以记许多不同的出版日期,这本书只有一个出版日期,所以记为"S　1969ƀƀƀ"。

5)出版国家代码:3 个字符,记作"xxƀ"。

6)插图代码:4 个字符。这本书有插图和地图,记作"abƀƀ"。

7)智力水平代码:1 个字符。这种书不是儿童读物,记作 ƀ。

8)复制形式代码:1 个字符。这本书不是复制品,记作 ƀ。

9)内容形式代码:这 4 个字符可表示书目索引等,本书都不是,所以记作 ƀƀƀƀ。

10)政府出版物指示符:这不是政府出版物,记作 ƀ。

11)会议出版物指示符:这不是会议出版物,记作 0。

12)纪念文集指示符:这不是纪念文集,记作 0。

13)索引指示符:这本书没有索引,记作 0。

14)款目体中主要款目指示符:这本书的作者在款目体中出

现,记作 1。

15）出版物体裁和类型指示符:这本书不是小说,记作 0。

16）传记代码:这本书不是传记,记作 ʁ。

17）主要文种:这本书是英文写的,记作 eng。

18）修改记录代码:没有,记作 ʁ。

19）编目来源代码:这里是空白 ʁ。

最后再加上一个字段结束符号 Ⅎ。这样,字段 008 就成为:

700319	S	1969	ʁʁʁ	XXʁ	abʁʁ	ʁ	ʁ	ʁʁʁʁ	0	0	0	1	0	ʁ	eng	ʁ	ʁ	Ⅎ

3. 可变字段

字段 050,国会馆索书号:这是第一个可变字段。这本书是增加在该馆藏内的,所以第一个指示符为 0,第二个指示符为 ʁ,第一个子字段代码 $a,接国会馆分类号 HD9560.5;第二个子字段代码 $b,接书号·S8,再加上一个字段结束符 Ⅎ。这样这个可变字段就成为:

0ʁ	$aHD9560.5 $b. S8	Ⅎ

字段 082,杜威十进分类号:指示符为 ʁʁ,接一个子字段代码 $a,再接上分类号和字段结束符,就成为:

ʁʁ	$a338. 2/7/282	Ⅎ

字段 100,主款目——个人姓名:这本书的作者姓名是单姓,所以第一个指示符为 1,第二个指示符为 0,子字段代码为 $a,这个字段就成为:

10	$a Sugarman ʁ Stephen.	Ⅎ

字段 245,书名:由于这本书是需要书名款目的,所以第一个指示符为 1,第二个指示符为 ʁ。这个书名是简短书名,所以第一

108

个子字段代码是 $a。书名后面的方括号部分是转写的书名页其
余部分,所以第二个子字段代码为 $c。这样,字段 245 就成为:

| 1ƅ | $a Petroleum ƅ Industryƅhandbook. $c〔EditedƅbyƅStephenƅSugarman. | Ғ |

字段 260,出版项:由于出版者名称不在主款目内,所以第一
个指示符为 0,第二个指示符为 ƅ。第一个子字段是出版地,子字
段代码为 $a。第二个子字段是出版者,子字段代码为 $b。第三
个子字段是出版期,子字段代码为 $c。这样,出版项字段就成为:

| 0ƅ | $an. p.〕 $b Pubished ƅ by ƅ.J. ƅ M. ƅWelner ƅ for ƅ D. ƅH. ƅBlair $c〔1969〕 | Ғ |

字段 300,稽核项:指示符为 ƅ ƅ。第一个子字段代码 $a,表
示页数或册数。第二个子字段代码 $b,表示插图事项。第三个子
字段代码 $c,表示书的高度。这个字段就成为:

| ƅƅ | $axxii ƅƅ794 ƅp. $billus,ƅmaps. $c92 ƅcm. | Ғ |

字段 500,一般注释:指示符号为 ƅƅ。因为这是一般注释,所
以子字段代码为 $a,这个字段就为:

| ƅƅ | $a"for ƅ limited ƅdistribution ƅ only." | Ғ |

字段 650,主题标题:第一个指示符为 ƅ。由于采用国会馆的
主题标题表,所以第二个指示符为 0。由于这是课题性主题标题,
所以第一个子字段代码为 $a。第二个主题标题是通用的复分,所
以第二个子字段代码为 $x。于是这个字段就成为:

| ƅ0 | $ aPetroleumƅ Industry ƅ and ƅ trade ƅxHand books,ƅ manuals. ƅetc. | Ʀ |

整个记录完毕,再加一个记录结束符 Ʀ。
现在所有数据字段都写完了,然后计算数据的基本地址。以

上共有 10 个数据字段,所以 N = 10,基本地址就是 24 + 12 × 10 + 1
= 145。把它填进头标区中的字符位置 12—16,成为 00145。

记录中的这 145 个字符在数据字段的前面,数据字段共有
370 个字符,所记录总长是:145 + 370 = 515。填入头标区中的字
符位置 0—4,成为 00515,头标区就完成了。

下面就是填写记录目次。因为第一个数据字段是国会馆卡片
号,标识是 001,这个字段共 13 个字符长,是从 0 位置开始的,所
以在该目次第一项里,前三个字符写上 001,接着的 4 个字符写上
0013,最后 5 个字符写上 00000。由于第二个数据字段是固定长
数据字段,标识是 008,共 41 个字符长,它的起始位置是 00013,于
是数据内容目录的第二项写成 008004100013。用同样方法把其
它 8 个目次项写完,整个记录就编写完毕,形成下图:

MARC格式记录示例

头标						记录的目次			
00515	n	a	m	₿₿	2	2	00145	₿₿₿4500	001001300000 008004100013 050001800054

```
0                  24              36                   48
```

082001600072	100002300088	245006300111	260006100174	300003900235

```
60        72           84            96          108
```

LC卡片号　　　　固定字段

500003700274 650005900311 ₿ ₿₿ 75010118 ₿ ₿ 700019 s 1969 ₿ ₿ ₿ x x ₿ a ₿ ₿₿

```
120     132     145
```

LC藏书号　　　杜威十进分类号

₿₿ ₿₿₿ ₿ 0 0 0 1 0 ₿ eng ₿ ₿ 0 ₿ $ aHD9560.5 $ b.S8 ₿₿ a 338.2/7/282 ₿

```
              5A                72
```

主要款目　　　　书名项

10 $ aSugarman, ₿Stephen. ₿ 10 $ aPetroleum ₿industry ₿handbook. $ c[Ebited ₿by ₿

```
88            111
```

出版项

Stephen ₿Sugarman. ₿ 0 ₿ $ an.p.] $ bPublished ₿by ₿J. ₿M. ₿Weiner ₿for ₿D. ₿H. ₿Blair

```
174
```

稽核项　　　　　　　一般性注记

$ c[1969] ₿ ₿₿ $ a xxii, ₿794 ₿p. $ Billus. ₿maps. $ c29 ₿cm. ₿ ₿₿ $ a"For ₿limited ₿

```
235                  274
```

主要标题

distribution" ₿only" ₿ ₿a $ aPetrolcum ₿industry ₿and ₿trade $ xHandbooks,

₿manuals. ₿etc ₿

₿ = blank　　　₿ = field terminator　　　₿ = record terminator
空白　　　　字段终止符　　　记录终止符

110

第六章　编目子系统

第一节　计算机编目过程

用电子计算机编制图书目录的工作,叫做计算机编目。保证并使计算机顺利编目的设备、技术和流程,叫做计算机编目系统。计算机编目系统是图书馆自动化系统的一部分,所以称为子系统。

计算机编目是对书目数据或字段集合处理的过程。也就是将图书著录项目记录在计算机可读的载体上的过程。这些载体有磁带、磁盘、磁鼓等,就像手编目录必须记载在目录卡片或纸片上一样。

一种图书只要著录一次,输入计算机后,在程序的控制下,可以得到各种各样的目录(各种各样的项目必须著录进去),如:书名目录、著者目录、主题目录等等。

图书馆的各项工作基本上都是以目录为基础而开展的,所以图书馆计算机编目工作是采访、借阅、咨询等一系列自动化工作的基础,是图书馆自动化的核心部分。

图6—1 是计算机编目逻辑功能图。

将逻辑功能赋予实践,即为图6—2 的处理形式。

从图6—1,2 看出,计算机编目可分为六步进行,即:

1、收集书目数据(目录卡片)。

2、编辑。即将表示各种著录事项的编辑符号、字段指示符、子字段指示符和分隔符(结束符)插入书目数据相应的位置上。并补充某些必要的内容。

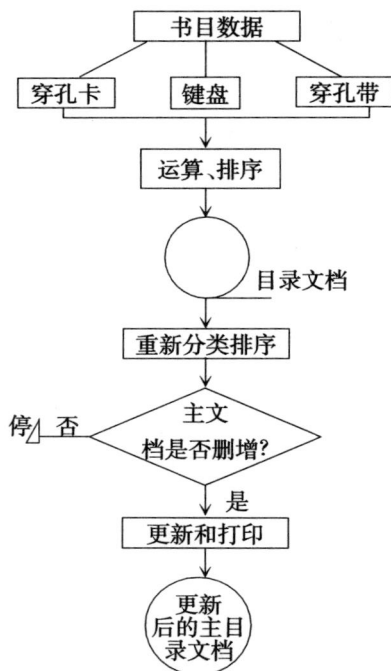

图 6-1

3、键盘输入或穿孔卡片(带)输入。键盘输入是一种打字输入方式,有两种:一种是利用键到磁带机,将字符变成代码信息记录在盒式磁带上;另一种是在终端上直接按键输入到计算机内存中,然后记录在磁带上。穿孔是将字符在穿孔机上穿孔,变成纸带或纸卡片上的穿孔代码。

4、计算机处理。即将磁带或纸带上的代码信息读入计算机,通过机读目录程序处理,整理成机读目录的格式结构。

112

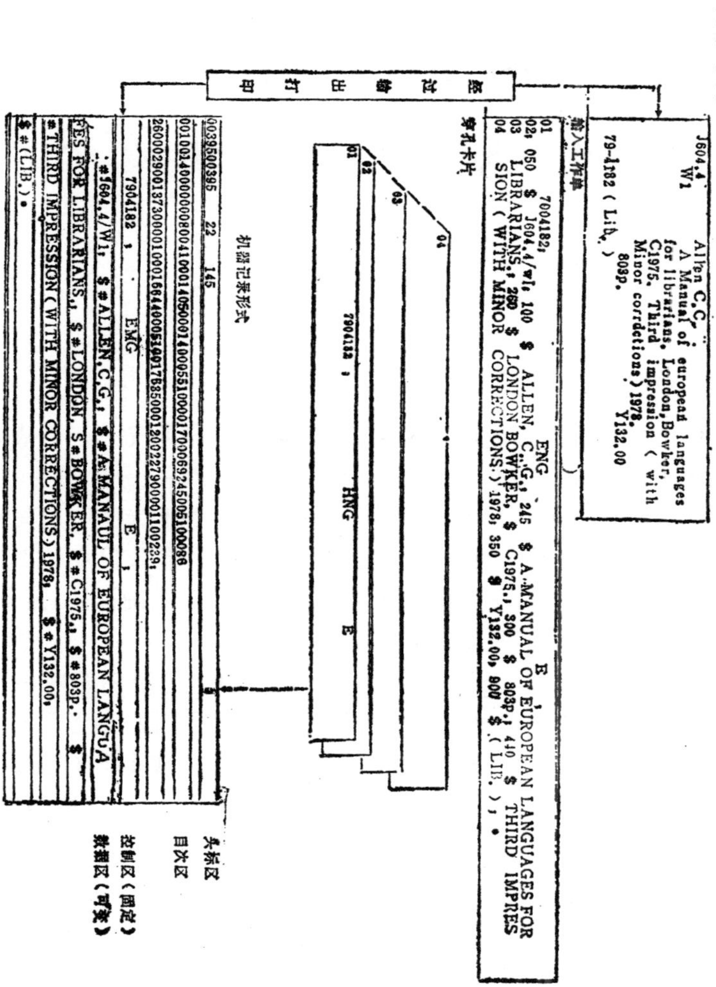

目录卡片

图 6 – 2

113

5、存贮。由计算机输出经整理后的数据作为校样,与原始输入书目数据校对,如发现有错,则将更正的数据再输入,反复输出校对,直至无误,最后将正确记录输入机读目录数据库中,以形成可再使用的机读目录。

6、用计算机打印出目录卡片或其它形式的目录。

第二节　整体系统设计

一、标识系统设计

传统的目录款目或目录卡片,其著录的内容是按一定格式和规则组织起来的。根据各个著录项目的顺序、意义、分段分行、空格和标识符号等识别其书名、作者、出版年等,由于这些项目写在纸卡片上,看起来是很直观的。而计算机编目只能认识 0 和 1 这种代码,所以,各项目著录内容要用各种标识符号明确标识、区分,按照特定的结构格式组织起来才能使用。

计算机编目的目录记录相当于目录款目。记录内容叫做数据,其最小单位叫数据单元。数据单元的集合叫字段,相当于传统的著录项目,如书名项,作者项等。字段可由一个或多个子字段构成,如出版项字段由出版者、出版地和出版时间三个子字段组成。所以,计算机编目对于一种图书的目录记录来说,就是作为一个单位来处理的字段集合。构成这条字段集合的字符、数字、标识符号、终止符号,即全部信息叫做书目数据。

显然,在这些书目数据中,有许多字符只供计算机识别,不需要输出打印在卡片上,有一些则必须打印在卡片上,而且要严格按照卡片的规格打印。供计算机识别字段开始、字段终止等等的那些符号就是标识,这些标识在一条记录中具有一套完整的功能,所以叫标识系统。

标识系统的设计种类很多,一般还要涉及到计算机处理字符的种类。它主要包括以下内容:

1.确定最大的字段数。

确定最大字段数的目的,在于明确设计标识的范围,例如共有50个字段,便可设计出50个标识符号。MARC的字段标识是从001到999,是一个三位数,它容纳的字段数就相当大,有扩展的余地。

2.确定字段标识符。

字段标识符可以用数字表示,也可用字符表示,可根据自己计算机的字符处理功能设计。下面是几种不同的标识系统中的标识符号格式:

1)TQ16计算机情报检索系统字段标识符

0000000000000001↑#G354.4⌐↑÷

SMITH,A·W·⌐↑INFORMATION⌐SYSTEM⌐↑

LIBRARY⌐↑ON⌐LINE⌐RETRIEVAL⌐↑

COMPUTERS⌐↑LIBRARY⌐AND⌐INFORMATION

⌐SCIENCE⌐=THE⌐INFORMATION⌐RETRIEVA

L⌐AND⌐COMPUTERS.⌐/1975⌐283P.(ENG)

其中↑#　　表示分类号

　　↑÷　　表示作者

　　↑　　　表示主题词

　　　=　　表示篇名

　　　/　　表示出版年

　　(　)　　内为文种

　　⌐　　　表示空格

2)SDI—111文献检索系统字段标识符

37.7893,⊕⌐…#H70016#BTHE⌐EFFECT⌐OF⌐USER⌐FEES

⌒ON⌒ THE⌒COST⌒OF⌒ON－LINE⌒SEARCHING⌒IN⌒
LIBRARIES#ZCOOPER⌒M・D・,WILLIAMS⌒M・S・#CJOUR-
NAL⌒OF⌒LIBRARY⌒AUTOMATION,1977,10NO.4,304－314,
（E)#GON－LINE⌒SEARCHING,USER⌒FEE,COST,37.6894,⊕
⌒…⊕⊕

其中： #H： 流水号

#B： 篇名

#Z： 作者

#C： 出处

#G： 关键词、分类号

#N： 年、月

#Y： 文种

⊕⊕： 记录终止符

3）SPIN 磁带（SEARCHABLE PHYSICS INFORMATION NO-
TICES)中 00 文献标题;09 文献序号;10 期刊缩写代号;20X 作者
所在部门;300 文献出处;50X 文献摘要;60 主题词代号;70X 参考
文献。

4）MARC－Ⅱ中

080 国际十进分类法类号

082 杜威十进分类法类号

245 书名项

⋮

⋮

⋮

标识符的设计不可过于复杂,一般在 1 到 3 位即可。

3.确定字段终止符、记录结束符、字段指示符、子字段指示符。

上述几种符号都可以用字母表示,用一位或两位即可,不宜太
多,以便节约存贮空间,

标识系统的设计应遵循简单、易记、易用、易扩充的原则,同时

要尽量和传统的项目相对应,以保持一致。

二、记录格式设计

记录格式或记录结构是指一条记录中书目数据的安排。对记录中每个字段的长度的确定以及排列顺序的组织形式,就是记录格式。

记录格式有三种类型,根据需要可自行选择:

1. 固定格式、固定长字段。

对所记录的书目数据,每个字段的字符数作了严格的规定,并限制在记录介质上一定的物理范围内。即每个字段的字符数、子字段的字符数、标识符个数等都是固定的,记录格式也是固定的。例如:年代总是用四位字符表示:1968。文种总是用三个字符表示:ENG(英)。

例:一条记录由四部分构成,即书名项、作者项、分类项、出版项。

书名项	作者项	分类项	出版项

每个项目分配字符数如下:

书名项	50	0—49
作者项	30	50—79
分类项	10	80—89
出版项	15	90—104

这种固定格式、固定长字段的优点在于:

1)编写程序简单。

2)计算机处理省时。

3)手工加工容易,速度快。

缺点在于:

1)提供的参考信息量少。

2）与手工目录系统相差大，不匹配。

3）由于格式和字符数规定严格，使长的数据因放不下而被删除，使短的数据因放不满而产生空位，存贮信息的空间浪费较多。

2. 固定格式、可变长字段。

记录格式固定，字段数固定，但字段长度为可变长。

例如：将上例固定格式、固定长字段中的四个部分保持不变，对每个项目的字符数不作限制，便成了固定格式、可变长字段。

3. 可变格式、可变长字段。

记录格式不固定，字段数不固定，字段长度不固定。

例：一条记录由记录长度（4个字符位）、目录区、数据区三部分构成，其中目录的字符位是固定的，为9个，数据区不固定，字段个数不固定，字段长度不固定，如下图：

记录长度	目录1	目录2	目录3	⋮	字段1	字段2	字段3	⋮	终止符

其中目录的字符位安排如下：

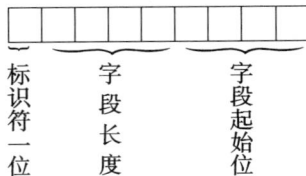

标识符一位	字段长度		字段起始位		

图　6—3

在设计中采取什么样的记录结构，必须按照系统的目的要求进行。不同的记录结构各有不同的优点，也有不足的地方。一般地说，所输入的图书、资料等，各种著录项目的长度比较稳定，有庞大的数量，就可设计成固定格式、固定字段，甚至于固定长字段。如果著录项目变化幅度很大，长短不一，但其中有一部分著录项目始终保持在一定的字符数内，这部分著录项目就可设计为固定长

118

字段,其它的著录项目可设计为可变长字段。如:出版年比较固定而且在相当长的时间里是4位数,就可设计成固定长。书名的变化较大,就可设计为可变长。

记录格式的选择,必须建立在对图书馆大量的和各种类型的藏书详细调查的基础上。

三、目录的著录与组织

确定了标识系统和记录格式以后,就要准备数据,准备数据是编目系统中任务最重、工作量最大的部分。经过编制后形成的机读目录的质量,主要取决于目录的著录。这部分工作和传统的目录著录基本相同,所不同的是与计算机相关的部分。

机读目录著录分以下几步:

1. 把一本图书、一篇文献的内容特征和外表特征记录下来,按著录条例进行规范,成为一组书目数据。著录尽可能详细些,项目和内容尽可能丰富些,以便提供尽可能多的检索途径和编制各种目录的数据,著录后编制成著录草片(稿),以便修改。

2. 填加字段指示符、子字段指示符、分隔符、记录终止符。

3. 根据排检次序,按字段标识号的大小顺序排列,形成完整的一条记录。

4. 书面校对(输入前校对)无误待用。

四、书目数据转换

书目数据转换是把编目记录经过标识编辑,输入计算机进行处理并转换为机读记录格式结构的过程。这是一项细致的工作。

1. 手工编辑的转换方式

1)制备输入工作单

制备输入工作单的目的,在于将目录著录项目按照输入的前后顺序组织起来,以便准确地输入。表6-1是微型机图书情报管

表6-1　图书目录数据输入工作单

名称	标识符	数据内容（0—40）
记录识别字段	001	∅ ∅ ∅ ∅ ∅ ∅ ∅ ∅ ∅ ∅ ∅254
固定长数据字段	008	8 3 ∅ 6 1 1 1 C 1 9 7 7 1 9 4 2 U S A a d K ∅]]]]] ∅ ∅ ∅ 1 ∅ ∅]] E N]] *
国际标准书号	020	∅ – 471 – ∅ – 6245 – 6 *
编目来源	040	
语种	041	EN. *
复本数	051	
中图法分类号著者号	083	TG5/A528 – 7 *
科图法分类号著者号	084	79. 47/A528 – 7 *
个人著者名称	100	Amstead, B. H. #Ostwald, P. F. #Begman, M. L. *
团体著者名称	110	
会议名称	111	
通用书名标目	130	
书名项	245	Manufacturing Processes. *
版本项	250	7th ed. *
出版项	260	New York, #Wiley, #1977.. *
稽核项	300	739P. #ill. *

图书目录数据输入工作单

名称	标识符	数 据 内 容
价格	350	$ 46.71 *
丛书著者	400	
丛书团体著者	410	
丛书会议名称	411	
丛书书名	440	
注释	500	
提要	520	The study of manufacturing processes may be a basis for future technical studies. This book gives a perception on which to build complex technical knowledge. *
课题性主题	650	Manufacturing process# Foundry process # Special casting process # Heat treatment # Press work # Metal cutting *
地理名称主题	651	
附加名个人著者	700	
附加团体著者	710	
附加会议名称	711	
登录号藏书地址	850	1 ○2 ○3 ○/L.!

制单人:梅	制单日期:85.9.	输入人员:田	输入日期9.1	注:子字段分隔符为"#"

理系统(WD—TQGX)的书目数据输入工作单一例。

　　此工作单的格式是按中华人民共和国国家标准(文献目录信息交换用磁带格式)并参照了美国国会图书馆编目工作组所提供的工作单样张,结合我国编目工作的一些具体要求设计的。工作单左侧是字段名称,向右是字段标识符号,中间大栏是数据内容。最右侧是字段结束符,用"＊"号表示。如果字段中又包含若干个子字段,则各子字段之间用区分标志"#"隔开。在最后一个字段结束后加上"!"号,表示整个记录全部结束。

　　这个工作单中共有 29 个字段,没有著录项目的栏内空起来。从 001 开始到最后一个符号"!"为止是一个逻辑记录,整个记录的字符数控制在 512 个以内,超过 512 个字符时,就将有关项目的字符数作适当的删除。除 001 和 008 两个固定长字段外,对其它字段的字符数没有规定,灵活性最大的字段是 520 和 650,只要使记录控制在 512 个字符以内,这两个项目可以任意增删。若其它字段字符量少时,这两个字段和内容可以显示得充分些,多增加些词汇。

　　与 MARC－Ⅱ格式相比,这里的项目简单些,这是为了实际的需要而选择的主要项目。

　　除了用工作单准备输入数据以外,还有另外一种工作单,那就是对已有的图书馆目录卡片进行书面编辑,使之成为一个输入款目,然后根据编辑的卡片目录进行输入。

　　图书馆的目录数量是很大的,目录卡片常以百万计,若每一本书都要重新制一张表填写一次,从人力和时间上都会遇到许多问题。为了提高输入数据的准备速度,保持和原有的著录相一致,就以原有的卡片目录为基础,在其上增加有关项目,在相应的字段上插入标识符、子字段指示符、分隔符及记录结束符,使之成为一条可输入的目录数据。这种方法在国内外的许多图书馆被使用。对原有目录卡片进行编辑和输入,要求有相当的熟练程度,尤其是对编目和记录的标识系统的各种符号要十分清楚,否则会因对目录卡片上编辑后的字迹和符号辨认不清而产生输入错误。一般在计算机编目系统开始运行和开始输入数据时,应使用填写工作单的方法,以保证其准确性,经过长时间的实践,掌握了基本规律后,为了提高效率不妨使用后一种方法。

2)输入和校验

工作单经过编辑加工以后,就可以向计算机输入,输入有两种方法:脱机输入方式和联机输入方式。

脱机输入方式是将数据一次转换到某一中间载体上,送到机房,用输入装置读入的方式。这种方式又分为集中式和分散式。集中式是将数据集中录制在载体上的方式。这种录制主要使用键盘穿孔机,将数据穿成纸带或卡片,通过光电输入机集中输入。此外,还可利用键到磁带或磁盘机将数据转录到磁带或磁盘上。分散式是输入载体分别在作业现场录制的方式,即直接将纸页内的文字符号等数据通过光学文字读出器(OCR)、光学符号读出器(OMR)或磁墨水文字读出器(MLCR)等直接读入计算机中。

联机方式是指使用通讯线路将数据直接输入计算机的方式。这种方式比较先进,但费用较高,技术设备要求完善,因而,目前多数使用的输入方式主要是穿孔方式。究竟采用什么样的方式为宜,这主要决定于系统的功能和设备条件。

计算机把存入的数据串,通过机读目录程序变成所需要的记录结构,输出后要经过校验,校验有机械校验,人机校验和逻辑校验方式,然后将修改正确的数据重新输入,最后形成正确的编目结果,编目工作基本结束。

2. 格式识别的转换方式

格式识别转换方式与人工编辑方式的不同点在于:输入打字员直接根据不加编辑(即不插入标志及其它符号)的草稿进行打字(或穿孔),输入计算机,通过格式识别处理程序,由计算机识别后自动地加进机读目录所需的各种标志及其符号(标识符号、子字段指示符号、分隔符号……),将数据整理成符合机读目录要求的格式,然后打印出校样,进行校对和检验处理后,再输入机读目录库,成为一条机读目录。

格式识别是建立在机读目录的记录高度格式化和标识化的基础上的。由于是以标识符、子字段指示符等符号表示其字段内容的,所以格式的重复有着内在的规律性,格式识别就是利用这种规律性来作为识别程序或算法的基本逻辑的。在设计格式识别程序时,主要的技术是利用计算机对现有的机读目录档进行统计分析,如统计各种项目的出现频率,各种字段的长度,各种字段所使用的标点符号、特殊符号、区分符号、关键词以及大写字母等,编制成一种试探性的识别程序。当计算机通过识别估计出是一个什么内容的字段时,便将相应的标识符加给该字段。这种转换方式省去了编辑过程,同时提高了打字效率,加快了输入速度,比人工编辑转换方式优越,输入成本较低。这种方式的校对仍然是人工,而且要比人工编辑转换方式复杂些,出现的错误也较多,这是它的缺点。

格式识别的优点是:经济,减少人工编辑时间,提高数据的转换效率,所以这种方式会逐渐得到广泛使用。

第三节　编目程序设计

计算机编制机读目录,必须如上述的记录格式、数据类型、设备条件为依据进行程序设计。

编目系统应具备以下主要功能:

1. 建立书目数据库(文档);

2. 编制机读目录;

3. 文档维护

4. 输出各种产品(目录卡片、索引、磁带等)。

一、建立书目数据文档

建立书目数据文档的过程,就是计算机把从外界接收的书目数据存入计算机内存贮器中的过程。这个过程可用框图6—4表示。

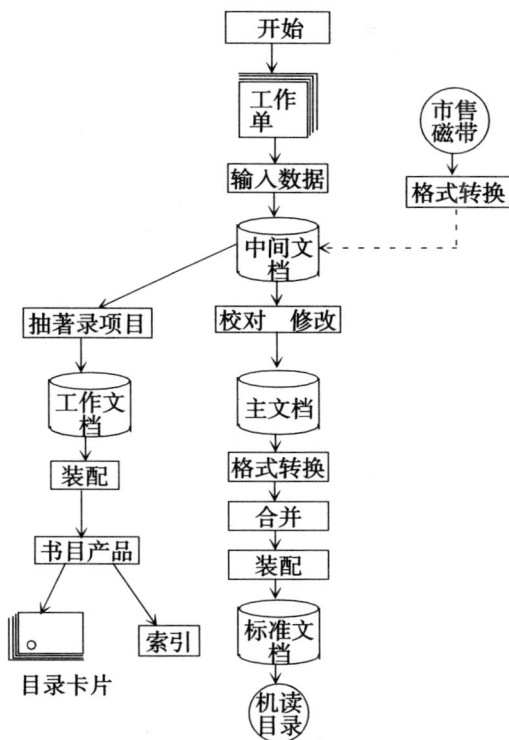

图6-4

设计思想说明:

①启动计算机。

②按工作单上的数据进行输入(穿孔带,或键盘)。

③存入计算机内存的一个空间,形成中间文档,(不是最终文档)。

④将已存入的记录打印后校对、修改。若是终端键盘输入,则从内存中调出一条记录在屏幕上修改,使之无误。若是穿孔纸带输入,打印后,对穿孔带进行修改,重新输入。

⑤修改后的记录,按输入先后顺序排列形成主文档。主文档是未进行格式编辑的原始数据文档,各种形式的目录索引,都将以它为基础作成。

⑥为了长久使用,将已存入计算机内存中的主文档复制在软盘或磁带上,保持原始数据的准确性,并可多次使用。

⑦对主文档的数据按照机读目录格式要求进行转换,对各字段长度进行统计,形成目次区。

⑧合并格式中的每个部分,将头标区、目次区、数据区装配成为一条完整的记录。

⑨形成标准文档,即有头标区、目录区、数据区等完全的标准格式。

⑩形成机读目录,存贮在磁带或软盘上。

左侧:

⑪抽著录项目,即抽出需要打印和编制各种目录的字段,如抽出书名字段、著者字段、分类字段、主题词字段等。所抽出字段的记录,形成待编制目录的工作文档。

⑫将抽出某一字段的有关记录按打印要求进行格式编辑,并将同类待打印输出的记录存放在一起。

⑬打印出目录卡片、索引或书本式目录。

右侧:

⑭将外界机读目录的数据进行格式转换,形成和自己主文档记录相同的格式。就是说,除自己本身的编目数据外,可以将别馆的编目成果合并在自己的系统里,达到编目成果共享,这是编目系统里增加数据量的一个重要渠道。

⑮编制联合目录时,和左侧方法相似,抽出联合目录号码的字

段,记入馆代号,按某一标识分类排序。

⑯打印出联合目录。

二、编制机读目录

每一条记录是如何存入计算机的内存中去的？文档（即许多个记录的集合）在计算机里是怎样生成的？图6—5是文档生成框图。

设计思想说明：

①打开I/O文件,即输入输出文件。文件是指相关信息的记录的集合。打开一块存贮记录的区域,准备向里边输入数据,同时打开计数区域,即对所存贮的记录个数的统计累加数。

②记录当前所输入记录的个数,JS为计数的汉语拼音。开始时由于未输入记录,所以计数器为0,以后每输一条便在计数器上加1。

③开辟一块存贮空间以便放入一个记录。

④R $——一个记录数据存放区。

⑤从键盘输入一条数据。

⑥一个记录输完了没有？

⑦没有,则继续输入,在前一行数据的空间上再加上当前数据的空间。

⑧一条记录输入完。

⑨若不继续输入记录时,输入"ZZZZ"字符,表示输入结束。

⑩统计所输入的记录个数并记录下来。

⑪关闭计数文件。

⑫形成中间数据文件。

⑬对中间数据记录进行校对、修改。

⑭每修改一条记录,统计数加1。

⑮修改完毕。

⑯形成主文档。

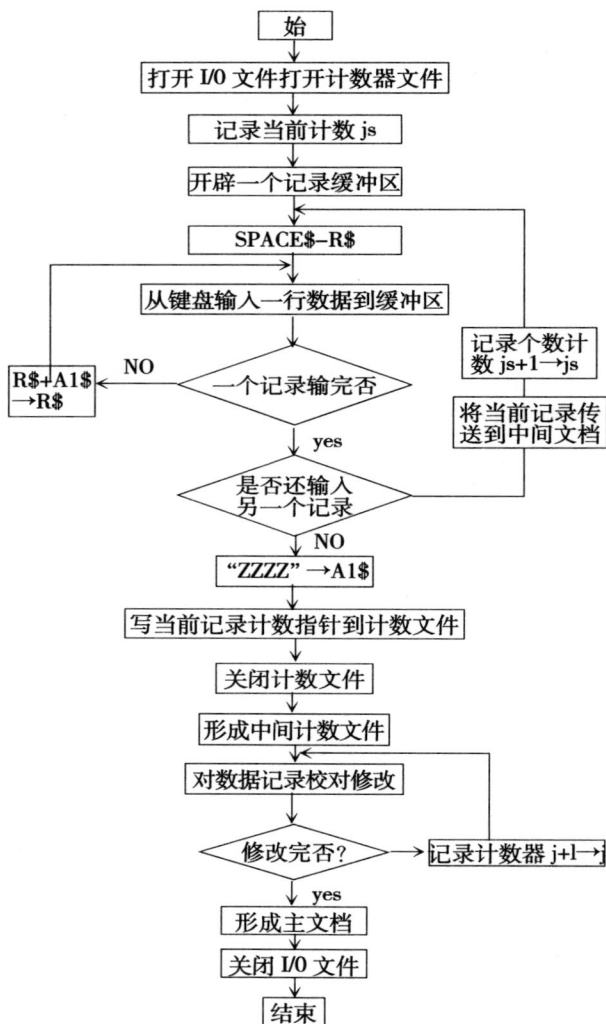

```
                    ┌──────┐
                    │  始  │
                    └──────┘
                       │
          ┌────────────────────────────┐
          │ 打开 I/O 文件打开计数器文件 │
          └────────────────────────────┘
                       │
            ┌────────────────────┐
            │  记录当前计数 js    │
            └────────────────────┘
                       │
            ┌────────────────────┐
            │  开辟一个记录缓冲区  │
            └────────────────────┘
                       │
              ┌──────────────────┐
              │  SPACE$-R$       │
              └──────────────────┘
                       │
          ┌────────────────────────────┐
          │  从键盘输入一行数据到缓冲区  │
          └────────────────────────────┘
                       │
  ┌──────────┐  NO    ╱───────────────╲      ┌──────────────┐
  │ R$+A1$   │◄───────│ 一个记录输完否 │      │ 记录个数计    │
  │  →R$     │        ╲───────────────╱      │ 数 js+1→js   │
  └──────────┘               │               └──────────────┘
                            yes                     │
                    ╱───────────────╲       ┌──────────────┐
                   │ 是否还输入      │       │ 将当前记录传  │
                   │ 另一个记录      │──────►│ 送到中间文档  │
                    ╲───────────────╱       └──────────────┘
                           │ NO
            ┌────────────────────┐
            │  "ZZZZ" →A1$        │
            └────────────────────┘
                       │
        ┌──────────────────────────────┐
        │  写当前记录计数指针到计数文件  │
        └──────────────────────────────┘
                       │
            ┌────────────────────┐
            │   关闭计数文件       │
            └────────────────────┘
                       │
            ┌────────────────────┐
            │  形成中间计数文件    │
            └────────────────────┘
                       │
            ┌────────────────────┐
            │  对数据记录校对修改   │
            └────────────────────┘
                       │
              ╱───────────────╲         ┌──────────────────┐
             │   修改完否?     │────────►│ 记录计数器 j+1→j │
              ╲───────────────╱         └──────────────────┘
                     │ yes
              ┌──────────────┐
              │   形成主文档   │
              └──────────────┘
                     │
              ┌──────────────┐
              │  关闭 I/O 文件 │
              └──────────────┘
                     │
                ┌────────┐
                │  结束  │
                └────────┘
```

图 6—5

128

⑰关闭开始输入打开的 I/O 文件,输入工作结束。

此时输入完成,所输入的记录存入计算机中,形成主文档,该主文档即为图6—4中的主文档。这是建立书目数据库的第一步,对主文档开始编制机读目录:

程序框图如图6—6。

设计思想说明:

①打开输入输出文件,计数器置于最初的统计数值上。

②从主文档中读一个记录放在工作区里,准备进行格式转换处理。

③传送工作区里记录的字符,一个个的传送。

④判断一下该字符是不是子字段分隔符,若是子字段分隔的,证明该子字段已输入完,处理该子字段的指示符。若不是则

⑤判断是不是字段分隔符,若是,则填入该字段指示符、子字段指示符,处理该字段的分隔符,最后形成该字段的目次区。若不是则

⑥判断是不是记录结束符,若是记录结束符,证明这一条记录已逐个字符判断完毕,判断出子字段、字段所在的位置和长度,若不是,证明是书目数据字符,继续向下判断。

⑦将上述判断结果即记录的总字符数填在头标区位置上。将该字段的标识符号、字段长度(字符个数)、字段的起始地址填入目次区。

⑧将头标区、目次区和书目数据区装配起来,即连接起来,便形成一条机读目录,将这条具有头标区、目次区、数据区的完整的记录输出,该条记录的编目过程便告结束。再由主文档调出第二个记录,像上述过程一样进行同样的处理判断,最后输出第二条完整的机读目录记录……。

这一个过程,就是将输入到计算机中的手工书目数据,由计算机加上各种处理符号的转换过程,即编制目录的过程。

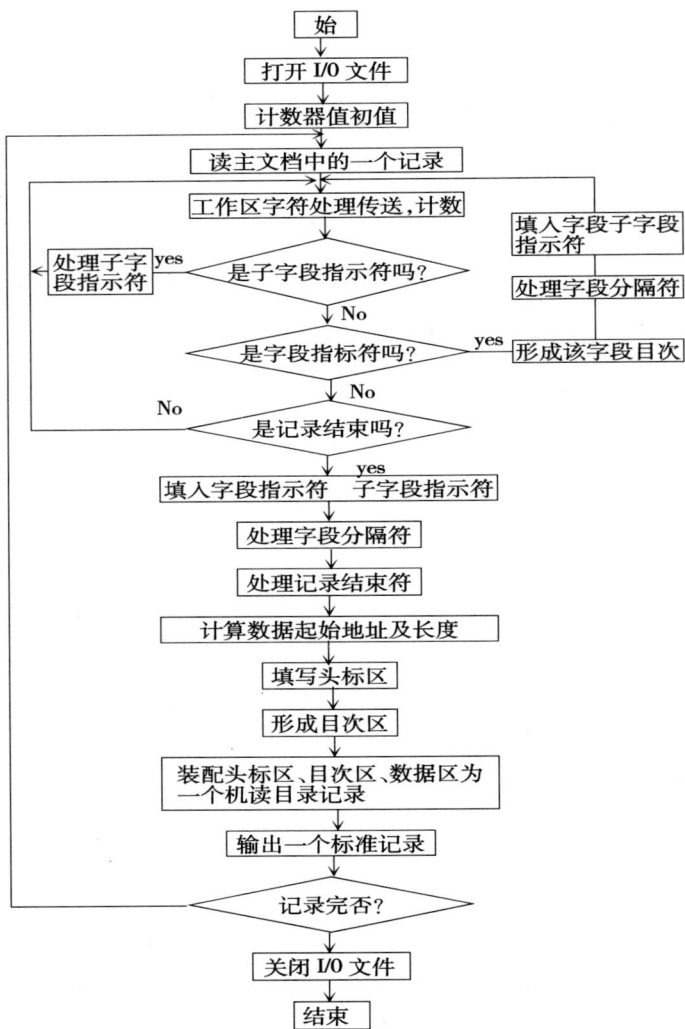

始

打开 I/O 文件

计数器值初值

读主文档中的一个记录

工作区字符处理传送，计数

是子字段指示符吗？

处理子字段指示符

填入字段子字段指示符

处理字段分隔符

yes

No

是字段指标符吗？

yes

形成该字段目次

No

是记录结束吗？

No

yes

填入字段指示符　子字段指示符

处理字段分隔符

处理记录结束符

计算数据起始地址及长度

填写头标区

形成目次区

装配头标区、目次区、数据区为一个机读目录记录

输出一个标准记录

记录完否？

关闭 I/O 文件

结束

图 6-6

130

三、文档维护

在自动化数据处理系统中,对大量数据的收集整理是系统设计的前期工作,这些数据一旦输入到计算机里,便在整个系统中起着支柱作用,也就是说,数据是编目系统(同样也是任何一个系统)的核心部分,它直接影响着整个系统的使用效果,因而对文档的维护是相当重要的。

编目系统中有主文档和标准文档两部分,对这两个文档都要进行维护。对主文档的维护主要包括以下程序:主文档校对程序,字符修改程序,追加记录、查看记录程序等,执行这些程序时,可以对主文档中任意记录的数据字段、子字段、标识符、分隔符进行删除、插入、更新以及进行记录调整等工作。对标准文档的维护包括对标准文档中记录的查找,物理性删除记录,插入新记录等程序。执行这部分程序时可以把原已生成的机读目录文档中的记录,根据当前需要进行删除、修改和更新,编制出新的标准格式记录。输出更新后的机读目录。

文档维护的设计,应根据目录实际需要的情况出发,尽量考虑得全些,以保证数据的动态变化及其准确性。

四、目录卡片及各种索引的输出

程序框图如图6—7。

设计思想说明:

①打开主文档,并开辟一块工作区。

②记入需要编制目录卡片的记录总数。

③键入需要编制目录卡片记录总数的第一个记录号 i,最后一个记录号 j,表示两个号之间的记录为编制目录卡片或索引的记录数据。

④开辟一块存贮空间。

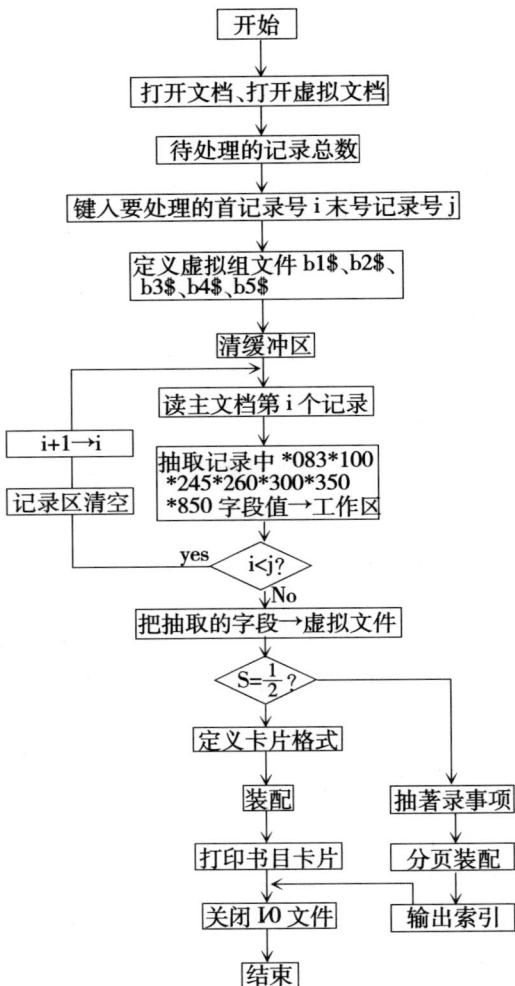

開始

打开文档、打开虚拟文档

待处理的记录总数

键入要处理的首记录号 i 末号记录号 j

定义虚拟组文件 b1$、b2$、b3$、b4$、b5$

清缓冲区

读主文档第 i 个记录

i+1→i

记录区清空

抽取记录中 *083*100 *245*260*300*350 *850 字段值→工作区

i<j？   yes   No

把抽取的字段→虚拟文件

$S = \frac{1}{2}$？

定义卡片格式

装配

抽著录事项

打印书目卡片

分页装配

关闭 I/O 文件

输出索引

结束

图 6-7

132

⑤读主文档中的一个记录(该记录是③中的第一个记录)。

⑥从记录中抽取 083 字段(分类项)、100 字段(著者项)、245 字段(书名项)、260 字段(出版项)、300 字段(稽核项)、350 字段(价格)、850 字段(登录号),组成一张目录卡片的基本信息。

⑦规定目录卡片格式。

⑧打印出目录卡片或索引。

⑨结束。

上述四个部分及框图内容是编目系统的基本设计思想。

计算机编目,是一种多功能的处理系统,在这一基础上,可以产生多种多样的目录形式。例如在记录中加一个字段表示各馆的代号,便可以编制出联合目录。同时,由于编目是随时进行的,过一定的时间,如一个星期,半个月,将已编目的新书打印输出一次,按书名、分类或主题打印,这便是新书通报。

第四节　机读目录的使用与标准化

一、机读目录的输出

编目系统中,书目记录格式确定以后,接着是书目的输入和文档的建立,最后是目录的输出。

目录以什么形式输出,对编目系统的设计者,对图书馆各项业务以及读者都是非常重要的。

为了满足读者的各种需要,一般编目系统应具有如下的输出形式:

1. 显示输出:将目录显示在荧光屏上,一般在输入校对和联机检索显示结果时使用。

2. 印刷输出:目录记录经过计算机处理以后,直接用宽行打字机输出,可以输出书本目录或各种格式的目录卡片。

例:

25.63　　pitt Leonard

P688　　We americans V.1:colonial times to 1877CAP.H.1 1976.
　　　　368P.Price 49.75

25.63　　pitt Leonard.

P688　　We americans V.2:1865 to the present. CAP.H.1 1976.
　　　　850p.price 49.75

29.185　carer D.K.

C331　　Introduction to business data processing:with COBOL pro-
　　　　graming. CAP.E.1 1979.366p.price 39.51

29.24　　Litterer.Joseph A.

L777　　An introduction to management. CAP.E.M.1 1975.683p.
　　　　price 37.71

29.244　Buffa Elwood.s.

B929　　BASIC production management. CAP.E.11975.683p. price
　　　　41.31

29.24　　Stokes G.and stokes J.

S874　　Modern china and Japan. CAP.L.1 1977.206p.price 2.50

　　3.光电照排输出:光电照排输出克服了行式打印机输出的缺
点,印刷质量较高,可以使用大小写字体,但设备费用较贵。

　　4.缩微品输出:即 COM,这是目前普遍采取的一种输出方式。
这种输出的优点是:1)具有周期性的积累能力;2)密集存贮,一张
105×148.7(mm)的胶片能容纳225张卡片,有一些是超缩微型,
在一张 6×4 吋的胶片上,可容纳2380个画面;3)处理简便;4)复
制便宜;5)材料与发行价格低,国际上一般为0.03美元一张。其
缺点是需要阅读机,同时也不易转换成印刷本形式。

　　5.磁带输出:这是将一种磁带机读目录转录到另一种磁带上

的输出形式。目录记录可以全部转录,也可以按照用户要求选择记录或补充用户所需的内容,转录到磁带上。这是目前较常用的输出方式。

（Ching mi chi hsieh she chi chi chú）
精密机械设计基础/北京工业学院精密机械教研室编.
　—第 1 版. —〔Peking〕:国防工业出版社:
新华书店北京发行所发行,1981.
　6.319 p;ill. ;26cm.
　Bibliography:P.319.
　RMBY2.10
　1. Machinery – Design.　　　I. pei – ching hung yeh hsüeh yüan. Ching mi
chi hsieh chiao yen shih. TJ230. C475　　1981　　621.8′15　　83 – 215695
（MARC）
AACR 2
Library of Congress　　　　　　84　　　　　　　　　　　　　ACN

（美国国会图书馆输出的中文卡片）

二、计算机编目的标准化

　　计算机编目只有标准化,才能使目录兼容,才有可能共同建立地区、全国乃至世界性的机读目录数据库。各馆之间才有可能相互利用编目成果,从而节省大量人力、物力和财力,使图书情报得以有效地传播和利用。在我国实现图书情报工作现代化过程中,这个问题尤为重要。

　　实现机读目录标准化,每个图书馆只需编写少量程序,就可把各种格式转换成为标准格式,从而接受来自任何馆的目录数据。同样,也可以把自己的目录记录送往别的图书馆,达到馆际之间互相协作,共同利用目录数据的目的。

　　1.记录格式标准

机读目录记录格式是由记录结构、标识符和记录内容组成的。不同的资料类型（如图书、连续出版物、地图、影片、手稿、录音带等）可有不同的记录格式。

为了实现国际上机读目录数据交换，1972 年国际图书馆协会联合会（IFLA）内容标志符工作组研究了国际机读目录记录格式 UNIMARC（Universal MARC format），（原称 SUPERMARC）。1973 年又设计了一套内容标志符（标识、指示符和子字段代码）。目前关于图书和连续出版物的目录记录格式 UNIMARC 已得到实用。各国的机读目录可通过 UNIMARC 格式的转换，实现国际间目录数据库的共同利用。

我国国家标准总局1982 年发布了"中华人民共和国国家标准文献目录信息交换用磁带格式"，即（GB2901—82）。这个标准将有力地推进我国机读目录的标准化和书目数据库的建立。

2. 目录著录标准

著录规则决定机读目录的数据内容和形式。如果目录著录不统一，就很难达到机读目录记录的统一。

为了改善各国的目录管理，促进目录信息的国际交换，国际图书馆协会联合会（IFAL）的有关委员会主持制定了供各国编制书刊资料目录用的一整套国际著录标准，统称"国际标准目录著录（ISBD）"。包括专著的著录规则（ISBD（M））图谱的著录规则（IS-BD（CM））、连续出版物的著录规则（ISBD（S））、非书资料的著录规则（ISBD（NBM））、著录总则（ISBD（G））等。其中 ISBD（G）是为各种资料的著录规定一个基本轮廓，是 AACR（英—美条例）和所有 ISBD 的基础。ISBD（M）制定较早，1971 年 12 月完成初稿，经修改后于 1974 年 3 月出版了第一标准版，其它几种都是以它为基础陆续制定的。采用这套标准可以达到目录著录的国际统一和标准化。它们规定了著录的项目和顺序，而且采用了一套特定的标点符号和分界规则，容易识别不同文字的目录著录项目，便于转换为机读形式。

此外,跟编目有关的还有出版物代码。国际标准化组织已制定了国际标准图书编号(ISBN)和国际标准连续出版物编号(ISSN)的标准(ISO2108—1972(E)和 ISO/DIS3279),许多国家已经采用。此外还有各种缩写规则(如常用缩写、文种缩写等)、地理名称、国家代号、文种代码、排列规则和目录参见规则等。

3. 字符标准

编目数据要输入计算机,必须首先解决编码问题,即将每个字符转换为相应的机器代码。这种代码是由 0 和 1 这两个二进制数字组成的,每 6 位或 8 位二进制数字表示一个字符。由于资料的文种和形式等不同,编目数据不同的字符很多,包括各种文字的字母、音符、数字、标点符号和其它各种特殊符号。这样一套字符叫字符集。统一规定字符集和表示每个字符的机器代码是机读目录数据交换的必要条件。

为了达到统一标准,许多国家常将非拉丁字符转换为拉丁字符,即罗马化,目前有许多这种音译字符集。1974 年国际标准化组织(ISO/TC46)对阿拉伯、希腊、日本、斯拉夫等音译字符集进行了修改,并制定了新的日文罗马化标准。"美国信息交换标准代码"(ASCII)已被国际标准化组织认可,大多数机读目录都采用了这种字符集。

三、机读目录的使用

目录转换工作是一项既费力又费时间的工作。但一旦转换为机读目录,使用就很方便灵活了。不仅自己利用,而且可以以磁带形式提供给任何一个图书情报部门,共享编目成果。所以机读目录的使用效果,对图书馆其他部门的工作,影响是很大的。

1. 利用机读目录的基本操作

利用磁带上的机读目录记录,一般要进行以下几项基本的计

算机操作:

1）阅读磁带：收到的新磁带在进行各种处理之前，首先要将其读入计算机。一般要把记录转换为所用计算机的处理格式，根据自己的设备条件进行代码转换，这一步工作一般叫磁带格式转换。如果要压缩记录长度，在变换记录格式时，可将不需要的数据字段删掉。此外，为了压缩文档，还可将具有某些特征的记录删去，如公共图书馆可以保留文艺读物的记录，而技术研究图书馆就可以将它们删掉。当然删掉什么内容要根据实际情况而定。

2）检索磁带：为了查出自己需要的记录（如考虑采购的资料记录，需要复制目录的记录等），就需要检索磁带。可以用国际标准书号（主要看采用的书号）查找，也可按照某一个字段或子字段（如：作者、出版者、日期等）去查找。

3）打印记录：由于计算机只能阅读代码数据，因此，在利用机读目录时，必须把目录打印出来，成为人眼可认的字符。机读目录的打印输出一般有：为采购而打印的作者目录、书名目录等，编目工作的工作单、目录卡片、定题服务通知单以及书标和书袋等。

4）修改记录：虽然利用机读目录一般不必作任何修改，但从长远看，从更经济更有效考虑，图书馆在使用时还是要对目录数据作一些修改，如输入和记录自己的馆藏索取号等。这种修改与"阅读磁带"中的修改是不同的。"阅读磁带"中的修改是自动抹掉，如去掉某个记录中的某个字段或子字段，而没有重新输入某个项目的过程。"修改记录"中的修改，则是在检查机读目录的基础上所作的各种修改。修改时，要将改变的数据重新打字输入，处理新数据，打印出修改了的机读目录记录的校样，并进行校对等工作。

5）文档管理：如果要累积机读目录记录，就要进行资料档即文档的管理。就是说，每个新补充的机读目录记录或其中的一部分，基本上都必须定期同现有的资料档合并。随着资料档的扩大，在利用机读目录时,检索记录的费用将逐渐增高,所以,资料档的管理还应从经济性和使用效率上考虑。

2. 机读目录在图书馆工作中的作用

图书馆利用机读目录有两种方式,一种是将机读目录并入现有操作文档,成为该馆某种或全部操作文档的一部分;另一种就是用以扩大现有操作,成为使用范围更大的目录系统,如全国联合目录等。一般说来,前者需要较充分较费时的系统分析和设计工作;后者是现有服务和操作的补充、扩大,基本上不改变现有操作,所以一般不太复杂。

机读目录在图书馆工作中的作用有以下几方面:

1)行政管理

这里的行政管理主要指对图书馆预算规划工作进行帮助并提供所需要的各种数据。机读目录可提供某个学科领域、某个国家或地区的出版物经费报告。把这些数字跟现有预算分配比较,就可以为图书馆行政人员提供某种预算的客观标准。尤其在对研究新课题的有关出版物进行统计分析,并作规划预算时,以及行政管理人员了解日常编目工作情况,提出各种管理措施时,机读目录都能显示出很高的效率。

2)采访应用

机读目录是采访工作的书目情报源。将机读目录并入自动采访系统时,它的目录数据可用来进行采访检索(如选订、查重等),制备各种订单,制备印刷的或穿孔的收据卡和处理控制卡(这些卡片可以夹在新收到的资料里,编目、上架以后,再取回来更新采访档),印刷编目草片,编印采访目录,编制财产帐以及定期编制各种采访统计报表。

如果机读目录是"在版编目"的,利用机读目录,在采访阶段可以印出写有作者、书名、分类号等项目的书单,供编目时进行编目检索。由于机读目录著录完整,因此,就有可能在资料尚未到馆之前印出编目草片,如果所需要的数据和机读目录数据相同的话,还可预印出全套新资料的目录卡片。

图书馆在审定它的交换协定或设想建立某一课题范围的新协定时,机读目录可将记录的某一课题的出版者、出版日期等信息打印出来作参考,检查作者项和出版者以帮助进行采访和交换,并使图书馆及时了解近期各组织和出版者在有关领域的活动情况。

利用机读目录磁带可以帮助选择资料。通过分类、主题、资料类型(如参考书、儿童读物、小说等)对磁带进行检索,选出符合收藏范围和选购要求的新资料,印出目录,供选购参考。在比较复杂的系统中,还可存贮选购代理商的户头(给每个户头确定一定的主题和分类号),定期对机读目录磁带检索。这样,每个采购代理商(不管是个人、团体或是某个研究机构),都可定期收到一份要求选购的资料单。

机读目录也可用来帮助发送资料。专业图书馆、编目部门等机构可以确定一个专业范围,在计算机里存贮一个户头,一旦收到新的机读目录磁带,计算机就将有关记录印出一张发送单或一套编目草片,处理收据卡或采购单,发送到有关单位或部门,提供使用。

一般说来,机读目录在目录信息上是完整的,是经过查对校验的,而手工的采访记录往往不完整,有些数据可能未经查对和校验,所以利用机读目录的采访系统所获得的目录数据要比手工采访记录的数据更为完整准确,因此利用这种记录来查对(如订单、催询信、新书目录等),效果很好。

"在版编目"工作的建立和发展,使利用机读目录进行采访书目的编制工作更加及时。

3)编目应用

机读目录磁带可以用来生产几乎所有由编目形成的印刷品;目录卡片、图书目录、编目草片或工作单、检索单、新编图书目录、书标、书袋和书卡。

自动编目系统利用机读目录可充分享用别人的编目成果,利用率一般可达70%左右或更高。机读目录上已有的记录可全录或选录,只需根据自己的记录要求作某些修改或补充;机读目录上没有的记录,自己进行编目和输入。这就大量节省了目录记录输入的时间、人力和物力。

利用机读目录可以按各种卡片格式复制目录卡片,编制馆藏的分类、主题、书名和作者等目录。

利用机读目录可以大量减少排卡工作。计算机生产卡片时,它可按字顺、分类等不同的目录要求,自动排好记录的顺序,然后按所要求的排列顺序,印出目录卡片。

4)流通应用

建立了自动流通系统的图书馆,可全部或部分地利用机读目录记录。主要是用它来制备穿孔的或印刷的流通卡,用主记录档编制流通资料目录和制备各种催书单。这种自动流通系统可以编制各种流通统计报表,而且由于机读著录完整,还可以从资料类型和主题等方面更好地做流通分析,这些数据对馆藏建设和管理都很有价值。

5)参考工作和书目工作应用

机读目录实际上是一个完整的近期出版物数据库,它可以进行各种综合性和专题性处理。在查找某个咨询或编制某种目录时,通过检索可以打印各种工作性参考文献目录。有了这种线索清单,参考人员就可根据它去查馆藏和联合目录,找出原始文献。同时,也可对此目录进行精选或修改,删去一些不需要的内容或项目,改编成各种专题目录。

由于机读目录著录完整,编制目录时可从分类、主题、作者、出版国家、出版日期和资料类型等多种途径,去进行种种复杂的检索。参考人员或书目工作人员只要规定有关的标识、代码、分类号、主题以及排列打印规格，就能准确迅速地检索，按要求打印出结果来，从而使参考书目工作人员节省了大量收集文献的时间，免去了打字、手抄等繁重的文献索引转录工作。由于机读目录的数据准确，从而也减少了人工转录时产生的各种错误，提高了目录的准确性。计算机编排打印目录时，可以在款目之间留出一定空白，以便加注，写文摘提要等。所以，机读目录目前已被普遍地用来解答各种咨询，编制通报性目录、各种专题目录、新书目录、地区目录、全国书目等。

机读目录开展定题书目服务，不仅能节约读者时间，减轻读者负担，而且可以使读者得到最新资料。定题书目服务可以根据用户要求规定服务项目，如从分类号、主题词、国家、作者等进行检索，编印出新书资料目录，及时地提供给用户使用。

此外，连续出版物的机读目录可以用来辅助各种期刊管理工作，如印刷各种期刊目录卡片和各种形式的期刊目录，帮助记到、订购、装订等。地图、影片、乐谱、录音带、手稿等资料形式的机读目录，也可用来印刷各种目录卡片，编制各种目录，开展各种服务工作。

6）图书馆学研究的应用：机读目录的建立，为图书馆学研究提供了大量的素材。如对主题词的统计比较，可以分析哪些主题词的使用率高，哪些使用率低，从而加以取舍。对于主题趋向分析，某个专业领域词汇术语的变化，特别对于有关词典词条的整理编辑，机读目录都有重要的用途。

第七章　索引编制子系统

　　索引是检索文献的工具。文献数量的增长,使得索引的数量也成倍的增长,这就要求有各种类型的高质量的索引,才能满足使用人员的需要。

　　索引的编制经历了从简单到复杂,从低级到高级,从手工编制到用计算机编制的发展过程。19 世纪中叶,克里斯塔多罗(Crestadoro)提出了 KWIC 索引,并首先在英国曼彻斯特使用。1950年,美国的卢恩(H. P. Luhn)提出采用计算机编制 KWIC,并获得了成功。从此,索引的编制进入了计算机化的新阶段。目前世界上主要的索引工具都采用计算机编制,名目繁多,形态各异,成为图书情报机构中计算机应用的一个重要系统之一。

　　计算机编制索引是指用计算机对所给定的索引数据进行编辑,以某一款目元素为检索入口,按一定顺序输出索引款目的过程。这样产生的索引叫机编索引。

　　编制索引必须有用以编制的数据,索引数据有两种赋给方式:一是原文数据,也叫自然数据:二是人工数据,也叫加工数据。采取原文数据方式,其数据直接取自文献篇名、正文、文摘之中的原文,输入计算机进行索引编制。采取人工数据方式,是对原文数据经过一定的人工处理之后,再输入计算机进行索引编制,机编索引款目一般由索引标题(也叫索引键、索引词或索引标目)、索引上下文(也叫索引修饰语)和索引参照项(一般为文献号)三个部分组成。这三个部分构成了索引款目的基本元素,索引的编制就是围绕这三个部分展开的。在有些情况下,也可以少于这三个部分,这主要取决于编制索引的类型和目的。

第一节　机编索引原理

一、轮排法

轮排是机编索引发挥得最佳的模式之一,可用在许多索引的编制中。

所谓轮排,是将一组索引数据中任何一个可作为索引标识的字符串(单词或短语)安排在索引指示键的位置上,并将索引键的上下文围绕索引键作相应的排列,这种排列过程叫轮排,产生的索引叫轮排索引。轮排的目的是增加索引的检索点,使一组索引款目的信息能够有更多的显示点,以提高索引的命中率。

轮排法种类很多,有简单轮排法,词对轮排法,转动轮排法,结构轮排法,直接轮排法,换轨轮排法等。下面给出几种主要的轮排索引生成的模型及计算机编制的算法。

1. 简单轮排索引生成

在简单轮排中,索引数据生成的索引款目仅由索引键和参照项构成,所以叫简单轮排。轮排后的结果常存于计算机中,也称倒排档。倒排档起着检索入口的作用,它的构成方式是一个关键词后跟 N 个文献号。

这里用字符串和数字表示索引数据,其中用一个大写字母表示一个索引键,索引键是可参加索引编制的标题(词),用数字表示文献号即参照项。

简单轮排有以下三种模式:

1)一个索引键和一个参照项

索引数据:Abcdefg　　　　　　　1235

轮排后生成的索引款目为:

	Abcdefg	1235

或者生成只有一个索引键的索引款目

	A	1235

2）多个索引键和一个参照项

索引数据：ABCDEFG　　　　　1235

轮排后生成的索引款目为：

	A	1235
	B	1235
	C	1235
	D	1235
	E	1235
	F	1235
	G	1235

每一个字母均为一个索引键参加一次轮排，它们都具有同一个参照项1235。

3）一个参照项和相同的索引键

索引数据：ABCDEA　　　　　1235

轮排后生成的索引款目为：

	A	1235
	B	1235
	C	1235
	D	1235
	E	1235

而不能是：

	A	1235
	A	1235
	B	1235
	C	1235

D	1235
E	1235

除此以外,在出现多个索引数据有同一个索引键时,可以合并相同的索引键,但必须保留合并前各索引键的参照项,因为这些参照项分别与不同的文献号相连着。

例:	ABCDEFG	1235
	QRSTACD	0011
	PUVTAEG	0112
	WRXYCHA	5321

其结果应是:

A	1235,0011,0112,5321
B	1235,
C	1235,0011,5321
D	1235,0011
E	1235,0112
F	1235
G	1235,0112
H	5321
P	0112
Q	0011
R	0011,5321
⋮	⋮

这种轮排可以产生如主题索引、作者索引等。不足之处是,由于词和词之间不保持关系,所以不可能提供更多的相关信息。作为暂存索引,在检索大量文献时,为了提高查找速度,临时由计算机将文献中的可检项目编制成这种索引。下面是轮排索引一例。其中左边为主题词,右边的数据中,前面的数为文献篇数,后面的数为文献号,由 5 位数字组成。

River basin	1	00074
Rock	1	00092
Science	1	00057
Sediment load	1	00074
Semiconductor devices	2	0008100082
Set theory	1	00027
Sewage disposal	1	00022
Sewage—Purification	1	00022
Shore story review	1	00070
Silicon	1	00073
Silicon—metal system	1	00073
Silver alloy	1	00073
Sinusoidal oscillators	1	00082
Social aspects	1	00057
Solar atmosphere	1	00083
Solar resource	1	00031
Solar system	1	00090
Solid physics	1	00083
Solid	1	00077
Solid earth	1	00039
Solid state chemistry	1	00103

（简单轮排）

2. 词对式轮排索引生成

这种轮排索引是索引数据中每两个索引键之间的任意组合排列所生成的索引,由于每取一对构成一条索引款目,所以称为词对。

若:S 为词对个数,N 为索引键的个数

则有:$S = N(N-1)$ 个词对

把索引数据中所有的词对都作为索引键参加一次轮排,就叫做词对轮排。在词对中,其中一个词是另一个词的限定或修饰。

例:　　　ABCDEFG　1235

有词对　　$S = 7 \times (7-1) = 42(个)$

即:A_B　B_A｜｜｜｜｜｜G_F

　　A_C　B_C｜｜｜｜｜｜G_E

　　A_D　B_D｜｜｜｜｜｜G_D

　　A_E　B_E｜｜｜｜｜｜G_C

　　A_F　B_F｜｜｜｜｜｜G_B

　　A_G　B_G｜｜｜｜｜｜G_A

第一个词为主键,第二个词为辅键,在主键相同的情况下,排列时亦可省去,只留一个主键。

例:A_B　B_A　　　　可为　　　　A_B　　　　　　　B_A

　　A_C　B_C　　　　　　　　　　　C　　　　　　　C
　　　　　　　　　　　　　　　　　　D　　　　　　　D

　　A_D　B_D　　　　　　　　　　　E　　　　　　　E
　　　　　　　　　　　　　　　　　　F　　　　　　　F

　　A_E　B_E　　　　　　　　　　　G　　　　　　　G

　　A_F　B_F

　　A_G　B_G

根据上述原理,对索引数据"文献情报检索　1235"编制词对式轮排索引得:

文献
　　检索　　　　　　　　　　　　　　1235
文献
　　情报　　　　　　　　　　　　　　1235
情报

148

检索	1235
情报	
文献	1235
检索	
情报	1235
检索	
文献	1235

3. 循环轮排

循环轮排也叫转排,是保持词间关系的一种轮排法。在循环轮排中,索引键只参加一次轮排,在索引键的前方和后方均保留有原文,以限定索引键的概念,前后原文字数的多少根据实际需要而定。在一定的字符数内,索引款目允许有空隙,也允许删掉多余的字符。其原理是将每个索引键依次在索引键轮排位置上排一次,仿佛一个转动的轮子,每一个部分都要经过某一固定的位置一次一样。为了区分清楚首尾,分别在首部和尾部各设一个符号。

例:索引数据为:ABCDEFG　　　1235

设首部符号为"＊",尾部符号为"/",索引款目全长为20个词,索引键前方4个词长,后方6个词长(这里的词仅表示字符数相同的字符串),则索引形式如下:

```
            ＊ A  B  C D E F G    1235
          ＊ A  B  C D E F G/     1235
        ＊ A B  C  D E F G /      1235
      ＊ A B C  D  E F G /        1235
    A B C D  E  F G /   ＊        1235
  B C D E  F  G /  ＊ A           1235
C D E F  G  /   ＊ AB             1235
```

前方4个词　　　后方6个词

索引键

从这个例子可以看出,每条索引款目的首尾是可以相接的,也就是说,以索引键为中轴,在前方规定的字符个数排满后,所余数据可以接续在后方,首尾各用"*"和"/"隔开。

显然,如果所给索引数据量大于索引款目规定的数据长度,就要舍掉多余的数据。为了使舍掉后的索引款目在直观性上不至于损失太大,可有以下处理方法:

1)以索引键为中轴,保证左侧数据完整,舍掉右侧数据。

2)以索引键为中轴,保证右侧数据完整,舍掉左侧数据。一般把左侧的数据也叫上文,如果过多地保留上文舍掉下文,或者相反,都会影响索引修饰语的限定作用。为了弥补这些不足,可采用适当丢掉上下文的方法。

循环轮排的形式是多种多样的,在上述几种处理方法的基础上还可再生几种不同的轮排形式:

1)将索引键摆在款目的首位,将左侧数据接续在右侧数据之后。

例:索引数据　　ABCDEFGH　　1025

生成索引款目为:

A　BCDEFGH *　　1025

B　CDEFGH * A　　1025

C　DEFGH * AB　　1025

D　EFGH * ABC　　1025

E　FGH * ABCD　　1025

F　GH * ABCDE　　1025

G　H * ABCDEF　　1025

H * ABCDEFG　　1025

2)将索引键依次单独抽出,摆在第一行首位,上下文保持不变。

例:索引数据　　ADCDEFGH　　1025

索引款目生成:

A	1025
ABCDEFGH	
B	1025
ABCDEFGH	
C	1025
ABCDEFGH	
D	1025
ABCDEFGH	
E	1025
ABCDEFGH	
F	1025
ABCDEFGH	
G	1025
ABCDEFGH	
H	1025
ABCDEFGH	

这种轮排醒目,而且保持了原文结构,表达了上下文意思,易读易看。

4.换轨轮排(结构轮排)

这种轮排是按照索引数据中存在的结构特征形成索引款目的,保证任何一个索引键都具有一定结构的限定词。

索引数据:A、B、C、D、E、F、G

轮排后得:

A
B、C、D、E、F、G
B、A
C、D、E、F、G

C、B、A

D、E、F、G

D、C、B、A

E、F、G

E、D、C、B、A

F、G

F、E、D、C、B、A

G

G、F、E、D、C、B、A

　　每条款目为二行数据,第一行第一个字符是索引标题,其余字符及第二行的全部字符都为限定词。任何一个款目的两部分限定词,都随着索引键在原索引数据中位置的不同而改变相对位置,由于限定词的这种结构性质,这种轮排也叫做结构轮排。按照轮排的顺序,可以看出第一行向右移动,第二行向左移动,它们始终保持着一种顺序关系。

二、截词法

　　轮排所采用的索引数据,不管数量大小,在轮排过程中都是以完整的词或词组进行的。其索引款目的完整性是很明显的,用途也最广。

　　除此以外,还有用不完整的词作为索引键而进行索引编制的,这种方法由于是取词的一部分,所以叫截词法。

　　1. 词首式

　　这是将一个词从某部位截断,将首部抽出编制索引的方法。截断的部位视需要而定。设计时若为 N = 3,即词的第 3 个字符后被截断。

　　例:索引数据(一个单词)　　　　词首索引

　　　　ABCDEFG　　　　　　　　ABC

ABCHGKR	ABC
DUVXY	DUV
BCADEFGH	BCA

词首索引对计算机中词表的管理是很有用的。

2. 缩编式

这是将一组索引数据中的每个词从不同部位截断,将截断的前部分进行组合编制的方法。

如篇名:Indiana Cooperative Library
　　　　　Services Authority

首先排除篇名中的介词、副词、连词、冠词、代词等虚词,然后取第一个词的前 3 个字符,第二个词的前 2 个字符,第三个词的前 2 个字符,第四个词的第 1 个字符加以组合,则该篇名的索行键为:Ind,Co,Li,S

以外,还有作者的缩编式等。设计这种索引时,要有明确的截词字符个数和缩编规定,以便保持统一。

第二节　KWIC 索引编制

KWIC(keyword – in – Context)即题内关键词索引。

关键词索引按形态分,主要有题内关键词索引(KWIC)题外关键词索引(KWOC)和题内外关键词混合索引三种。按索引款目句法特征分,有完整句和非完整句索引。按应用要求分,有普通索引和特殊索引。题内关键词索引是将关键词置于索引款目上下文中间作为标题;题外关键词索引是题内关键词索引的一种变型,即将关键词抽出题外作为标题,标题按字母顺序排列,同一标题特征的索引款目均列于同一标题下。混合索引则具有上述两种形式的特征。这三种索引都各有若干种类型,但 KWIC 是本质的索引形式。关键词有单词,词语,也有用字母、化学元素符号作为关键词的。

一、KWIC 索引系统设计

1. KWIC 索引数据源

KWIC 索引数据是一种自然数据形态,数据取自篇名和正文中的重要关键词。这种自然数据的优点,一是篇名和关键词保持了正文的本来面貌,保证了文献篇名的客观性;二是上下文关系保证了一词在索引款目中的一义性,避免了一词多义对检索结果的影响。

2. 编制步骤

机编 KWIC 索引步骤的设计,主要指由数据准备到索引输出全部编制过程的顺序以及每一步骤的设计思想。其基本处理如下:

1)输入非用词表。

2)输入索引数据(篇名及关键词等)。

3)自左向右扫描篇名,两个空格之间为一词,抽出所有词。

4)将每一个词与非用词表中的词比较,不是非用词表中的词即为有用词,放置在索引键位置等待轮排,成为轮排关键词。

5)按上下文关系轮排关键词,按 KWIC 款目格式编辑。

6)按格式输出。

3. 非用词表编辑

编制 KWIC 索引,由于索引数据中不是任何词语都可以作为关键词的,所以需要编制一个"非用词表"。"非用词表"所收的词汇,是在整个编制索引款目过程中始终不能作为关键词参加轮排的那些词,此表始终放置在计算机内存中。编制一条索引款目时,用此表中的词汇来判断索引数据中的每一条词,辨认该词是否为非用词,只有"非用词表"中没有的那些词才能作为关键词参加轮排。"非用词表"是机编索引中重要的组成部分,由于专业不同,输入索引数据的内容范围有所不同,所以各专业的"非用词表"中收集的词也不尽相同。一般地说,介词、冠词、连词、副词和代词等虚词都在所收之列。据统计,大约有 120 个左右。如:of、if、the、and、by、an、on、to、about、above、after、across、against、along、among、a-round、at、before、behind、beside、below、between、but、down、for、in、from、into、like、off、out、of、over、past、through、throughout、till、until、towards、under、up、upon、with、within、without、once、as、now、then、as soon as、……

非用词表按字母顺序排列,并计算出每个词的长度。如表:

字符个数	非用词
1	A
2	AN
3	AND
⋮	⋮
⋮	⋮

将非用词表存入计算机中,成为一个待查用的非用词表文件,并要有建表和修改表的程序进行控制,以便增删和修改。

二、KWIC 索引编辑模型

首先要确定 KWIC 模式。KWIC 尽管有许多变化的形式,但有一个基本规律,它的基本形式可用如下公式表达:

$$C + K + C' + A$$

式中 C 和 C′ 分别为索引款目中的上下文,(有时 $C = 0$,有时 $C' = 0$,但不能同时为 0)。K 为关键词,A 为地址,即文献号。一条索引款目占一行,一般一行定为 100 个字符,有时也有 80 或 70 个字符的。也有的尽量保留篇名原文,篇幅加大,占数行。

KWIC 编辑框图如图7—1。

设计思想:设"＊"为篇名的首符,"＝"为篇名的尾符。输入时在篇名前加"＊",结束加"＝"。

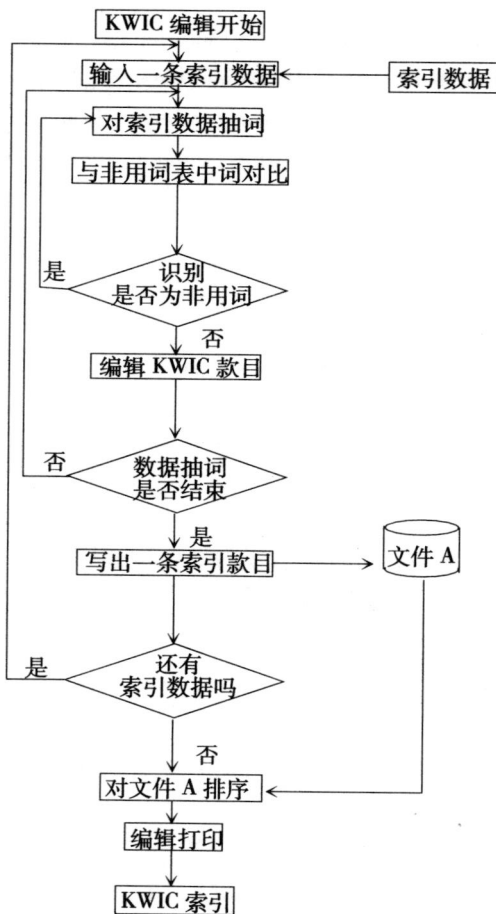

图 7-1

①将作好的索引数据输入,即输入 C + K + C' + A。

②计算机对每条索引数据分别处理,即对第一条 C + K + C' + A 进行处理,从" * "开始到" = "结束。

③抽出第一条索引数据中的单词,这一步属篇名分割,两个空格之间为一词。

④将分割出的单词与非用词表中的词一一对比,若与非用词表中的某一词一致,即证明为非用词,将其越过,再比较第二个词,第三个词……

⑤若不是非用词,即为有用词,亦即参加轮排的词。

⑥对该词进行索引款目编辑,即放在索引键的位置上。

⑦第一条索引数据抽词完了没有,没有完则继续循环进行。

⑧若抽词完毕,则将各词编辑的索引款目装配。

⑨成为按 KWIC 格式编辑的一条正式索引款目。

⑩将第一条索引款目存入一个区域即文件 A。

⑪开始第二条索引数据的处理,即重复第一条索引数据的处理过程,将第二条装配好的索引款目存入文件 A,这时文件 A 已有二条索引款目。

⑫这样重复下去,直到所有索引数据处理完为止。

⑬将所存入文件 A 的索引款目按顺序排好。

⑭按 KWIC 格式打印输出。

⑮输出书本式 KWIC 索引。结束。

下面为 KWIC 索引输出形式:

problem solving and	learning	machines	6013
	learning	machines	6236
lations of a perceptual	learning	model for sensory patternr	6344
ulation of teaching and	learning	of an active speech recogni	6235
e envircnment to elicit	learning	of manipulative tasks by ex	6234
en(intfhry)	learning	process and inverse H – theor	6343
uction (education) the	learning	process and programmed – inst	6236
a note on	learning	signal detection artinty	6234
studies in mathematical	learning	theory artinty	6126

图 7—2

将 KWIC 进行改造,便出现了 KWOC 索引,(Keyword – out – of – Context index)即题外关键词索引。KWOC 索引与 KWIC 索引的区别在于,前者将关键词提出放在编名之外,关键词的上文不转排。

设计 KWOC 索引主要考虑以下因素:

1. 按照什么方式抽词。

2. 篇名如何排放,如何表示抽出的词,一行排放不下时回行的长度及格式安排。

3. 参照项编辑的方式。

第三节 ASI 编制

ASI(Articulated Subject Index)即挂接主题索引,又名林奇系统,是由英国谢菲尔德大学的林奇(Lynch)和阿米塔奇(Armitage)研究出的一种计算机编制印刷形态索引,于 1966 年初形成。

ASI 索引已被使用在许多计算机编制的检索工具中,如《化学文摘》(CA),《分析文摘》(Analytical Abstracts),《世界织品文摘》(World textile Abstracts)等,是计算机情报检索进入自然语言系统的产物。

一、ASI 系统设计

1. ASI 数据源

ASI 数据是经过标引员手工加工的数据。这种加工按照这样一种原理,即一篇文献的主题内容和范围,是可以由名词词组和介词构成的一个描述性短语来表达的。ASI 就是采用了这种描述性短语作为数据的。由于由标引员加工编写,所以短语结构以及索引款目编制规则是容易准确的安排和执行的。

在 ASI 编制中,由于主要使用名词词组和介词两种形态,所以在输入短语时,规定任何两个介词之间的数据都被认为是名词词组,这个词组的单词个数,可以是一个也可以是一个以上。

2. 编制方法

根据上述 ASI 原理,ASI 的编制是按照以下步骤进行的:

1)把挑选的文献送文摘部,由文摘员编成文摘。

2)把文摘转送到索引部,索引员根据文摘及标题,作成标题形式的记述句。此时省略冠词、不定词、分词,动名词尽可能不用。

3)索引员从这个记述句子中选出几个作为标题的词语。

4)把以上作成的产品送到输入部,由穿孔员进行输入作业。

ASI 的特点,是根据严密的规范词进行编制,注意单复数及词形的统一,而且根据词语的出现频度,对同义词、关联词作参照指示。一般使用标准词表。

3. ASI 款目格式

ASI 款目由三部分组成:1)索引标题;2)修饰语;3)参照项。

对 ASI 输入短语的加工,抽取索引标题和一般抽词相似,关键是抽取后对所余下的数据怎样组织。

例:原句

Durabolin protection against metabolism of calcium by bones after administration of cortisone and its analogs in bone disorders, 60

：16173　b

编制成的 ASI 款目为

Calcium

    metabolism of, by bones, after

    adminstration of cortisone and

    its analogs, durabolin protection

    against, in bone disorders, 60：16173 b

从形成的 ASI 中可以看出该款目是由索引标题 calcium, 修饰语和参照项 60：16173b 部分构成的。

仔细考察一下, 当 calcium 从原句中抽出以后, 其原句的排列顺序发生了变化, 即将原句中 calcium 前面的 metabolism of 排在了修饰语的首位, 并在缺少了 calcium 的地方加了逗号",", 这就是 ASI 所表现出的特殊的地方。在这里, 介词"of"可以看作是一个"断点"或一个"分节点", 它分开了有具体含义的名词词组, 在抽取 calcium 后空下的位置上加一个逗号, 表示这里挂接, 这就是挂接的含义。按照 ASI 的编制规则, 这种形式不影响人们对款目原意的理解, 同时只要熟悉 ASI 编制规则, 索引款目也容易恢复成原句形式。

当然, 并不是在所有标题词的原来的位置上放一逗号, 余下的数据便成为合理的修饰语。为了使组织起来的索引修饰语具有很好的易读性, 而且有助于对整个款目的理解, 根据短语中有关介词的作用, 索引款目词与各词词组的关系, 以及索引款目词在短语中的位置, 一般采取以下几条原则。这些原则是在 1969 年美国情报科学学会年度大会上被初次确认的, 称为林奇系统。

①如果标题词是全部短语的第一部分, 则短语的其余部分全做修饰语, 原来的顺序不变, 这和词语的位置有关, 而和语义无关。

例：原句：Ignition of mixtures of methane with

    air by electrical discharges, 1234

则为：Ignition

    of mixtures of methane with aiy by electrical discharges,1234

2）如果标题词是名词词组的一部分,则该名词词组的另一部分为修饰语的第一组成部分；位于索引标题词后的那一部分短语为修饰语的第二部分；位于索引标题词前的那一部分为修饰语的第三部分。每一部分用逗号分开。

3）如果标题词后面是挂接点"of",则索引标题词后的那一部分短语为修饰语的第一部分,索引标题词前的那一部分为修饰语的第二部分。每一部分用逗号分开。

例：Mixtures

    of methane,………

4）如果标题词前有挂接点"of",则"of"前的名词词组和 of 一道为修饰语的第一部分；标题词后的内容为修饰语的第二部分；首先送入修饰语的名词词组前的内容为修饰语的第三部分。每一部分用逗号分开。

例：Methane

    mixtures of,……

5）若不满足上述四条原则,则索引标题词前的内容为修饰语的第一部分；索引标题词后的内容为修饰语的第二部分。两部分用逗号分开,相当于原序。

此外,修饰语与索引参照项之间也要用逗号分开。

根据这五条原则,便很容易看到,本节开始时 ASI 的例子是属于第2）条原则的情况。熟悉了这一条原则,就不难按照这条原则将已经编制成的索引款目

Calcium

    metabolism of, by bones, after adminstration of cortisone and its analogs, durabolin protection against, in bone disorders,60

：16173 b

恢复成原句

Durabolin protection against metabolism of calcium by bones after adrministration of cortisone and its analogs in bone disorders，

60：16173 b

当然，对一个原句还可以组织不同的款目，这就要看抽取的标题词或词组属于哪一种类型，然后按照五条原则编制出不同的索引款目。

二、ASI 编制模型

1. ASI 算法

如何抽取标题词，这就是 ASI 算法，即 ASI 编制模型。按照上述五条原则对输入的索引数据进行分析，找出其基本结构，按不同的结构类型进行索引编制。

用 H，N，M，P，Q 分别表示五种类型要素，即：

（H）表示索引标题

（N）表示一端或两端以（P）或（Q）为界并且不包含（H）和（M）的名词词组

（M）表示修饰（H）或被（H）所修饰的词或词组，与（H）同在一个名词词组中。

（P）表示除 of 以外的所有挂接点。

（Q）表示特殊挂接点 of。

此外还有参照项。

上述五种要素中，任何输入短语至少由两种要素组成，即 H 和 P 或 H 和 Q。

对一条输入短语，分析其各种构成要素，然后用列表的形式表示出来。

例：influence of rank of coal on respirable dust in coal mines in

162

Great Britain 003

分析后得下表。

根据此表,计算机很容易组成索引款目。如,第一个可做标题的 rank,它是表中的第 3 要素,不满足第一条原则;又因为它前后的要素均不是 M 型,也不满足第二条原则;它的后一个要素是 Q型,满足第三条原则。这样,从第 4 到第 12 要素连接在一起做修饰语的第一部分,加一个逗号,再排放第 1 和第 2 要素,再加一个逗号,放参照项(文献号)即:

Rank

of coal on respirable dust in coal mines in

顺序	类型	要　素　值
1	N	influence
2	Q	of
3	H	rank
4	Q	of
5	H	coal
6	P	on
7	M	respirable
8	H	dust
9	P	in
10	N	coal mines
11	P	in
12	H	Great Britain

Great Britain,influence of,003

其它可做标题的要素的修饰语构成,都可按上述方法进行。如,第三个可做标题的 dust,它是要素表的第 8 要素,不满足第一条原则;它前面的一个要素是 M 型,满足第二条原则。这样,第 7要素为修饰语的第一部分,9 到 12 要素为修饰语的第二部分,1 到6 为修饰语的第三部分,即:

163

Dust

　respirable, in coal mines in Great Britain, in – fluence of rank
　of Coal on ,003

还有,第二个可做标题的 coal,第四个可做标题的 Great Brit-ain 都可按照五条原则和模型进行各自的索引款目编制,它们的修饰语的排列是很明显的。

所有的输入短语按照这种方法处理完后,再按索引标题和修饰语排序。对排序后的款目逐一进行格式编辑,产生的便是挂接主题索引。索引数据很多,或者批量生产挂接主题索引时,同一索引标题下索引修饰语的起始要素相同势必很多,格式编辑的原则是:索引标题相同的,索引标题不再印出,修饰语缩行排印;若修饰语的第 1 要素也相同,同样不再印出,也缩行排印。印刷格式如下:

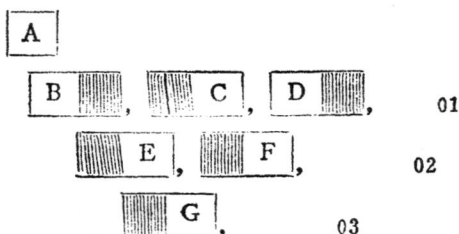

其中:A 为索引标题;B—G 为修饰语;▨▨▨为功能词;01,02,03 为参照项(文献号)。

从格式中可以看出 B、E、G 是缩格书写,表示在同一标题下有共同的要素。B 为文献 01、02、03 所共有,E 为 02 和 03 所共有。文献 01 由 A、B、C、D 诸要素构成,文献 02 由 A、B、E、F 构成,文献 03 由 A、B、E、G 构成。缩行的 B、E、G 都按字母顺序排列。在这种情况下,E 和 G 前面的功能词在排列时不予考虑。

164

例：有三条短语：① dust Control in coal mines in Great Britain 001

②influence of rank of coal on respirable dust incoal mines in Great Britain 003

③Manner and frequency of ignition of firedamp inCoal mines in Great Britain 004

以 Great Britain 为索引标题排出的挂接款目是：

Great Britatn

    Coal mines in , dust control in , 001

        influence of rank of coal on

            respiralbe dust in , 003

        manner and frequency of ignition

            of firedamp in , 004

   三个短语中都有 Coal mines，因此以它为修饰语的首词，dust，influence 和 manner 照旧按字顺排列，后两者的缩行意味着挂接在前面一个短语的首词要素之后，阅读时应注意。ASI 索引框图见图 7—4。

   2. 挂接技术

   上述 ASI 编制的五条原则及其模型中，介词被称为挂接点，在所有挂接点中，"of"作为特殊挂接点，是因为在挂接算法中有两条原则涉及到"of"。只要作标题的词前后出现"of"，不管短语的其余部分是怎样组织的，有何其它挂接点，均可硬性决定标题修饰语的构造。除"of"外的所有挂接点均为一般挂接点，如果标题前后没有"of"挂接点并且不满足原则一和二，不管标题前后的挂接点实际是什么，统统归为一类处理。重视"of"的作用也不难理解，在英语中有"of"存在的短语，很容易弄清楚"of"前后的名词词组的相互关系，其它介词则不易做到这一点。而 ASI 索引要求的输入短语，又恰是仅由名词词组和介词构成的，所以"of"就显得特别重

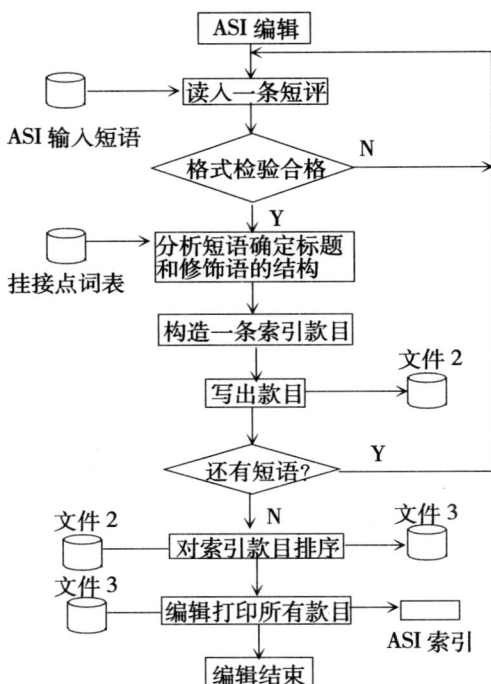

图 7—4

要。当阅读 ASI 索引款目时,由于"of"的存在而决定了修饰语结构的那些款目,也最容易被复原,读者理解这样的款目也较容易。

但是,输入短语的编制不可能只用"of"或用"of"来代替一切介词。介词的多样性将有助于短语表达主题,如表示材料、设备、作用者与被作用者、范围、时间、伴随、相关、方向、距离、性能等大的或小的概念,总有一些特殊的表示方法,这些词显然就不能用"of"作为唯一的挂接点进行处理。因此,挂接处理水平的高低,是挂接索引质量高低的直接因素。为了提高挂接主题索引的质量,不同的编制对象,对挂接点中的介词也有不同的规定。

第八章　连续出版物子系统

第一节　整体系统设计

一、连续出版物的处理特点

连续出版物是图书馆收藏中的一个重要类型。国际连续出版物数据系统(ISDS)对连续出版物定义为:"连续分期,并拟无限期地继续发行的出版物,称为连续出版物。连续出版物包括学术团体的期刊、报纸、年刊(如年报、年鉴、指南等)、杂志、纪要、会议录、汇刊等,以及专题论文丛书。连续出版物可以是印刷形式,也可以是类似印刷的形式,其每一部分通常都有数字或年代标识。"

连续出版物在图书馆系统处理中,其特点集中表现在以下几个方面:

1. 在采访方面,连续出版物与图书不同。图书的采访工作每天都需要处理大量的订单,而且每张订单的内容各不相同;连续出版物订阅周期性强,一般为一年或更长,数据量相对减少,也比较稳定,重复使用率较高,有利于集中处理。图书每一种都需要编目,数据量大,增加迅速;期刊编目一次,一般可用一年以上的时间,只增加每期每卷的登录。

2. 连续性出版物修改频率高,如:更改刊名,变换出版周期、增刊、合订本等等;这就要求连续出版物的记录有多次修改的功能。

3. 连续出版物反映一个学术团体、机构的研究成果，因此，其记录除了反映形式和内容外，也要反映这些团体机构的有关信息，如机关名称、地址的变化等情况。

上述特点，决定了连续出版物不适宜和图书合为一体进行处理，因而在图书馆自动化系统中必须建立起连续出版物子系统。

连续出版物工作流程如下：

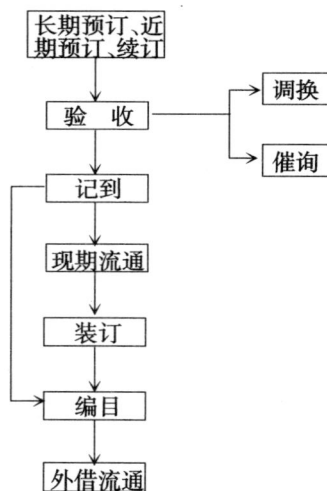

图 8-1

二、系统功能

连续出版物子系统的整体设计一般应具有六种功能：

1. 订购；包括选刊、查重、续订、打印订单、帐目结算等功能。

2. 验收和催询功能；

3. 编目与目录功能；

4. 流通查询服务功能；

5.装订登记功能；

6.财产管理功能。

上述六种功能中,编目与目录功能是最主要的,其它功能都是以编目与目录功能为基础的。计算机处理流程如下：

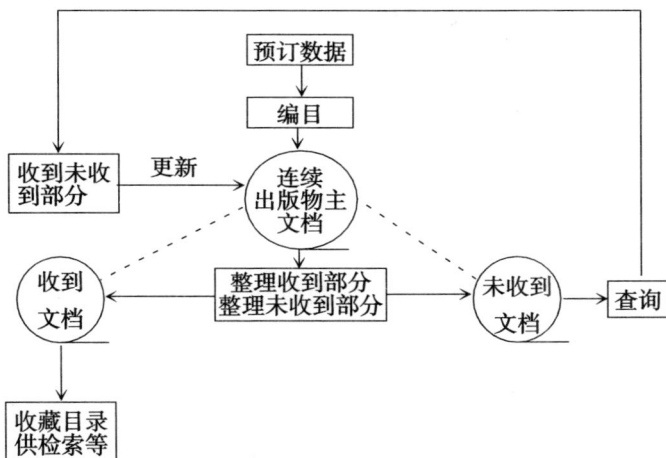

图 8-2

从流程中可以看出,首先将预订数据输入计算机进行编目,编目后形成主文档,即包含了可能收到的和不一定收到的所有连续出版物预订信息。由于收到预订的连续出版物不可能在同一个时间完成,是断续的,每收到一部分便将收到部分的数据在连续出版物主文档中更新(登记甄别),以保证预订时的数据和收到后的数据一致。经过对主文档的更新,形成二个文档,即收到的数据文档和未收到的数据文档。对未收到部分查询催问(打印出未到目录、出版地址、催询通知单,寄出),经过多次循环,未收到的数据越来越少,收到部分的文档记录越来越多,最后将收到部分作为主文档检索使用并打印出各种编目结果。然后将此主文档合并在原

169

有的主文档中,形成累积文档,扩大系统的数据量。

对于主文档的更新,一般用穿孔卡片为好,将收到的数据按著录项目的要求穿成卡片,输入计算机,与原预订的数据比较,相一致时,只作记到处理,不相符的作修改处理。若是联机,只调出原预订记录进行比较即可。

三、数据类型

一个连续性出版物子系统的处理范围是以参考该系统的文档数量为依据的,而文档数量则取决于需要处理的数据类型和需要计算机输出的产品类型。

一般系统应有下列数据:

订购数据:包括续订日期、出版机构名称地址、书店(发行机构)代码、资金(已付、未付)代码、价格,以及与出版有关的数据。

验收数据:包括出版频率、卷、期和不规律的卷期号(如缺期、补编、增刊)、有关的检验号和催询分析数据等。用这些数据来控制验收业务以及打印催询通知单等。

编目数据:包括标准编目数据,如刊名(全名、缩写名、刊名代码)、出版家、年、卷、期索取号、刊名分析款目、分类号、主题标目、ISSN 号或 CODEN 代码。

装订数据:包括装订形式、颜色、合订期数、装订频率、装订日期等。

馆藏数据:排架位置、库藏地点、及缺期、脱期等。

流通数据:各卷期的出借数据、SDI 目录,包括个人、团体名称、地址、借阅期限及日期表等。

系统设计的输出产品一般有:

预订总目录:所有预订目录的数据。

收到目录:将收到的连续出版物记录输入计算机产生更新后的目录,即收到目录。

发票目录:打印出预订总目录的总发票数据和每收到一种的发票数据。

装订目录:需要装订的连续出版物名称、合订份数、缺期、装订形式等目录。

联合目录:能输出一个地区或一个系统的联合目录。

馆藏目录:累积的入藏目录。

催询通知单:凡未经收到的期刊等,由计算机打印出催询通知单,以便查询。

主题目录:打印一套主题检索工具。

有关借阅管理的设计和图书流通系统设计基本相同。

第二节　记录格式与文档建立

一、记录格式

数据是系统处理的对象,数据组织的质量好坏直接影响到系统的功能。连续出版物的记录格式和图书的记录格式相比,有它自己的特点。同时,由于每个图书馆对连续出版物在计算机系统中处理的重点不同,也影响到字段的设置。有的侧重采访,使之能够处理各种连续出版物的记到、催缺、结帐;有的侧重对期刊的检索、流通等。因而在记录格式上,有的系统宜采用固定格式固定长字段,有的宜用可变格式固定长字段等等。

不管采用什么样的格式,选用什么样的字段,一般应遵循以下几条原则:

1、设计连续出版物数据格式,要参照图书的数据格式,并尽量取得一致。因为连续出版系统是整个图书馆自动化系统中的一个子系统,书刊采用统一的数据格式,既便于处理,也便于共用。

2、对国外连续出版物,应吸取其已有的格式及字段设置的长处,使它与国际上的连续出版物机读格式有一定的兼容性。在一定的条件下,可以直接将国外连续出版物数据替换成馆藏数据,以提高数据库的准确性和节省人力物力。

3、设计连续出版物的记录格式,要重视连续出版物数据的特点以及本馆对这些数据的实际需要程度,否则,就可能降低系统的功能与效率。这一点比图书处理的重要性更明显。连续出版物的出版频率、规律性、刊名变迁史等字段都直接影响连续出版物的记到、预订、催缺、查询和编目等功能的实现。

4、数据字段的设置根据目的要求,可有侧重,但余地应留得大些。

下面是连续出版物的一种记录格式,和图书记录格式基本相同。请注意两者不同的地方:

记录格式分为四个部分,即头标区、目次区、控制区和数据区。

记录号	记录长度	记录状态	记录类型	书目等级	
00000	00000	N	A	S	ḅ/ḅ

0

字段指示符	子字段指示符	数据地址		字段长度	字段地址	
2	2	00000	ḅ/ḅ/ḅ	4	5	ḅ/ḅ

23

①记录号:可为记录顺序号,供检索用。5 位

②记录长度:指本条记录的逻辑长度。(0—4)

③记录状态:N——新记录(5)

       C——修订记录

       D——删除的记录

       A——过去不完全的记录

④记录类型:A——印刷的文字(6)

⑤书目等级:S——连续出版物(7)

⑥字段指示符:字段指示符为 2 位(10)

⑦子字段指示符:子字段指示符为 2 位(11)

⑧数据区起始地址:(12—16)

⑨目次区中表示字段长度的位数:(20)

⑩目次区中表示字段起始地址的位数:(21)

2)目次区

标识符	字段长度	字段起始地址
0 0 0	0 0 0 0	0 0 0 0 0

0   11

3)控制区

001:控制号。在新文档中该号可为采访号,收到后经编目,可改为馆藏号。本字段为 14 位固定长。

008:固定长数据单元,40 位。分配如下:

入档日期

000000	0	0000	0000	000	0	0	0	0	··············	000	
0	出版情况	创刊年	停刊日期	出版国	刊期	规则性	报刊代号			文种	39

①入档日期:记录编入文档的时间,每 2 位分别表示年、月、日。

②出版情况:C——目前出版

D——停刊

U——出版情况不明

③创刊日期与停刊日期:如果是跨年度创刊或停刊,采用后一年,不详为空。例:

60/61 = 1961。

④出版国:一刊有多少个出版地,以前一个出版地所在国为出版国。

⑤刊期代码:

        ｂ——没有规定刊期

A——年刊	G——两年刊
B——双月刊	H——三年刊
C——半周刊	N——月刊
D——日刊	Q——季刊
E——双周刊	S——半月刊
F——半年刊	T——一年三次刊
U——刊期不详	W——周刊　　Z——其它

⑥刊期规则代码

R——规则

N——不规则

X——完全不定期

U——规则不详

⑦报刊代码

N——报纸	M——单本书的丛书
P——杂志	ｂ——空(不属于以上情况)

4)数据区

022　国际标准刊号(ISSN)指示符

    $a 国际标准刊号

    $z 取消的或无效的 ISSN 号

030　CODEN 代码

082　杜威十进分类号

    $a 简化号码

    $b 完全号码

090　期刊分类号

110　主要款目——团体名称

130　主要款目——刊名标目

240　刊名项

　　　$a 简略刊名/原题刊名

245　刊名变更

250　版本项

260　出版项

310　目前出版频率

321　以前出版频率

350　价格

525　增刊注记

555　累积索引注释

850　入藏记录

　　　$a　入藏单位代码

　　　$b　入藏复本数

　　　$d　入藏卷期

　　　$e　续订信息

951　采购号

　　　$a　原版刊号

　　　$b　影印刊号

　　　$c　邮局刊号

　　上述格式取自美国国会图书馆连续出版物 MARC 格式的主要部分,但进行了某些改造,适合于较大规模的连续出版物系统使用。

　　除此之外,也可采用固定格式、固定长字段处理。适于较小规模的系统中。

　　据统计,大多数西文刊名的字符个数不超过 80 个字符,只有 8% 的刊名超过 80 个字符,其中最长也有 215 个字符的。根据本馆所藏连续出版物的具体情况,主要是对期刊的各种字段数据的统计,得出一个较为合适的参数,作为设计格式的重要依据。

对其他输出产品的格式,在设计中也要同样予以考虑。

二、文档建立

连续出版物系统主要建立两种文档,即连续出版物主文档和新到连续出版物文档。前者是数据相对稳定的文档,即数据库,供检索、流通使用;后者则是动态文档,承担订购、收到、登记、资金、催缺等任务,随时可被修改,是主文档的准备文档。其它各种文档从这两种文档生成。主文档除供检索、流通外,还承担连续出版物的续订、查重等任务。

两种文档在数据内容上稍有区别。新文档一般没有装订成卷的卷期记录和馆藏期刊号,这是因为该刊在一年内或某一段时间内还未到齐,是否缺期、增刊等尚不明确。当这一年新订刊的某一种全部到齐后,只需从新刊文档中读出该记录,将编目的期刊馆藏号、起订的卷期以及装订的卷号插入所规定的位置(即规定的字段中),将新刊文档的流水号转换成馆藏文档的顺序号,将该记录并入馆藏文档,并从新刊文档中删去该记录,就完成了正式的编目工作。以后关于该刊数据的变更就在馆藏文档中进行。这种处理方法可以避免一种刊物进行两次或多次数据准备,避免两种文档的重复。如果某一刊物一直未到,经催查确未订上时,可以直接从新刊文档中删去该记录,而不会影响馆藏文档。

在连续出版物主文档与新刊文档的基础上,还应建立以下几个工作文档:

1、刊名倒排文档

2、国际标准刊号(ISSN)倒排文档

3、期刊 CODEN 代码倒排文档

4、采购号倒排文档

刊名倒排文档可以收录付刊名、交替刊名、旧刊名以及不同语种刊名等,提供多种检索途径,以便全面揭示馆藏连续出版物。

国际标准刊号具有唯一性,能反映期刊出版发行的地区与出版者代号,一般都在封面或封底固定位置上刊登,所以对西文期刊建立 ISSN 倒排档,可便于收登处理。

CODEN 码是世界性的连续出版物代码系统,在连续出版物数据库中用它代替刊名,可以压缩数据以减少存贮空间。

采购号倒排档主要用来打印订单目录,可以记录中国图书进出口公司的期刊统订号,外文书店的统订号,邮局刊号或其它作为采购用的号码。

倒排档建立的设计思想是从主文档中抽出所要建立倒排档的字段值,即刊名、ISSN 号、CODEN 码和采购号,形成待排序文件,然后由系统的排序程序进行排序,成为倒排档。

图 8-3(见下页)是倒排档建立框图。

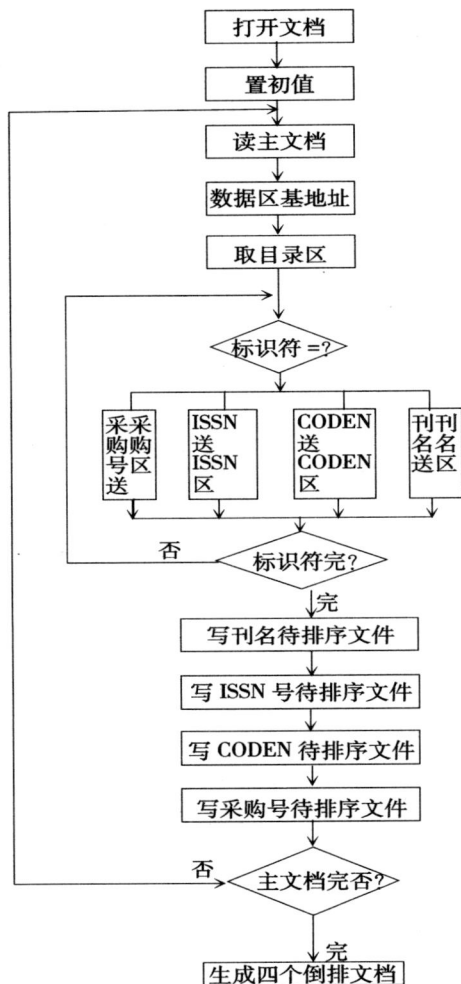

图 8-3

178

第三节　号码处理系统

由于连续性出版物的特点,可以用一种简明、独特的代码来识别,这种号码系统就是 ISSN 和 CODEN 码。

一、ISSN

ISSN 全称为 International standard Serial Number,即国际标准连续出版物号码。

ISSN 号一般印在每一连续期次的显著位置(封面、封底、刊名页、版本说明)。只能给一种连续出版物指定一个 ISSN,这种 ISSN 与"关键刊名"的刊名标准格式相联系。一种连续出版物具有几种刊名或同一刊名的几种形式时,其中一种必须作为关键刊名来识别。关键刊名有变化时,应给新的关键刊名指定一个新的 ISSN 号。一经指定,不再更改,若要取消,该 ISSN 应永久废止。因而 ISSN 对连续出版物具有唯一性。

1、ISSN 构成

ISSN 由 8 位数字组成,是 0－9 的阿拉伯数字,形式上是 2 段,实质上是 3 段,有一位校验位。

例:1234—5679

其中 1234 为第 1 段,是 4 位,按刊名字顺给出,如:

A——Af　　0001

Library　　0024

Journal　　0022

第二段是 567,由 3 位数字组成,在第 1 段的字顺范围内进一步按流水号排,如:

AAACE Newsletter 0001—0014

African Historical Studies 0001—9992

前者是第一段的值为 0001 之下的第 1 号,后者是最后一号,4 和 2 分别为这两个号码的校验码。再如:

Joural of Documentation 0022—0418

Journal of Library Automation 0022—2240

2、ISSN 校验

ISSN 号码 7 位,指定的权分别为 8、7、6、5、4、3、2,取其模数 11 为基数来计算。

例:为号 1 2 3 4 5 6 7 取校验位

算法

1)取基号数字 1 2 3 4 5 6 7

2)取与每个数字相关联的加权因数 8 7 6 5 4 3 2

3)每个数字与相关联的加权因数相乘

即	1	2	3	4	5	6	7
	8	7	6	5	4	3	2
得	8	14	18	20	20	18	14

4)积数累加:

$8 + 14 + 18 + 20 + 20 + 18 + 14 = 112$

5)总数由模数 11 除

$112 \div 11 = 10$ 余 2

6)从 11 中减去余数

$11 - 2 = 9$

7)把 9 放在基数最后方

$1 2 3 4 - 5 6 7 9$

例:校验 0022 - 0418

按式计算,求每位与相应权数相乘之积的和。

$S = 8 \times 0 + 7 \times 0 + 6 \times 2 + 5 \times 2 + 4 \times 0 + 3 \times 4 + 2 \times 1 + 8$

$= 0 + 0 + 12 + 10 + 0 + 12 + 2 + 8$

$=44$

$(44) \bmod 11 = 0$

44 能被 11 除尽,故 0022 – 0418 为正确的 ISSN 号。

ISSN 号校验算法用程序是很容易进行的。

二、CODEN

对全数字型号码,一般采用 ISSN 号校验方法是可以的。但在实践中遇到的号码并非全是数字型的,还有字母数字混合型号码的校验方法,这就是 CODEN 校验。

CODEN 是 Code number 的简称,是连续出版物的代码数字系统。它规定了用 A 到 Z 的 26 个字母组成期刊名称的五个字符的略语代码,而非期刊的 CODEN 代码,前三个为字母,后面二个是数字,加上一位校验码,实为 6 位。

选定 CODEN 的基本方法是:首先决定前 4 位,刊名中需要删除冠词、介词等非用词;再由前 4 位的重复与否确定第 5 位。前 4 位根据刊名情况而定,如果刊名由 4 个以上词组成,则取前 4 个词的词首字母;如果刊名由 3 个词构成,取前 2 个词的词首字母和第 3 个词的前 2 个字母,或取第 1 个词的前 2 个字母和后面 2 个词的词首字母;如果刊名由 2 个词组成,各取前 2 个字母;刊名为 1 个词者,则依其构词特点截取 4 个字母。这是多数 CODEN 组成情况。有一些 CODEN 根据刊名的具体情况略有变动。第 5 位字符是为了避免重复设立的。若前 4 个字符与已有 CODEN 码不冲突,第 5 个字符为 A;发生冲突用 B,再冲突用 C,以此类推,直到不重复为止,一般不会多到 26 次。这样处理,既避免了重复,又扩大了代码所能容纳的刊名数量。最后加一位校验码。

例:

期刊名称	CODEN
Advan. chem. Eng.	ACHEAT

Anal. Biochem.	ANBCA2
Chem. Eng.（London）	CMERA9
Int. J. Heaf Mass Transfer	IJHMAK
J. Amer. Chem. Soc.	JACSAT
J. Dairy Sci	JDSCAE
Kristallografiya	KRISAJ

确定校验码的方法如下：

将每一位 CODEN 转换成可计算的数值。A 到 Z 有 26 个字母,0 到 9 有 10 个数字,共 36 种字符。

将这 36 种字符按下列顺序设对应关系转换数值,即：

A,B,C,D,…,X,Y,Z,1,2,3,…9,0。

1,2,3,4,…,24,25,26,27,28,29,…35,36。选定 5 个最小质数为权,即:11,7,5,3,1。用相应的 5 个数字 n_1,n_2,n_3,n_4,n_5 之积计算权和：

$S = 11n_1 + 7n_2 + 5n_3 + 3n_4 + 1n_5$ 以 34 为模数求校验码 C。即：

$$C = (S) \bmod 34$$

这里 $0 \leq C \leq 33$,有 34 种可能性,指定一个对应关系,使 34 种可能性各对应一个字符,因为 0 和 1 本身易与字母 O 和 I 混淆,故取掉 0 和 1,得下列 34 种：

A,B,C,……Y,Z,2,3,……8,9。

每位相对应的值为：

1,2,3,……25,26,27,28,29……33,0。

通过这种对应关系查出的字符,即为校验码。

例:期刊 Nucl·Instrum·Methods,Suppl 的 CODEN 代码为 NIMSA,将代码中 5 个字符的值代入关系式中得：

$S = 11 \times 14 + 7 \times 9 + 5 \times 13 + 3 \times 19 + 1 \times 1$

$= 340$

$C = 340 \bmod 34$

=0

余数为 0,0 对应的字符为 9,故校验码为 9,该刊的六位代码为 NIMSA9。

校验法如下：

例：

校验 ANCHAM

查转换表，A 对应 1,N 对应 14,C 对应 3,H 对应 8,A 对应 1。求加权和：

$$S = 11 \times 1 + 7 \times 14 + 5 \times 3 + 3 \times 8 + 1 \times 1$$
$$= 11 + 98 + 15 + 24 + 1$$
$$= 149$$
$$C = (S) \bmod 34$$
$$= 149 \bmod 34$$
$$= 13$$

查校验码转换表,13 对应 M。CODEN 正确。

由于 CODEN 代码是取六位,这就成倍地减少了刊名的输入工作量和存贮量,节约了计算机空间,极大地提高了输入的准确性。将 CODEN 代码与刊物全名对照表存入计算机中,由计算机自动转换,检索结果,不输出 CODEN 码而自动输出刊物全名。

三、号码设计的一般方法

号码形式和检验方式的设计有多种方法,主要有三种形式:全数字型;2、全字母型;3、字母数字混合型。

号码设计应注意：

1、唯一性；

2、段落性；

3、校验方法；

4、便于计算机系统功能完成；

5、不宜经常变动。

例:1、流水号/校验位

0001—y

2、年代/流水号/校验位

85—0001—y

除连续出版物外,在其它子系统中也可以设计多种形式的号码系统。

第九章 图书流通管理子系统

　　流通工作是图书馆工作中面向读者比较繁忙的一个环节。在出纳台前办理借书、还书、续借和预约手续时,事先要审查读者借书资格,拦截还来的被预约的图书并发出预约通知单,对过期图书计算罚款。还要掌握还书日期、填发催还书通知单,回答譬如"某书去向"之类的问题等等。据统计,图书馆如果每年借书量超过十万册,或每天超过一千册,手工管理就难以应付,既很难掌握图书去向,也无法为读者进行预约服务,不能有效的实现"为人找书"和"为书找人"的图书馆服务工作的目的。

　　此外,图书馆工作中大量有用的数据,如拒借率、到馆率、各类读者对各类图书借阅情况等,只有在图书流通过程中才能得到。这些数据对掌握图书流通情况,分析读者阅读倾向,改进藏书质量,加速图书周转和利用,减少拒借率,实现科学管理是十分有用的。但是,手工操作效率低,无法收集和处理这些数据。

　　所以,建立以电子计算机为基础的自动化流通系统对提高工作效率、改进服务质量和管理是完全必要的。

第一节 图书流通系统的功能

　　计算机化的流通系统的功能实质上是手工管理功能的进一步

扩充,按作用可以分成四大类:

一、图书出纳

1. 能迅速查明违章读者

凡具备以下任何一条的读者是违章读者,无权借书、续借书和预约书。

1)借书证已挂失或注销;

2)有过期书未还;

3)已借书数大于允许借书数(在脱机运行方式下,可能出现此种情况);

4)未付罚款。

2. 查目

利用计算机从书名、关键词、作者或分类号角度进行检索,代替手工查目录卡片,这个功能的实现会给读者带来很大的好处,这就需要建立一个图书文档,包含每本书的书名、关键词、作者和分类号等信息。但是,这种图书文档不仅要占用较大的空间,而且文档的建立和维护也是件十分细致而麻烦的工作。因此,一般流通系统是不提供这种功能的。但是,在机器容量允许的条件下是应该提供的,这是流通系统发展的方向。

3. 借书

对合法读者办理借书手续。能迅速将图书、借书者和借书日期信息连接在一起,并对有关统计数据,如读者已借书数、某类读者借该类书数和到馆人数等进行修改。

对违章读者除拒借书外,还要告诉读者拒借理由。

4. 还书

有下列功能:

1)计算机首先要查明所还书的编号(如登录号)与所借图书的编号是否相符,若不相符,则拒绝办理还书手续,以防错还别人的书；

2）对所还过期书按罚款规定计算罚金，并打印罚款收据；

3）若还有过期书未还，则打印催还书通知单；

4）拦截还来的已被预约的图书，填写预约通知文件，供适当时候打印预约通知单用；

5）对已还图书办理注销手续，并修改有关统计数据，如还书人数、还书册数和读者借书数等。

5. 续借

只有同时满足下列三个条件才能办理续借手续，修改该书的借书日期：

（1）合法读者；

（2）续借书的编号与所借书编号一致；

（3）续借书的复本数大于借出数与预约数之和。若条件（3）不满足，则不许续借。

6. 预约

有下列功能：

1）在预约文档中，为预约者建立包含被预约书、预约人和预约日期等信息的记录。在该文档中，同一被预约的图书，预约人应按预约日期的先后次序排队。排队时，还应考虑读者预约权的优先级别，例如，在高等院校图书馆，教师和研究生的预约级别高于大学生和其他职工。

2）若某书预约人数超过一定数量时，应通知采购部门，供选书时参考；同时查明该书的去向，通知借者尽快还书。

7. 借预约书

办理借预约书的手续和前面介绍的不完全一样。预约书只有预约人接到图书馆发出的预约通知后，才有权借阅。在发出预约通知后规定期限内不来借书，则取消该次预约借书权。

二、咨询查找

1. 查某书去向；
2. 查读者所借书的过期情况,打印过期书通知单；
3. 查某日借书情况；
4. 查某读者借书情况；
5. 查预约情况。

可以从读者、书的特征信息和预约日期三条途径查询预约情况。此外,还可以查预约书的总册数和预约数超过一定数量的书。

6. 查年借书数。

这个功能提供年借书数在一定范围内(包括等于或大于某数)的读者姓名、借书证号、年借书数等信息,可以用来分析读者借书数量和职业情况。对不大借书的读者,公共图书馆可以停止他们的借书权利,给新读者发放借书证。

三、统计分析

图书馆统计必须反映图书馆藏书、读者及流通的数量、质量、增长速度以及各个环节是否协调等。概括起来,图书流通系统可以进行以下四个方面的统计工作:

1. 藏书统计

图书馆要实现自己的职能,必须要有一定数量的藏书,此外,还必须对藏书的质量有一定的测定指标,以保证读者对图书的数量和质量的要求。藏书统计有以下三个指标:

1)馆藏图书的总数和册数

图书馆藏书的数量是不断变化的。一方面,新书不断补充;另一方面,由于图书损失,利用率不高、价值不大的图书的剔除以及馆际之间彼此赠送、调拨图书等都会使藏书数量发生变化。因此,应当随时进行藏书数量的统计。

2）按类进行图书种数和册数统计。

由于历史的原因,在一个图书馆里同时采用了几种分类法来分编图书,从而造成了分类统计馆藏量的困难。各图书馆只有根据实际情况,依各分类法的特点考虑若干个共同的大类,将具有相同主题的图书不管分编方法的差异而列入同一类统计。

3）藏书保障率

$$藏书保障率 = \frac{藏书总册数}{读者总人数}$$

这个指标必须和图书流通统计数据,如图书阅读率和拒借率等进行综合分析,才能全面反映馆藏图书的"保障能力"。

2. 图书馆读者统计

图书馆的读者有广义和狭义之分。所谓广义的读者,既包括实际上已向图书馆借阅图书的人,还包括可能向图书馆借阅图书的人。所谓狭义的读者,指的是一个地区或一个单位有一定阅读能力又向图书馆办理了借阅图书登记手续的人。一般指的主要是狭义的读者。在高校图书馆和专业图书馆这二者数量差别不大,但是,对公共图书馆来说,广义读者比狭义读者数量要大得多。读者统计包括:

1）读者总人数

读者总人数是"藏书保障率"计算的依据。这个数据是变化的,所以,也要定期进行统计。

2）按读者类型统计人数

读者类型和图书馆类型有关。根据各类读者人数的统计,可以采取相应的措施入藏图书和推荐图书。

3）读者到馆率

$$读者到馆率 = \frac{读者来馆借还书人数}{图书馆读者总数}$$

这个指标提供研究读者对图书馆利用的情况。一般按季度、年度统计即可。

4）不同类型读者到馆率

$$某类读者到馆率 = \frac{该类读者来馆借还书人数}{图书馆中该类读者总数}$$

这个指标和流通统计中按图书分类统计不同类型读者借书数进行综合分析，可以研究读者阅读倾向。

3. 图书流通统计

流通统计包含下列内容：

1）日、月、年内借书册数

所谓月内借书册数，是指从某月一日至打印报表之日为止的累计借书册数。这些数据可从下面表1中分类统计求得。

2）按图书分类和读者类型进行借书情况统计。以科图法为例，其表格形式如下：

表1　每日（或月、年）借书分类统计表

图书分类＼读者类型	教师	研究生	学生	干部	工人	总计
00—10						A_1
10—20						A_2
……						……
90—99						
总计	B_1	B_2	B_3	B_4	B_5	C

其中，AI 表示对第 1 行数据求和所得结果；BI 表示对第 1 列数据求和所得结果。例如：A_2 是所有读者每日（月、年）借 10—20 类图书的总和；B_3 是学生每日（月、年）借书的总和。C 由同行数据或同列数据求和得到，是每日（月、年）借书的总和。

3）每日、月内、年内还书册数

4）按图书分类和读者类型统计预约书数

190

将表1中"借书"改为"预约书"就可得到预约书统计表。如果某类图书预约人很多,我们还可以根据该类每种图书年内的平均拒借率进一步分析哪些书需要补充。

5)某种图书年内平均拒借率

某种图书年内平均拒借率

$$= \frac{该书年内累计拒借次数}{(该书年内累计借出次数)+(该书年内拒借次数)}$$

6)按图书分类统计每日、月、年拒借率和总拒借率,统计表见表2所示。

表2:每日(月、年)拒借率

$$拒借率 = \frac{图书拒借次数}{(图书已借次数)+(图书拒借次数)}$$

表2   每日月年拒借率

图书分类	拒借率
00—10	
10—20	
……	
90—99	
所有图书	

其中,拒借次数不包括对非法读者按章履行的拒借。如果图书指的是某类图书,则由上列公式计算得到的就是该类图书的拒

借率;如果指的是馆藏所有的图书,则得到的是图书总拒借率。

7)图书阅读率

指的是一年内每个读者平均所借书的册数。将这个统计数据和藏书保障率比较,可以综合分析读者对馆藏图书的利用情况。

8)图书周转率

指的是每本图书在一年中的平均出借次数。从周转率可以看出图书馆的藏书质量、藏书的利用率和图书馆的管理水平。

以上从藏书统计、读者统计和图书流通统计三个方面介绍了各项统计指标。这些指标是随着时间不断变化的,其中某些数据必须保存在计算机中,以便用来进行动态分析。

4. 动态统计

只有动态统计数据才能看出发展趋势。

举例如下:

1)图书借还动态

有时还回的数量大于借出的数量,但一般来说,总是借出数大于还回数。因此,图书馆要采取措施,例如规定借书期限,制订过期罚款制度等,以保证借还书数的平衡。

2)读者人数、馆藏书数和保障率动态统计

从表 3 我们可以分析,若以 1981 年的读者数、藏书数和保障率为 1 作基数,看这三个指标随时间的相对值变化,就会发现,从1981 年到 1982 年,读者人数比藏书量增加要快,因为,藏书保障率从 1 下降到 0.96,这就要求增加图书资料的开支。从 1982 年到 1985 年,虽然藏书保障率未恢复到 1981 年的水平,但是基本维持了两者增长速度的平衡,所以藏书保障率不再下降。

表3　读者数、藏书数和保障率动态统计表

年份	读者人数变化		馆藏图书数变化（百万）		藏书保障率
	绝对值	相对值	绝对值	相对值	
1981	10,000	1	1	1	1
1982	11,000	1.1	1.05	1.05	0.96
1983	11,500	1.15	1.10	1.1	0.96
1984	12,000	1.20	1.15	1.15	0.96
1985	12,500	1.25	1.20	1.20	0.96

3）藏书保障率、阅读率和拒借率的动态统计

表4 的数据显示，拒借率逐年下降，其它指标逐年上升，说明该馆藏书质量和管理水平逐年提高，不断发展。

表4　藏书保障率、阅读率、周转率和拒借率的动态统计

年份	藏书保障率	阅读率	周转率	拒借率
1981	100	30	0.3	20%
1982	105	34	0.32	18%
1983	106	38	0.36	17%
1984	108	40	0.37	16%
1985	110	45	0.41	15%

上面比较详细地列举了在图书流通系统中的统计分析项目，不尽完善，也不要求每个图书馆的系统包含所有统计项目，各馆应根据本馆的具体性质和任务，计算机存贮容量的大小和运行速度高低等因素综合分析确定。

四、各种文档的建立、补充和修改

1. 建立各种文档

系统投入运行前，要建立所有文档，如：图书文档、读者流通文档、预约文档和统计文档等。

2. 文档的补充和修改

1）在图书文档中对新书补充新记录；

2）在读者流通文档中对新读者补充新记录；

3）对各种文档能迅速修改其中的错误信息；

4）根据丢失图书的统计修改复本数，或注销被剔除的图书；

5）对丢失的借书证进行挂失，对调离读者的有关记录进行注销。

第二节　图书流通系统的运行方式

图书流通系统的运行方式直接关系到系统的总体设计方案，关系到计算机硬件、软件的配置和设备的选择。它有三种运行方式：

一、脱机批处理系统

计算机终端不直接放在出纳口，将流通过程中收集的数据暂时贮存起来，例如由数据收集器收集，一般在每天下班后，把汇集的数据由计算机成批处理，如更新文档、办理预约等。

它的主要缺点是：由于不能及时更新文档，所以，系统文档不一定是当前的实际情况，由此给读者借阅资格审查、预约和咨询带来困难。它的优点是：运行价格低，可以完成许多手工难以完成的工作。

二、联机系统

数据收集器和计算机终端设置于出纳口，且与计算机联机，及时采集各种数据，进行实时处理。

其优点是：信息更新及时，能准确完成审查读者借阅资格，查找图书去向，及时拦截还来的已预约图书等等。因此，联机系统比脱机系统的功能强。其缺点是：系统运行价格高，特别是当计算机发生硬件故障时，必须有可靠的后备措施，以防系统瘫痪和数据混乱。

三、混合系统

这是介于上述两种运行方式之间的处理系统。在国外，常采用小型机和大、中型机联合使用的方式。在当前微型机迅速发展的条件下，我国可采用微型机和各单位计算中心的中、小型机联用的方式。将微型机放在图书馆与数据收集器联机，实时处理一些对实时性要求较高的工作，如借书资格审查、预约和查询等。而对实时性要求不高的工作可集中由中、小型机处理，如借书、还书、打印催书单和预约通知单等。

混合系统的优点是：运行价格比联机系统低。特别是当计算中心的主机发生故障时，可将信息暂存于微型机，不致造成系统瘫痪和数据混乱。因此，混合系统是图书流通管理的发展方向。当然，如果微型机发生故障，也必须有后备措施来保证系统的可靠性。

据估计，脱机系统、混合系统和联机系统主要设备价格的比例依次为 3:5:10。

第三节　流通系统的数据输入方式

一、输入方式

图书流通系统运行中输入的主要数据有图书编号和读者的借书证号。一般有四种数据输入方式：

1. 将图书编号和借书证号都做成穿孔卡片，由光电输入机

读入;

2. 将磁性标签贴在图书和借书卡上,由磁头收集数据;

3. 在图书和借书卡上分别贴上代表图书编号和借书证号的条形码,当光笔接触划过时,信息就输入;

4. 英国 S·B 电子系统有限公司设计的电笔代替了光笔,它具有更为灵活的条形码,电笔内装有一个微型计算机,比光笔的功能更强。

国内现有设计的试验性图书流通系统大都采用键盘输入,这种数据输入方式是很不理想的,是目前这类系统不能投入实用的主要问题之一。键盘输入的缺点是:

1. 效率低。这与计算机高速处理数据的能力很不匹配,因此,在办理出纳手续时,用户感觉不到自动化比手工处理效率高的优越性。

2. 出错率较高。因此,读者在心理上对自动化产生不信任的情绪。

现在,国内已开始引进光笔输入设备。光笔虽不及电笔,但是,其功能和优点将使它能被推广使用。光笔输入有以下优点:

1. 阅读条形码速度快

用键盘输入,每秒钟只能输入一个或几个字符,这与操作人员的输入速度以及数据的复杂程度有关。光笔输入只要在 3 厘米左右长的条形码上一划,10 个左右的字符立即输入。

2. 准确度高

实验指出,用键盘打通讯地址的出错率是 0.42% 到 0.48%、光笔阅读条形码准确度很高,输入三百万个字符,用键盘打有一万个错误,用 code39 条形码只有一个错误。

3. 操作简单可靠

使用光笔输入没有必要去事先制作穿孔卡,也不会出现丢失和损坏书卡的情况,卡片阅读装置常出现的机械故障和夹卡问题也可以避免。操作也很简单。

光笔读入条形码是目前比较理想的输入方式。

二、条形码及其主要类型

如图9—1所示的黑白、粗细间隔不等的线条图形称为条形码。它是人和计算机通话联系的一种特定语言。

一九四九年,美国专利注册局为条形码发出专利注册。以后,条形码技术开始发展,创造出不同类型的条形码。

一般人,多数是在超级市场上购买商品时认识到条形码新技术的。首先将光笔系统应用到图书馆的是英国Plessey图书馆。1972年英国坎登公共图书馆肯特市分馆安装了Plessey系统用以收集流通数据。美国第一个光笔系统是1974年安装的,南卡罗来纳大学图书馆的脱机光笔系统于1974年1月开始运行。以后,将光笔技术与联机技术相结合,工作起来稳定、有效和经济。

目前条形码有不同的类型,一个效能较好的条形码应具有下列特征:

1.能自行查核条形码字符;

2.每种条形码字符的长度相同;

3.结构简单;

4.能表示的字符种类较多;

5.条型数目固定;

6.在不同扫描速度下,操作效果都好;

7.印刷出来的条形码经久耐用;

8.密度高。

下面介绍五种通行的条形码

1. 2 of 5 code条形码,读作五取二码

此种条形码源于六十年代后期,应用于销售行业。每个条形码字符由五位(bit)构成,其中粗条纹有两位,所以叫五取二码。

假定宽条纹为"1",窄条纹为"0",空白不表示任何意义。条形码字符有自查功能,只能表示 0 到 9 十个数字,是一种非常简单的条形码。见图 9—1。

图 9-1 2 of 5 Code

2. Interleaved 2 of 5 code 条形码

如图 9—2 所示。这种条形码基本上与 2 of 5 code 相同,仅有两点不同:

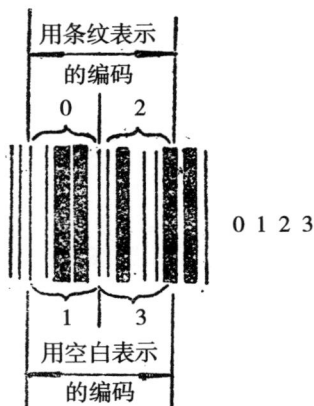

图 9—2 Intenleaveel 2 of 5 Code

1)在左边,表示开始的字符由窄条纹—窄空白—窄条纹—窄空白所组成;结束字符由宽条纹—窄空白—窄条纹所组成。

2)宽空白表示"0",窄空白也表示"0"。从图9—2可看出,每一组条型包含五个条纹和五个空白,其中宽条纹和宽空白有两个。这一组条纹、空白相间的十个条型表示两个数字,即:一组条纹代表第一个数字,一组空白代表第二个数字。由于空白也表示数字,所以,此种条形码的密度比2 of 5 code要高。表5给出数字0到9与条形码表示的二进制代码之间的对应关系。

3. UPC/EAN code

美国于1973年使用UPC码,以后,欧洲人非常感兴趣,1976年采用了EAN码(Europan Article Numbering code)。UPC是EAN的子集。UPC码易于印在包装上,耐用性好,扫描操作简单可靠。

表5　数字与条形码信息对照表

数　字	条形码所表示的信息(从左到右)				
0	0	0	1	1	0
1	1	0	0	0	1
2	0	1	0	0	1
3	1	1	0	0	0
4	0	0	1	0	1
5	1	0	1	0	0
6	0	1	1	0	0
7	0	0	0	1	1
8	1	0	0	1	0
9	0	1	0	1	0

UPC/EANcode条形码如图9—3所示。窄空白代表二进制"0",窄条纹代表二进制"1",如果连续有几条窄条纹在一起看上去就像一条宽黑条纹。条形码字符只表示0到9十个数字,每个数字由七个条型(包括条纹和空白)所组成。在UPC/EANcode条

形码中间,有两个窄条纹上下伸出少许,将条形码分成左、右两部分,左边数字表示制造厂家,右边数字表示产品信息,如产品价格等;右边最后一个数字是查核用数字,以确保前面数字准确无误。每个条形码字符都有自查功能,所以,这种条形码具有高度的查核错误的能力。

图9—3　UPC/EAN Code

4. Codebar code 条形码

Codebar code 条形码是在 UPC 基础上改进而成的,广泛应用于图书馆和医疗行业,作图书、借书证和血液袋上的标记用。

Codebar code 条形码字符由四个条纹和三个空白所组成,字符长度不是固定的。这种条形码不仅可以表示 0 到 9 十个数字,还可以表示连字符 −、$、:、·、+、A、B、C 和 D 等十个字符。每个条形码字符有自查核功能。

5. 3 of 9 code 条形码

本条形码也可写为 code 39。它提供比较丰富的条形码字符集,包括 0 到 9 十个数字,26 个英文字母,以及连字符 −、。空格、*、$、/、+ 和% 共44 个字符。

每个条形码字符由九个条型(五个条纹和四个空白)所组成。九个条型中有三个是宽型(两个宽条纹,一个宽空白),所以也叫做九取三码。宽型条型(不论是条纹还是空白)代表"1",窄型代表"0"。条形码字符由条纹构成的二进制代码和空白构成的二进制代码共同确定。条形码字符有自查核功能。

3 of 9 code 能表示比较多的字符类型,可应用于多方面,是很通行的条形码,适于图书流通系统。

三、光笔的操作和条形码的读入原理

光笔的操作很简单,如图9—4所示。用拇指按住条形码读出器的开关,将笔杆倾斜角度 θ 约10°到20°,让条形码与笔帽接触,先扫描码外的空白部分,扫描方向一般从左到右,有的双向扫描效果一样。

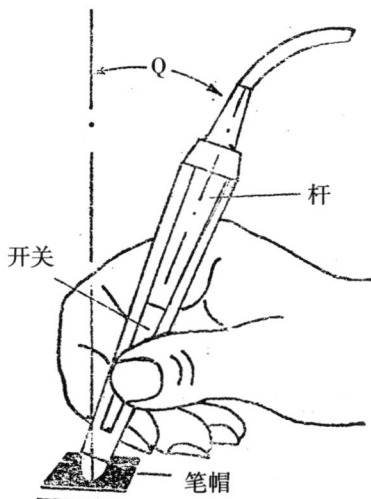

图9—4 光笔操作

当光笔对条形码进行扫描时,由光笔末端射出一束光线,粘在图书和借书证上的条形码的黑色或彩色条纹就吸收光线,空白区域反射光线,笔内的光感应器产生电压,变成电讯号。然后,解码器将电讯号转换成相应的 ASCⅡ字符。

扫描器有固定式和手提式两种。手提式的扫描器常多用红

光,因为白光需消耗更多的电能。红光线可以阅读除红色以外的任何颜色的条形码。

第四节　图书流通系统设计

　　整个图书流通系统的设计步骤如图9—5所示的流程图。下面,按框图的顺序对设计的每个步骤逐一说明。

一、前提

　　设计一个对任何图书馆都通用的图书流通管理系统是比较困难的。一般来说,系统的功能越强、通用性越高,对计算机容量的要求就越大,这对微型机来说更难以达到。因此,我们设计某个图书馆的流通系统,首先要确定系统设计方案中带有全局性的因素。这些因素有:

　　1. 系统的运行方式

　　如前所述,图书流通系统有脱机批处理、联机实时处理和混合系统三种运行方式。对混合系统,要确定哪些功能采取实时处理,哪些是脱机批处理,以及采用什么装置收集数据等。

　　2. 借阅方式

　　指开架借书还是闭架借书。闭架借书流程是:读者查书目→读者填索书单→图书馆工作人员到书库找书→读者对找来的书进行挑选→办借出手续。这一过程中的前四个环节都是手工进行的,只有最后一个环节是计算机处理的。因此,在闭架借书中,计算机并不能使出纳台前的工作效率有显著提高。如果是开架借书,读者可以直接到书库找书、选书,由计算机办理借阅手续,就能充分发挥计算机在流通管理中的主体作用,大大提高工作效率。不过,我国目前多数是闭架借书,即使是将来,闭架借书也还难以

202

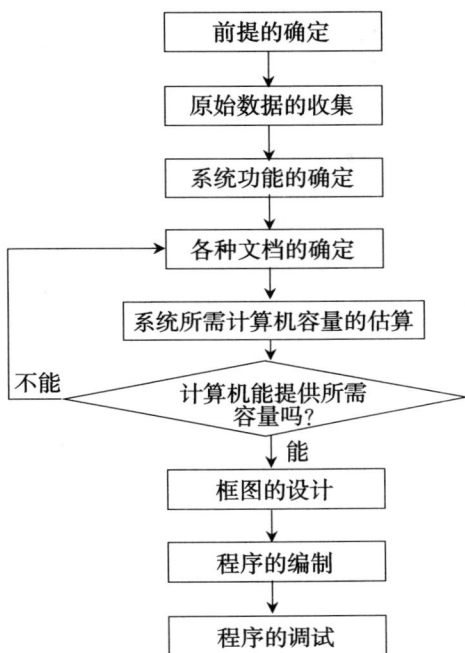

图 9—5 图书流通系统设计流程图

全部废除。

3. 图书馆对读者进行管理的组织结构

图书馆与读者要经常发生联系,如催还书、发过期通知和预约通知等,因此必须有一定的组织结构。一种是辐射型的结构,如公共图书馆。这种结构要求建立一个读者文档,记录姓名、证号、地址等有关信息。另一种是树型结构,如高等院校图书馆,从证号就可以反映读者所属部门,这类系统就不必建立读者文档。

4. 书号和证号的输入方式

不同输入方式,在设备配置和程序编制上是不同的。

5. 计算机提供的硬件、软件条件

计算机提供的硬件条件包括内存和外存(包括软盘、硬盘、磁带机等)容量、运算速度、是否有汉字打印功能,单用户还是多用户等。软件条件是指系统提供的系统命令、应用软件和语言种类、语言功能等。国内普遍采用扩充 Basic 语言,它必须提供随机存贮文件和串运算功能,这是设计一个实用的图书流通系统所不可少的。

6. 独立系统还是与其它子系统联接的系统。

对综合系统要考虑数据共享和各子系统的接口问题。即使流通子系统是一个独立的系统,也应考虑到其它子系统的需要,提供统计数据。

二、原始数据的收集

1. 读者类型及各类读者人数;

2. 馆藏图书使用的图书分类法,中西文图书分类藏书量估计(按种估计);

3. 图书馆的规章制度,这些制度包括:

1)各类读者允许借书数;

2)各类图书允许借出天数;

3)罚款制度;

4)预约制度,包括:预约书范围,允许最多预约书总册数,每人允许最多预约书数,预约权的优先级别以及预约通知发出后的有效期等;

5)续借制度。

三、系统功能的确定

每个图书馆可根据本馆任务性质决定系统的功能,然后确定各种文档的数据项,并进行容量的估算。如果容量不够就要修改、缩减系统的功能和相应的文档。

四、文档的设计

1. 借书证号和书号设计

这里仅以高校图书馆借书证号的某一设计方案为例说明。借书证号由九个字符组成,如下所示:

$$X_1 \quad X_2 \quad X_3 \quad X_4 \quad X_5 \quad X_6 \quad X_7 \quad X_8 \quad X_9$$

其中,X_1 可用英文字母或数字表示读者类型;X_2 X_3 是二位十进制,表示系代号;X_4 对学生表示年级,对教师可以代表职称,对研究生可用来区分攻读博士、硕士和研究生班的不同情况,对干部和工人可以表示不同级别;X_5 X_6 X_7 X_8 是四位十进制数,表示某系某类读者编号;X_9 是校验码,用于校验前面八个字符,防止输入错误,而它本身在读入条形码时不被读出。在 3 of 9 条形码中,校验码计算是把必须读出的字符对应的数值(见表6)之和用 43 除,将所得余数对应的字符放在条形码终止字符前。例如:学生证号头八位为 S 1010001 的校验码计算,是先在表6中找得这八个字符对应的 8 个数字为:28,1,0,1,0,0,0,1,相加得31,被43 除所得余数仍为31,再在表6中查得对应的字符是 V,于是得到一个完整的带校验码的学生证号 S 1010001V。

借书证号是读者流通借阅时输入的第一个信息,我们可以按系、系下按读者类型组织流通文件,文件中再分年级或级别、职称按流水号组织记录。以上例来说,从证号截取左三位"S 10"作为流通文件名,截取第 4 位是一年级学生,再截取紧接的四位十进制数是记录顺序号"0001"。这样就达到了直接寻址的目的。

表6 3 of 9 code 校验字符——数字转换表

字符	对应数字	字符	对应数字	字符	对应数字
0	0	F	15	U	30
1	1	G	16	V	31
2	2	H	17	W	32
3	3	I	18	X	33
4	4	J	19	Y	34
5	5	K	20	Z	35
6	6	L	21	连字符—	36
7	7	M	22	.	37
8	8	N	23	空格	38
9	9	O	24	$	39
A	10	P	25	/	40
B	11	Q	26	+	41
C	12	R	27	%	42
D	13	S	28		
E	14	T	29		

书号可以采用索书号或者索书号再附加别的信息组成,以便从输入的书号信息迅速找到该书所在文件中的对应记录。以索书号 73.213/A125 为例,可以用大类号"73"尾接在英文单词 Book 后面作为大类为 73 的图书文档名:"Book73"。该文档中按小类号排序,用对半查找技术很快可以找到分类号为 73.213 的图书。若同一分类号的书不只一本,可以根据作者号 A125 将该书的记录位置确定下来。

2. 流通文档

流通文档由读者的流通记录组成,每个记录包含流通过程中的必要信息和统计分析所需的数据,如下所示:

挂失标志	日借书数	过期标志	年累计借书数	索书号1	……

206

索片号 n	登录号 1	……	登录号 n	借书日期 1	……	借书日期 n

其中,挂失标志、已借书数和过期标志提供审查读者借阅资格,年累计借书数用于统计分析,其余是关于已借书的信息(n 是允许的借书数)。

3. 读者文档

公共图书馆的读者职业种类很多,年龄分布较宽,通信地址分散,所以,必须对每个读者有一个较详细的记录,记录格式如下:

姓名	借书证号	地址	电话	职业	性别	年龄	发证日期

读者文档记录的详细程度根据图书馆的任务、服务对象和机器容量具体确定。例如,高校图书馆只须在读者的流通记录中加上"姓名"一项,可以不另设读者记录。

4. 图书文档

图书文档由每种书的图书记录组成,包括表示图书特征的信息,统计分析用信息。此外,在实行预约的条件下,满足:

复本数 >(已借数)+(已预约数)

的图书才能出借,所以,图书记录还应包括上式中的三个数据,记录格式如下:

索书号	复本数	已借出数	现预约数	年累计借出次数

年累计拒借次数	主文档指针	某书借者证号倒排档指针

最后有两个"指针",其用途是:

1)主文档指针作为编目子系统接口用。它指出该书在机读目录数据库中的地址,提供读者进一步了解该书诸如"文摘"之类的信息。

2）某书借者证号倒排档指针（以下简称"证号倒排档指针"）指出该书第一个借者的证号在证号倒排档中的地址,再通过该文档中的链接指针指出该书所有的借者,可以加快图书查找速度。若不设证号倒排文档和指针,则采用扫描流通文档的办法,虽节省了空间容量,却会浪费时间。

在机器容量允许的条件下,图书记录再增加书名和作者这两项,就可以通过索书号、书名和作者三种途径进行查目工作。

5. 预约文件

用来记录图书预约情况的各种信息。如果预约人数较少,则可采用顺序文件,记录格式如下：

借书证号	索书号	预约日期	通知日期

若预约书较多,为提高查找速度,可以采用下面的链结构文件:见图其中, 预约索引文件的记录按索书号排序, 以便按索书号查找

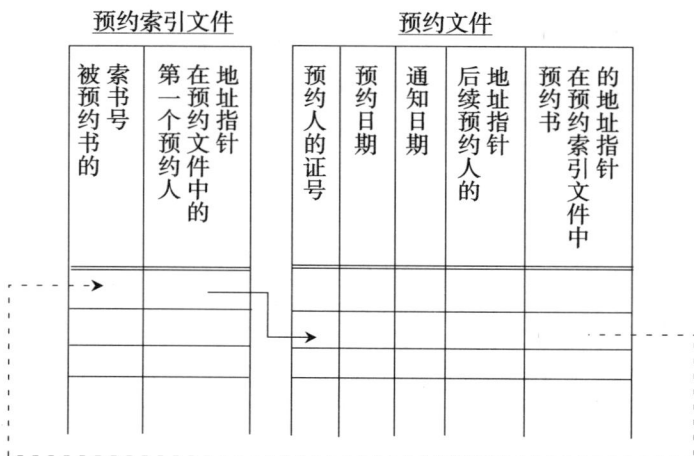

预约索引文件　　　　　　预约文件

被预约书的索书号	第一个预约人在预约文件中的地址指针	预约人的证号	后续预约人的地址指针	通知日期	预约日期	预约书在预约索引文件中的地址指针

被预约的书,该文件通过指针指向预约文件中第一个预约人的地址。在预约文件中记录了某书所有预约人的信息,并通过后续预约人的地址指针按预约时间先后次序排队。预约人证号和预约日期是读者进行预约申请时写入的,在对该读者发出借预约书通知单时,写入通知日期。为了避免容量较多的索书号重复使用,在预约文件中通过指针反指向预约索引文件。

6. 违章读者文档

此文档用于脱机运行方式,记录格式如下:(至少应有"借书证号"这一项)

借书证号	挂失标志	过期书数	未付罚金数	已借书数

此文档在每日闭馆后记录,供次日审查读者借还书资格用。

7. 统计文档

前面已述各种统计数据,在文档组织上可以作以下考虑:

1)按图书、读者分类统计文档,包括日、月、年表,借书统计表和预约统计表等。

2)日到馆人数统计文档。该文档存放当日读者证号。

3)其它各种统计数据,如拒借率、到馆率等集中放在一个文档中,打印表格时,可按需要按格式打印。

以上介绍了图书流通系统的几个主要的文档,各具体系统可以根据需要增加和减少文档。

五、系统需计算机容量的估算

上述诸文档中,占容量最多的可能是图书文档(因为图书种数往往远大于读者人数),其次是读者、流通文档,最后是预约文档。统计文档占容量较少。作为粗略估算,可以只计算前两种文档。下面举例说明,该例假定没有读者文档。

1.图书文档的容量估算

记录格式如下,每个数据项下的数字是该项所占容量的字节数。每个记录占44个字节。

索书号	复本数	现预约数	已借出数	年累计借出数	年拒借次数
30	3	2	3	3	3

假设该馆有图书10万种,总容量为:

总容量 $= 44 \times 10^5 = 4.4 \times 10^6$ 〔字节〕

若采用 Basic 语言的虚拟串数组随机文件,一个记录长度必须是2的整数次幂,则上例每个记录的总容量为:

总容量 $= 64 \times 10^5 = 6.4 \times 10^6$ 〔字节〕

2.读者流通文档的容量估算

一般来说,不同类型读者允许的借书数不同,相应的读者流通记录也就不同。以下列记录格式为例,设某类读者人数为 m,允许借书数为 n。

借书证号	姓　名	借书证挂失	已借书数	年累计借书数
8	18(拼音)	1	2	2

现过期书数	索书号……	登录号……	借书日期…
2	30.n	7.n	6.n

某类读者流通文档容量 $=$ 〔(33 +43)·n〕取比它大的2的整数次幂值·m

将图书文档容量和各类读者流通文档容量加起来,考虑到未计入的其它文档和程序所需容量,再乘以1.1倍,即得系统的容量估算值。

如果机器容量不够,可改进数据结构,精简不必要的文档或数据项,还可采用数据压缩存贮技术。在不得已时,可减少功能,缩减文档。

六、框图设计、程序编制和程序调试

图书流通管理系统一般由开馆程序、总控程序和四个子系统组成。每个子系统包含若干个功能模块,如图 9－6 所示(212页)。

系统运行时,每天工作一开始,先调入"开馆程序",用来建立日用文件;给日统计表置"0";一月的第一天给月报表置"0";一年的第一天给年报表置"0"。这些都是在机器内部进行的。在显示屏幕上显示当天日期,若不正确,可用键盘输入当天日期。完成系统运行的准备工作以后,自动调出总控程序。

总控程序显示出四个子系统,用户通过显示终端进行人机对话,按用户要求进入某个子系统,见图9—7所示主控程序框图。

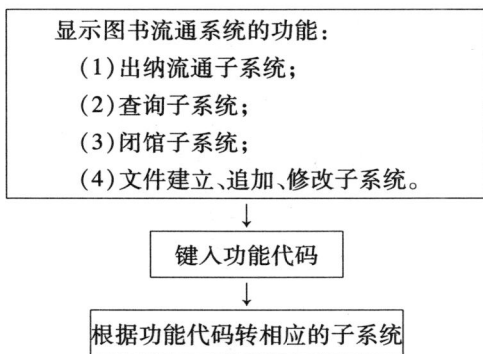

图9—7　主控程序框图

假定键入功能代码"1",则转出纳流通子系统,该系统的框图见图9—8(213页)。

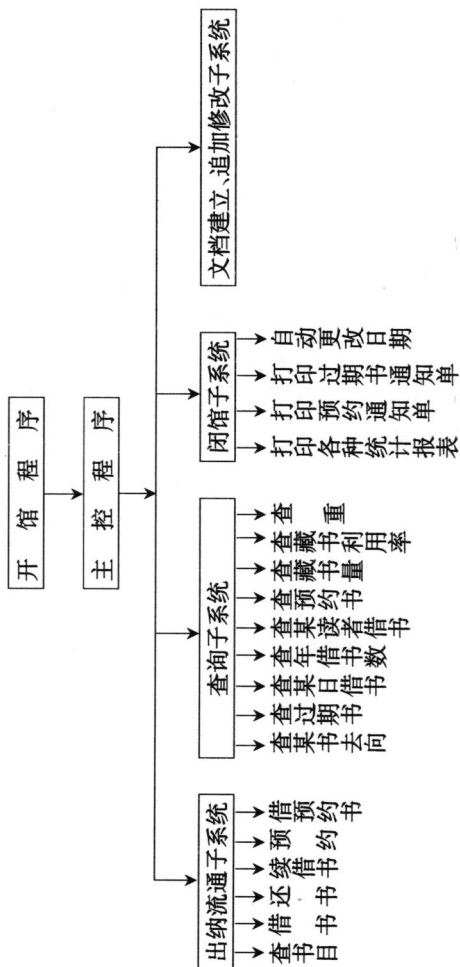

图 9—6　图书流通系统运行流程图

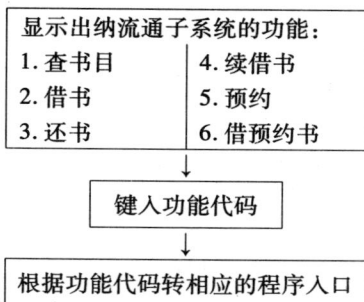

图9—8　出纳流通子系统框图

　　假定键入功能代码"2"，则转借书程序入口，图9—9（见下页）给出一个联机系统办理借书手续的程序框图。从框图可以看出，一个借书程序除履行借书所例行的读者资格审查和记载图书信息以外，还要及时记录和修改统计数据。其余程序，如还书程序也应作类似考虑。

　　关于程序编制和调试见第二章和第四章。

　　由于用户迫切希望计算机查书目，采购部门希望流通系统提供比较完善的信息，所以，图书流通自动化管理系统需和采访、编目、查目等系统综合考虑。微型机和局部网络的迅速发展，也提供了向综合系统发展的可能性。

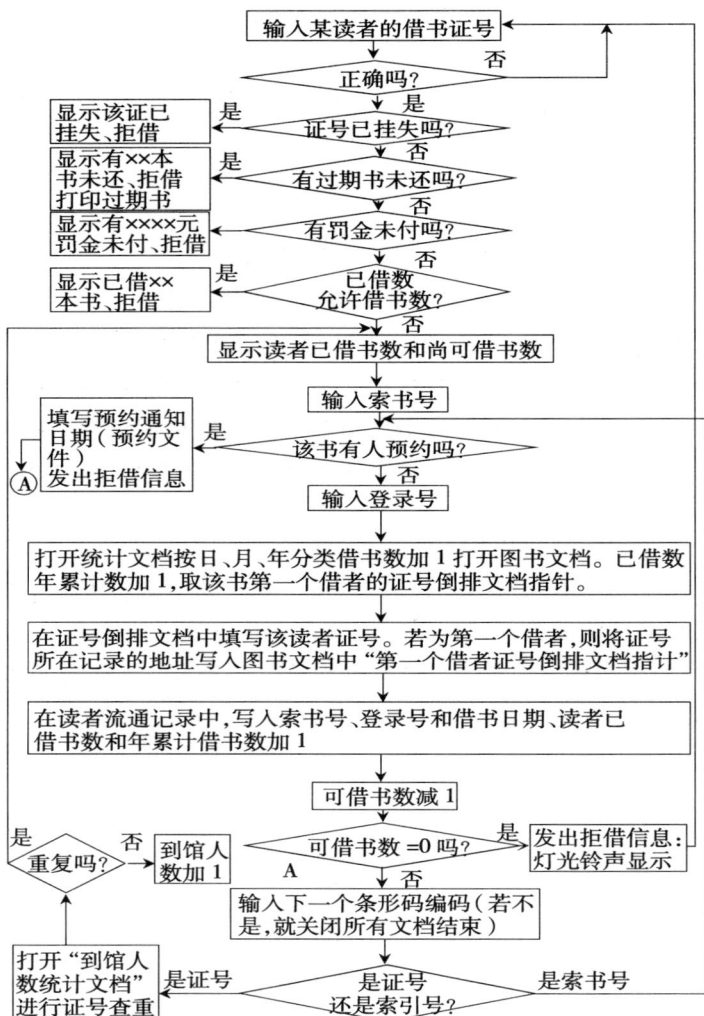

图 9—9　联机系统办理借书手续程序框图

214

第十章　图书采访子系统

第一节　整体系统设计

一、图书采访系统的功能

图书采访工作是图书馆工作的重要组成部分,采访工作的好坏是决定图书馆藏书的质量和数量的重要因素之一。

每个图书馆的图书采访工作都有一定的原则,采访的范围,重点和数量标准,受图书馆具体的任务、对象、费用的控制。要使图书馆的藏书始终保持在质量和数量的最佳状态,就必须掌握采访过程中的各种数据变化情况,从而不失时机地进行采访。经费变化、出版动态、发票处理、资金结算、收到验收、订单处理、查重、催询以及各种与采访有关的统计报表,所有这些因素在设计时需加以认真考虑,它涉及到系统的规模以及运行方式的制定。

图书采访的主要形式有:订购、邮购、代购、选购、赠送、呈缴、复制、接收、调拨以及交换等,其中以订购为主要补充形式。因为订购形式较稳定,数量大,采访的渠道较可靠,所以计算机采访子系统的设计以订购为主要的处理对象,同时也兼顾其它形式的处理。

图书采访子系统的运行目的,是能在短时间内给图书馆工作者采访图书提供各种必要的数据,打印各种统计报表,处理订单,经费管理以及代替执行某些手工作业的手续,从而提高图书采访的效率。

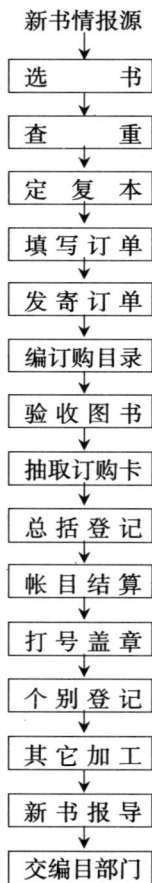

新书情报源
↓
选　　书
↓
查　　重
↓
定　复　本
↓
填写订单
↓
发寄订单
↓
编订购目录
↓
验收图书
↓
抽取订购卡
↓
总括登记
↓
帐目结算
↓
打号盖章
↓
个别登记
↓
其它加工
↓
新书报导
↓
交编目部门

图 10—1

在图书采访系统中,对于图书内容本身的理解,对于是否应该采访以及采取什么采访形式(如复制、交换)的认可,计算机是不可能完成的。这些工作应该由图书馆工作者对各种有关数据进行分析后作出决策,不能完全依赖计算机。

图书馆订购的全过程,是由选择新书情报源开始到新书处理完毕移交给编目部门为止。这中间有几十道手续,计算机子系统就是完成这个中间过程的主要工作的系统。

按照图书馆的工作顺序,订购工作完成后,紧接着就是编目。在一些图书馆,如果编目比较简单,采访系统中的书目数据可作为编目数据使用,在这些数据上增加分类项、馆藏地址以及有关编目项,成为可使用的编目成果。所以在准备订购数据时,应该考虑到书目数据共享问题,以避免不必要的重复。这在系统设计时是应该予以注意的。

图书订购流程如图 10—1 所示。

从整个处理流程的分析中可以看到,属于订购处理的步骤,如查重,填写订单,编订购目录,删除记录,帐目登记,资金结算,发票处理以及编制新书通报,计算机都可以进行处理。属于图书个别特征方面的处理,如对图书打号码、盖章等工作,目前一般不用计算机处理。

根据上述分析,一个图书采访子系统必须具备以下几种功能:

1. 处理订单

订单是订购图书的依据,订购工作大量的是填写订章,分门别类进行整理。订单内的所有数据要求准确。计算机对每一份订单存贮和检索,并根据格式打印。

2. 组织订购目录

订购目录是订购图书的一份书目,计算机编制出订购图书的书名目录、著者目录或其它形式的目录,提交给出版发行部门或供订购过程中的中间结果使用。

3. 对订购主文档更新

订购主文档是订购单中每种书的全部记录信息的集合,所有订购中的数据处理,主要来自于主文档。订购主文档不是永久存贮,而是阶段性存贮。订购开始时,它存贮预订图书记录;图书收到后,用它验收;一种书处理完后,该书在订购主文档中的预订记录可以删除。新订的记录不断增加,处理后所剩的记录不断减少,这个程就是订购主文档的更新过程。采访子系统文档的更新比起其它系统来更频繁,这在系统设计时是应该考虑到的。

4. 进行资金帐目的处理

经费的使用是订购工作的关键,要使经费使用恰到好处,所购图书质量和数量能够满足要求,随时掌握经费的收入、支出和资金帐目是十分重要的,可以由计算机处理,打印出所需要的报表。

5. 进行订购过程中各种数据的统计分析、

订购工作中统计是大量的,有国别统计、文种统计、各类书的统计、财经统计、预订统计、到书统计及差价计算日统计、月统计、年统计等等。计算机能进行各种统计,同时具有编制报表的功能。

6. 检索功能

从书名、作者、出版机构、ISBN 号等项目对订购主文档实行检索,可以从不同角度掌握订购情况,以避免重复订购。

7. 打印新书通报

上述七种功能是最基本的,还可根据图书馆订购工作中的具体任务增加,若仅完成某几项功能,系统设计就比较简单。

二、系统操作方式

在系统设计中,由于采访系统中数据更新的特殊性,首先要考虑系统的操作方式。

采访系统的操作方式有两种类型。

1. 脱机批式处理

这是目前采访系统中最常用的一种操作方式。其基本原理是:将需采访的图书的有关项目用穿孔机穿成卡片,整理后成为待输入卡片,数据输入完毕后,其信息记录在磁带或磁盘上,成为采访过程中的数据处理源。各种统计、查询,打印各种报表,数据的删除、增加都在磁带或磁盘上进行。

穿孔卡片可以半永久性保存。在采访过程中,某一订单情况发生变化(如停版、来书损坏、过期书还未到等),可抽出相应的穿孔卡,用代码把变化的情况写在卡片上,再用穿孔机将代码穿在该卡片上,然后用这张卡片去更新订购磁带或磁盘上的相应的记录。当一批新到图书处理完后,这一批穿孔卡片可以不再使用,而将磁带保存起来。

2. 使用各种类型的远程终端设备,与出版发行机构进行联机采访处理

这是与出版发行机构建立的人机对话式的采访系统,是理想的采访系统。它依赖计算机网络,根据对方所能提供的新书出版动态进行预订和选择,其订购结果可以在自己的终端上显示或打印出来。这种系统要求较全的设备,尤其是出版发行部门,必须有新书数据库和相应的网络采访管理系统软件。另一种是非网络化的联机系统,其订购数据由键盘终端直接输入和修改,而不用穿孔

卡片。这种系统灵活,可随时进行。

在采访系统的整体设计中,对操作方式应作出选择,明确后再行设计。

三、数据类型

采访系统的数据主要从采访需要出发,有以下几种类型:

1. 书目数据

采访系统处理的对象是所需订购的图书,对每一种图书(包括期刊)都作为一条记录进行处理。所有的输出结果,如订购目录、对不同文种图书目录、对某一国的图书目录、某一出版发行部门订购的图书目录等等,都来自对这些图书的每一条记录的处理,这就是编制订购机读目录。在订购机读目录中应包括的书目数据有书名(尽可能全和准确)、作者、出版国、出版社名、出版年、版次、文种等。书目数据来源于新书预订目录、新书通知、预告、图书评论以及一切提供搜集图书来源的其它记录等。

2. 订单数据

记录中包括的订单数据有订单号码、订购日期、订购册数、预订价格、预订总价格等。

3. 出版发行部门数据

这类数据主要有:出版发行部门名称、地址、代码。用来发寄订单,催询或取消订购通知等。

4. 发票数据

有关发票的记录项目有:价格、金额、经费分配情况、分配数、已用数、结余数、发票号码等。

5. 加工处理数据

在订购过程中,一种书的记录始终是动态的,如绝版、停版、损坏等变化数据。

除上述 5 种数据外,还必须根据不同的订购形式扩大或缩小数据范围。

图书采访子系统所存的数据是供采访使用的,数据更新得快,所以对记录项目的选择不宜太多,能够满足采访使用和满足输出的结果使用即可,但务求精确,以免在采访中出现虚假数据,影响验收和统计,降低系统的使用价值。

第二节　文档建立与程序设计

一、记录结构与文档建立

采访系统的文档是按不同的要求产生的,大部分文档是由采访主文档生成的。

1. 采访主文档建立

采访主文档即机读订购目录,建立采访主文档,即建立机读订购数据库,是所有需订购图书记录的集合。建立机读订购目录,首先要明确目录中需要输入哪些项目(字段),这些项目主要是从订购这一角度出发而选定的,包括上述的五种数据类型。在输入项目选定后,就要给每个项目(字段)规定字段标识符和结束符,给每条记录规定终止符。这部分工作和编目系统的机读目录格式设计相同,只是可增加有关订购使用的字段,压缩每一部分的空间及内容。在头标区可只用记录总长度和数据基地址,目次区可以压缩,控制字段可以简单些。

对西文图书订购记录格式,可按照 MARC—Ⅱ格式设计,亦可按照国际标准设计,字段标识符、字段结束符和记录终止符可取自该格式的符号。如在 MARC—Ⅱ格式中"100"为著者字段标识符,"245"为书名字段标识符等等。凡是具有计算机编目子系统的图书馆,在设计采访系统时,其记录格式一定要和编目系统中的目录记录格式一致,这样将订购目录稍作加工就可直接转换成编目结果,节省了数据输入时间,也可以使采访和编目中的数据处理协调和统一起来。

下面是订购机读目录的格式和基本字段。

格式:

头标区	目录区	控制区	数据区

也可采取一种简化格式:即只有数据区,没有头标区、目次区和控制区,在数据区的前方增加一个记录号的固定字段即可。这种简化格式适于采访数量少的系统使用。

基本字段:

字段标识	子字段代码	字段内容
020	$ A	标准书号(ISBN)
041	$ A	文种
100	$ A	作者项
245	$ A	书名项
250	$ A	版本项
260	$ A	出版项
300	$ A	稽核项
350	$ A	图书价格
	$ B	换算价格
951	$ A	统订号
	$ B	部门订单号
	$ C	中国图书进出口公司订单号
953	$ A	出版发行机构
954	$ A	订购种类
	$ C	订购册数

955	$ A	材料来源
957	$ A	订购日期
	$ B	到书日期

以上字段有的可按可变长处理,如书名等,有的可按固定长处理,如"020" ISBN 号,"951"统订号等。

任何一个订购记录。都可以根据需要规定不同形式的标识符,都可以取固定格式,可变格式、半可变格式中的任何一种,这主要根据实际需要而定。

2.订单文档建立

订单文档是将主文档中的记录项目,按照订单需要抽出相应的项目内容,再按照订单格式组成每种书的订单,然后将这些订单组成文档。这个文档是订单输出的预备文档,是对主文档的每条记录进行格式处理之后生成的。在输出订单过程中,需有格式编辑程序控制。输出的订单可以直接寄发给出版发行部门。

订单的打印格式是多种多样的,以清楚准确地表示订购内容为原则。

3、财经文档建立

财经文档是将收到图书后的发票组织起来的文档,发票中的数据供财经计算用,此文档一般和采访主文档是分离状态,可以独立运行。财经文档中的数据来自发票数据。基本过程是:收到发票后,将发票数据输入计算机,若是批处理,即将数据穿孔成卡片再进行输入,若是终端联机处理,在键盘上直接输入发票数据即可。对发票数据进行处理(计算)打印出帐单,可作为保留依据,也可在一定时期内存入磁带等载体上备查。

财经文档格式如下:

发票号	日期	图书数量	金额	经费分配情况			备注
				分配额	已用额	结余额	

计算的结果由计算机填入每一个栏目中,然后输出打印。

采访系统除以上几种主要文档以外,在系统处理过程中,还需要生成几种辅助文档,这些辅助文档的数据同样来自采访主文档。辅助文档主要供检索(订购查重)用,如从书名查重、ISBN 号查重、作者查重,也可以从某一出版发行机构查订购情况。为了满足这些要求建立的辅助文档主要有:

1)ISBN 辅助文档

2)书名辅助文档

3)作者辅助文档

4)出版发行机构辅助文档

这四种文档是对采访主文档中相应的 ISBN、书名、作者、出版发行机构四个字段进行倒排产生的,即 ISBN 号倒排档、书名倒排档、作者倒排档、出版发行机构倒排档。

在一个大型的采访系统中,为了迅速查找出某一出版社有关方面的情况,也可单独设立出版社文档,将国内和国外经常有订购业务来往的出版社、书店、公司的详细地址、名称、历年来出版书籍的情况存入计算机,建立出版社数据库,随时掌握出版动态,为采访工作提供情况。也可以对某一个文档进行细分,产生更具体的输出项目。如对订单文档细分,根据订单的使用情况,可输出预订单、待执行订单、已注销订单、邮购订单、长期订单等等。输出之前,可以设计一个字母符号来代表不同的订单类型,记录在相应的订单上,然后按字母符号输出,便可得到上述不同类型的订单。

二、更新订购文档

建立订购文档的目的,在于依照文档中的书目记录采访图书。收到各个书店和出版机构的图书的时间有先有后,每接收一批新到图书,就要对所有文档进行一次修改;每新订购一批图书,就要输入一批新的订购记录。这种修改的过程就是更新订购文档。文档的更新有两方面的意义:

第一,修改每条订购记录的内容,包括价格、记到登记以及订购时的书目数据与收到图书的书目数据不相符而进行修改。这种修改是对每一条订购记录而言的,修改的过程是在相应的字段区修改字段内容。

第二,在原有的订购记录中删除或增加记录。处理完一批新书。完成了订购记录在计算机内或磁带上存贮的任务后,可直接把订购记录转入编目系统,成为编目系统的书目数据源。编目系统不需要这些数据,这些记录本身就可以删除。同时,每有新的订购记录,又要将其记入订购文档中,这就是记录的插入。所以,订购文档及其它文档随时处在删除和更新的状态。

文档由于进行了删除,因而出现了分散的删除区。删除区虽然可以重新使用,但是新增加的记录和字段有大有小,有时可能不下,这时,可通过软件将这些分散的删除区建立联系,以便集中起来再用。

三、采访系统的程序设计

1、与编目等子系统的兼容

采访子系统与图书自动化中的其它子系统的功能有许多地方是相似的,在处理方法上也有许多地方是相同的。这主要表现在:

1)建立订购文档

建立订购文档是把订购的图书书目数据作成一条记录输入,

从而建立订购数据库。这和编目子系统的建库是相同的,和机读目录的格式也基本相同。所以建立订购文档,其程序设计及格式的处理是可以用编目子系统的程序进行的,这就是与其它子系统的兼容。一个图书馆自动化系统,尽管有许多子系统执行各自的任务,但就处理的对象——数据而言,基本是一致的。尽管内容不完全相同,但对计算机而言,处理方法也是相似的。所以在把各个子系统纳入总系统的时候,要作协调处理,删除重复的程序部分和重复的操作过程,使之最大限度地发挥计算机一次处理、多种输出、多种产品、多种功能的优越性。这一部分的设计可以按照编目子系统进行。

2)订购查重

订购查重,是对是否订重的一种查验过程。查重可以从作者、书名、ISBN、出版社等入手查,也可以用作者、书名、ISBN 号的逻辑积进行查重。这项工作其实质就是检索,是对存入计算机中的订购书目进行检索,所以这部分的程序可以用计算机文献检索程序来进行,以建立订购文档的作者、书名等倒排档。这又是一个兼容问题。为了能够使用检索程序,采访系统的记录格式和文档组织应和文献文档(库)及记录格式相符合。要满足这些要求,就必须在建立系统时,作认真的系统分析,使各子系统在总系统中得到平衡,而不至于出现大量的不必要的重复。

3)输出打印格式

采访系统的打印格式在各子系统中是最多的,有订单、发票、催询单及各种统计报表。在打印格式设计中,应和其它子系统的格式处理统一考虑。

除上述几种兼容外,在联机系统中还应做好与编目子系统的接口工作。

2、设计思想

完成采访系统的基本功能,主要程序有以下几部分:

1）采访文档的建库程序

这道程序的目的是将订购记录存入计算机，一般应成为一个独立的文档，数据供任何一道程序调用。框图及设计同编目系统的建库程序相似。

2）倒排档建立程序

这道程序供查重用，倒排档的个数视需要而定，一般有书名倒排档、作者倒排档、ISBN 倒排档等。

设计思想：从订购文档的每个记录中抽出书名、作者和 ISBN 号，分别排序成为倒排文档。倒排档在计算机里一般作为暂存文档，在查重时生成。框图如图 10—2。

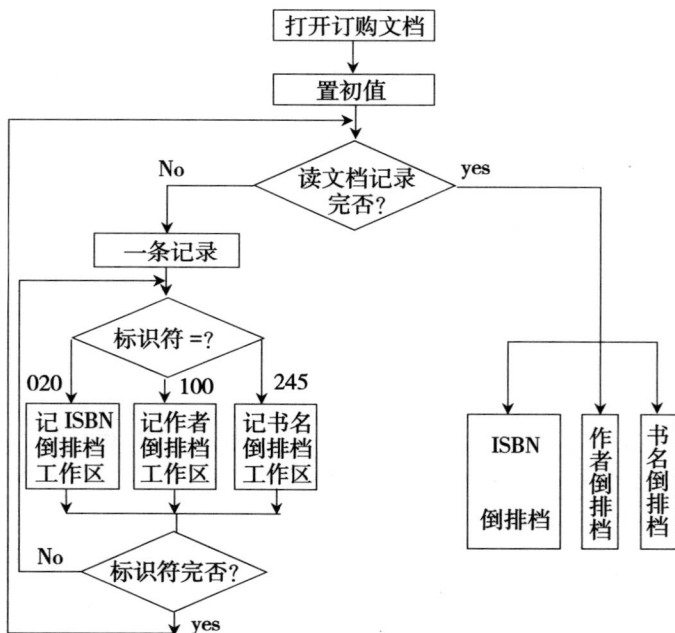

图 10—2

①、读订购文档中的一个记录,取记录头标区基地址送到工作区 Y 中;

②、从读入记录的目次区中取出字段地址目录,根据字段标识符、字段起始地址和数据基地址取 020、100、245 标识的字段值和记录号分别送至 ISBN、作者、书名到排档工作区;

③、一个记录读完,再读第二个记录,直到所有记录读完为止;

④、对 ISBN、作者、书名倒排档分别排序;

⑤、生成 ISBN、作者、书名倒排档;

著者倒排档输出例:

BROWN S·C	00003
CHERRINGTON B·E	00102
DAVIDSON D·A	00095
HODGSON M·T	00085
JAIN M·K	00014
JCNES A·J	00115
MITCHELL A·R	00019
MURRAY J	00029
⋮	⋮

3)统计分析文档建立程序

这道程序的功能是把采访系统中需要统计的数据从各个记录里抽出来组织文档,目的是为打印统计报表作准备。

统计报表的设计按图书馆的要求进行,项目的多少视需要而定。

下面是一个简单的统计表:

订购时间	中　　文						外　　文					
	自　科			社　科			自　科			社　科		
	种	册	价	种	册	价	种	册	价	种	册	价
	⋮	⋮	⋮							⋮	⋮	⋮
合　　计												

设计思想：

统计分两方面进行，一是对采访文档进行统计，这种统计所得到的数据，是预想数据，即希望订购的数据，还没有用收到图书的数据检验。它可以告知每次预订书的种类、册数、估计经费等。二是收到图书后的数据统计，这种统计是准确的统计。两种统计的方法是一样的。

首先读采访文档记录，取出每条记录中的价格、册、种类等项目，送至一工作区处理，形成统计分析文档。框图如图 10－3（见下页）。

处理步骤：

①、打开订购文档；

②、读订购文档中的记录；

③、取每条记录中的 350（价格），954（种类、册数），957（订购日期）分别放入相应的工作区；

④、分别累加价格、种类（社科、自科）；

⑤、将累加结果按表格式处理、装配，等待输出打印。

统计的项目种类多，抽出的字段也就多。为了使统计的数据对采访工作起到一定的作用，在建立订购文档时，每一条订购记录的著录项目应考虑得全面些，丰富些，以保证有足够的订购数据进行统计分析。统计分析文档是在订购文档的基础上进行的，是对订购文档的统计和分析。所以订购记录中数据项目的确定，在功能较强或功能较简单的系统中，对统计数据都应考虑到，以便充分

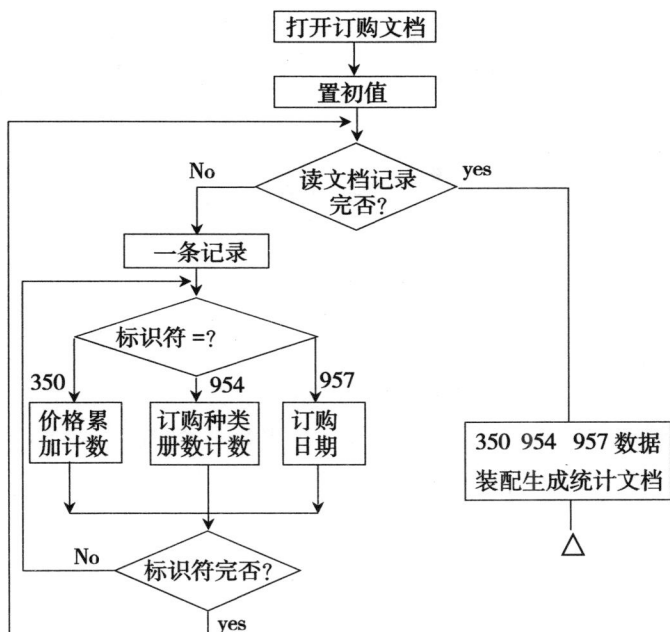

图 10—3

发挥统计分析的作用。

该程序用来对各种报表进行打印,设计时要考虑打印机的功能。

4)打印程序

统计、发票、财经以及其它需要计算的数据,在确定处理方案时,一定要按现行的图书馆的会计制度和技术要求进行,否则不可能实用。所以采访系统的设计必须建立在对馆藏、经费、任务、财经制度、出版动态,以及其它子系统功能的充分调查的基础上,尽量使数据和程序共享。

第三节 用机读目录建立采访系统

随着机读文献库的发展,除图书馆和情报部门建立了自己的机读目录以外,许多出版发行部门也建立了自己的机读目录,称为"在版机读目录",用以报导和推销即将出版的图书。这种"在版机读目录"的建立,给采访图书以极大的方便,图书馆直接利用它订购图书,不仅速度快,而且信息较准确。购买和使用这种"机读目录"比建立自己的"机读目录"费用低,手续简单,所以许多国家都广泛利用它作为图书馆订购系统的书目源。作为图书馆自动化的一部分,就订购而言,使用机读目录也是一个重要的手段。

在美国,生产这种"在版机读目录"的部门是国会图书馆。由于国会图书馆享有在版编目优先权,所以各出版社将出版的新书校样首先送到该馆,进行编目,建立 MARC 记录磁带。这种"在版机读目录"磁带三个月即可公开发行,各个图书馆便可以利用磁带中的记录作为订购的依据。

在英国,由英国图书馆服务部和40多个出版商合作编制"在版文献库"。英国的布莱克威尔(Blackwell)书目服务有限公司按机读目录格式报导4—12周内即将出版的新书预告,发行 COM 磁带,每两周发行一次。

利用"在版机读目录"磁带作为采访子系统,主要是作为图书查重和图书选购的依据,一般经过以下五个基本步骤。

1、收到磁带后,将其转换成本单位使用的磁带格式,使系统能够处理这些记录,并和本单位原有订购数据合并;

2、把新到的机读目录记录加入机读目录数据累积文档;

3、把新到机读目录记录打印成目录卡片形式,送给图书馆各部门及选书人员;

4、查累积文档,找出本馆需要购买的图书记录;

5、把该记录并入本馆的订购文档,成为采访子系统的一部分,供采访时使用。该书购入后,其著录即可转入馆藏机读目录中,可以不再编目。

利用"在版机读目录"建立采访子系统也有缺点。由于许多出版物是非正式出版物,属于非卖品,有些新书由于某些原因并未收入"在版读机目录"中,加上旧书以及机读目录未包括的其它语种的书,都不能利用"在版机读目录"进行采访。所以,只依靠"在版机读目录"进行采访会出现图书不全面和遗漏现象。为了避免上述缺点,一般还需要建立自己的采访子系统,与"在版机读目录"结合使用。

下面是利用 MARC 磁带建立订购系统的处理流程:

图书馆利用 MARC 磁带作为订购子系统时,订购处理结束后,原有的订购记录可以继续用于编目,用它直接输出卡片,就成为目录卡片。所以采、编同时进行是当前图书馆自动化系统设计的一个趋势,应很好地进行规划。

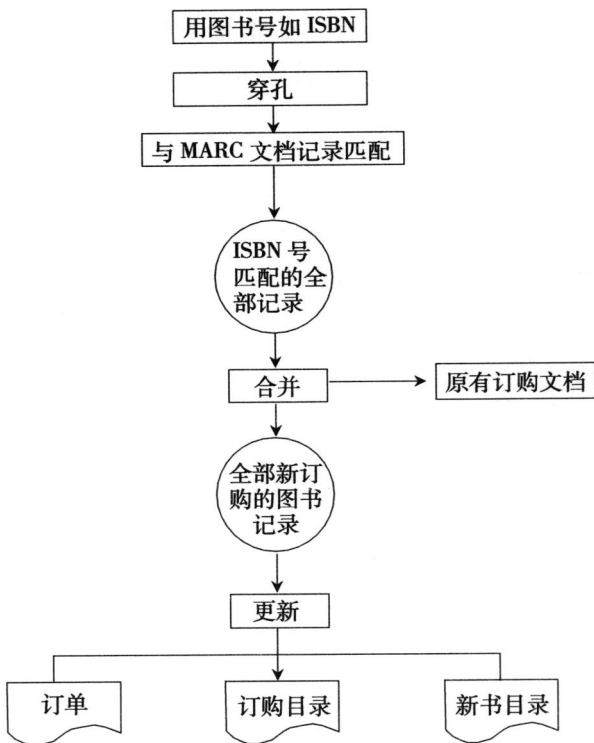

```
                    ┌─────────────────┐
                    │ 用图书号如 ISBN  │
                    └─────────────────┘
                             │
                    ┌─────────────────┐
                    │      穿孔       │
                    └─────────────────┘
                             │
                    ┌──────────────────────┐
                    │ 与 MARC 文档记录匹配 │
                    └──────────────────────┘
                             │
                             ▼
                          ╱────────╲
                         │ ISBN 号  │
                         │ 匹配的全 │
                         │  部记录  │
                          ╲────────╱
                             │
                             ▼
                    ┌──────────┐        ┌──────────────┐
                    │   合并   │───────▶│ 原有订购文档 │
                    └──────────┘        └──────────────┘
                             │
                             ▼
                          ╱────────╲
                         │ 全部新订 │
                         │ 购的图书 │
                         │   记录   │
                          ╲────────╱
                             │
                             ▼
                    ┌──────────┐
                    │   更新   │
                    └──────────┘
                             │
          ┌──────────────────┼──────────────────┐
          ▼                  ▼                  ▼
     ┌─────────┐        ┌─────────┐        ┌─────────┐
     │  订单   │        │ 订购目录 │        │ 新书目录 │
     └─────────┘        └─────────┘        └─────────┘
```

图 10—4

第十一章　情报检索系统

第一节　概述

　　传统的图书馆工作的许多内容,实质上是情报工作的一部分。读者从书名查找图书,从出版时间、地点查找某一文献,从某一研究课题出发,提出所找资料的内容范围,或一张图表,一个数据等等。为了满足这些需要,就必须利用各种目录、索引、文摘及其它检索工具,不仅费力、费时,而且不一定能查得全和查得准。因而,在图书馆自动化设计中,建立计算机情报检索系统,不仅是科学技术的发展对图书馆提出的要求,也是图书馆发展的必然趋势。计算机情报检索在某种意义上说,是图书馆工作中最活跃的一部分,许多国家的图书馆常常是情报检索中心,原因就在于此。

　　计算机情报检索系统的含义可以这样归纳:使情报用户能根据某种目的,在一定的时间内,利用计算机从整理好的存贮情报中得到必要的和充分的情报。

　　这里所说的整理好的情报包括两个方面:一是对原情报经过分析、加工,以整理好的形式存贮在电子计算机里的情报,即二次情报;二是以原情报原来的形式(缩微胶卷,视频文档等)整理存贮的情报,即一次情报。这里所说的时间,是以秒或分计算的。从上述内容中可以看出,建立计算机情报检索系统的主要内容是情报的存贮和检索。要设计一个较好的情报检索系统,关键问题是对以下问题的处理：

1. 文档建立；

2. 提问的方式；

3. 文档查找方法。

一、情报检索系统的类型及特征

情报检索系统由于设计目的不同，使用范围和存贮内容不同，其划分类型的标准也不同。但任何检索系统必须有存贮内容、系统功能、服务方式等几个主要方面，因而大多从上述三个方面进行分类。

1. 从存贮情报的内容看情报检索类型：

一般的系统，存贮情报包含两个方面，即：存贮情报内容的种类和存贮情报内容的时间。

1）从存贮情报的种类看，可分为三种类型：①数据检索；②事项检索；③文献检索。

①数据检索系统：（Data Retrieval System）。

在这类检索系统中，存贮的情报是数据，故称为数据文档检索。这种系统的文档记录中，直接包含着数据记录。

例如：a，中国的人口是多少？

b，长江的长度是多少？

c，中国县以上图书馆有多少？

针对这些问题，数据检索系统能输出与提问项目一致的记录项目，这些项目里，包含着提问者需要的数据。如在人口记录项目中，记录着许多国家的人口数字，其中有中国人口的数据，在河流长度记录项目中，记录着长江的长度，等等。这些数据，有的是作为一个数据组存入的，有的是列成表格存入，它们包含在某个完整的记录项目中，查找时，只要找出与提问一致的项目即可。

数据检索系统可以得到直观的数据，因而适合统计部门、计划

234

部门、工程设计和情报部门使用。

②事项检索系统：(Fact Retrieval System)

事项检索也叫事实检索或事件检索。这类系统存贮的情报也是数据，但在对被检索出的数据进行何种处理后输出这一点上，与数据检索有所不同。

例如：文档上存贮的情报如果是：

　　a、气温下降到摄氏零下 1 度会结冰。

　　b、12 月 10 日是零下 1 度。

那么，一旦输入"12 月 10 日结冰吗?"这个提问时，就输出"是的"这个回答。

文档上存贮的情报如果是：

喜马拉雅山高 8418 米。

富士山高 3776 米……。

包括世界所有的山名和高度，则输入"世界上哪座山最高"这个提问时，就输出"喜马拉雅山"这样的回答。

事项检索比数据检索多了一个逻辑比较功能。

③文献检索系统：(Document Retrieval System)

这种检索系统的目的是输出文献出处，在该文献上登载着所需要的情报。例如，一旦输入"关于喜马拉雅山的文献"这种问题，就输出记载有关喜马拉雅山的文献名称、出处、作者等。如果还需要深入一步查找"喜马拉雅地区植被情况"的文献，通过多元组配检索，便可得到。

2）从存贮情报内容的时间看，可以分为两种类型：①速报性检索系统；②回溯性检索系统。

①速报性检索系统：(Current Awareness System)

这是以新的情报替换旧的情报，并能提供当时最新情报的检索系统。如，关于最新产品情报的报导，市场价格的浮动情报等。这种检索系统，主要着眼于快，过了某一时间的情报便失去意义。

所以建立这种检索系统,可以随时提供某一方面的情况,有利于有关部门作出决策和制定计划。

②回溯性检索系统:(Retrospective Search System)

这种检索系统对现在的情报和过去的情报都存贮,回溯时间根据情报价值而定,可以是五年十年,或者更长的时间。

这种检索系统需要设立较庞大的数据库(文献库),完善的外存贮设备。数据库建立的时间越久,存贮的文献越有利于回溯检索。

2.从检索系统的功能看,可分为两种类型:1)脱机情报检索系统;2)联机情报检索系统。

1)脱机检索系统:(Off-Line Retrieval System)

脱机情报检索系统是进行分批处理的情报检索系统。这种系统适用于接受大量提问进行一次处理。对提问不立即回答,而是成批处理后再作回答,中间相隔的时间可以长一些,如几小时或几天甚至更长时间。

2)联机检索系统:(On-Line Retrieval System)

这种检索系统是把终端和情报检索中心用线路直接连接起来,而由终端装置输入提问,距离可以近到几米,也可以远到几百公里以外。这种检索系统的特点是,由终端输入提问后,情报检索中心可以立即回答,时间以秒或分计算,并可随时修改提问,进行人机对话,直到检索出满意的情报为止。

3.从情报检索系统的服务方式看,可分为两种类型:1)定题情报服务;2)问答服务。

1)定题情报服务:(Selective Dissemination of Information Service)

这种系统是预先把提问者(用户)的提问登记入档,每当新的情报进入系统时,定期把符合提问的情报从中心分发给每个用户。例如:登记入档的固定用户有 100 个专题,每隔三天或一周公布一次情报,将每个专题所获得的情报提供给他们。

2)问答服务:(Question and Ansewering Service)

这是由用户输入提问,立即进行检索并输出检索结果的一种服务。提问单一经检索结束,即失去作用,所以,每次提问都需要重新编写提问单。

目前,各种检索系统的建立不断朝着大型、多功能、网络化方向发展,希望满足各种各样的要求。这样一来,设计上就显得复杂,经济上也较昂贵。图书馆中设计情报检索系统主要是设计文献检索系统。

二、情报检索系统的处理与文档构成

情报检索系统的处理因类型而异,这里主要介绍情报检索系统处理的基本过程。

1、情报的收集

由于情报发生的地理范围不同,以及情报价值及情报载体的不同,情报的收集有许多方法,现在大部分是用邮寄书刊资料的方法收集的,这是传统的情报收集方法。其次,是使用通讯线路的联机情报收集方法,用在数据领域和文献领域的情报收集中。由于高性能的传输装置和显示装置的出现,这种通讯线路的联机情报收集方法迅速发展,已成为情报检索系统中情报收集的主要方法之一。

2、情报的评价选择

这项工作是从收集到的情报中,选择在系统中有存贮价值的那些情报,如专利、学位论文等等。对于所选定的文献,要采用多种标识给予标引,如分类、主题词等等。目前,这项工作还由情报分析人员手工进行。

3、情报整理加工

这项工作是整理加工经过评价选择后的情报,使之成为易于

存贮和检索的形式。整理加工可以分为两类：

1）二次情报的整理加工

收集到评价后的情报,如果对内容不作任何加工,计算机本身是无法进行检索的,所以就要进行二次情报的整理加工。加工的内容有:压缩情报即编写文摘、按主题编写索引等。

2）一次情报的整理加工

在不满足二次情报的情况下,为了直接存贮和检索原情报所做的工作,就是一次情报的加工。

一次情报的加工,大部分是改变载体的工作,即把原情报转录到纸带、缩微胶卷、磁带等载体上,使用最广泛的是缩微胶卷。

4、情报的存贮

情报的存贮工作就是把加工后的情报,按照某种规则集积在存贮载体上。这种规则就是构成文档的方法。由于检索速度、存贮情报量、更新速度等等原因,构成文档的方法也有所不同。

5、检索

检索是根据自然语言或代码所表达的提问单,从存贮情报中很快地取出符合提问单的情报。文档构成不同,检索方法也不同。一次情报的检索,通常是在检索二次情报以后,再把用户所需要的一次情报检索出来。由于是以记录在二次情报上的一次情报的所在地址为线索,所以,一次情报的检索要比二次情报的检索容易一些。

6、复制,分发

复制就是对那些需要一次情报的用户,提供存贮一次情报的复本。分发就是把从中心输出的情报,通过邮寄或通讯线路送给用户。

第二节　情报存贮

一、文献标引与输入

文献标引是在文献输入计算机前完成的工作,目前这种工作仍由手工借助主题词表、分类表或其它检索语言工具来实现。

1. 主题词表及其作用

主题词表是一部将文献标引和检索使用的自然语言词汇描述成检索语言词汇,并具有词间语义关系的规范化词典。词的规范化主要指对同义词、多义词的统一标准。词间语义关系指主题词的上位概念与下位概念的联系以及词间的互相参照关系。

主题词表由主题词和非主题词组成。主题词是在同义词中优选出来作为标引和检索使用的标准词。非主题词是在标引和检索中被标准主题词取代的词。主题词表的基本结构单位称为款目,每个款目一般由几个具有一定语义关系的主题词组成。下面是一个例子:

> 电子计算机
> 代:科学计算机
> 属:数据处理设备
> 分:模拟计算机
> 　　数字计算机
> 参:机器检索

其中:

限定词:限定该词的概念范围

> 例:疲劳(物理)＼
> 　　　　　　　　 限定词
> 　　疲劳(生理)／

代、用项:表示主题词和非主题词之间的关系,即等同关系。

　例:电子计算机

代:

　科学计算机

反之,

科学计算机

用:电子计算机

属、分项:表示主题词之间上位概念和下位概念的关系,即属分关系。

　例:电子计算机

　属:数据处理设备

反之,

　数据处理设备

　分:电子计算机

参项:表示主题词相关概念之间的关系。

　例:电子计算机

　参:机器检索

一部主题词表一般包括字顺表、范畴表,根据需要还可增设主题词概念等级表,语言对译表等。

字顺表是主题词表的主表,是把所有主题词和非主题词按字顺排列的表;范畴表是将全部主题词按学科专业范畴分类排列的表。各种表的设计,都是为了查找使用时方便。

主题词表的主要作用是:1)保证不同人员描写文献用词的一致性;2)保证描写提问的语言(读者语言)与描述文献资料语言的一致性;3)保证读者按照不同需要检索情报时能取得的最大的查全率和查准率。

在把主题词存贮在计算机以后,输入检索提问,计算机可以对用词实行自动转换,将非主题词转换成主题词;同时,根据主题词的上位概念、下位概念关系,可以扩大或缩小检索范围。

主题词表使用实例:

人工标引	用词的自动转换	自动扩、缩检
主题词表选词: 　　在主题词表中找出主题词"电子计算机",输入提问采用的词"电子计算机",输出"电子计算机"的文献。	提问题: 　　用"科学计算机",自动转换成"电子计算机",输入提问采用的词"科学计算机",输出"电子计算机"的文献。	提问: 　　非主题词"科学计算机"自动转换上位概念词"数据处理设备"。 　　下位概念词"模拟计算机"、"数字计算机",相关词"机器检索"。 　　输入:"科学计算机"。 　　输出:(电子计算机 + 数据处理设备 + 数字计算机 + 模拟计算机 + 机器检索)文献。

2. 记录项目的配置与记录形式

文献记录项目的配置即输入项目的确定,视输入项目的种类和输出产品及检索要求而定。为了满足读者利用文献情报的要求,输入机器的资料项目一般包括以下三个方面:

1)书目著录事项

此事项包括资料种类、资料号码、资料发行国、发行年代、论文类型以及参考文献的数量等。

2)主题著录事项

包括主题词,主题词一般在 10 个左右;还包括分类号,可以给若干个不同的分类号。

3)其它

输入机器时的年月日等。

除输入上述项目以外,还可以输入文摘等。为便于输入,有些项目例如论文语种、国名、地点等,可以用符号表示,对信息进行压缩。

如English 　　　　用 ENG

　Japanese 　　　　用 JAP

资料的记录形式视其结构和载体不同而各异。在明确了所要著录的资料项目以后,要按照一定的记录格式组织每条记录,我国已公布了"中华人民共和国国家标准,文献目录信息交换用磁带格式,GB2901—82",各图书馆的情报检索系统的资料组织应符合国家标准,其著录方法与记录格式的选择和机读目录相似。

二、文档构成

情报检索系统是以文档为中心的系统,它与科学计算系统有不同地方。大多数科学计算系统处理数据时所使用的文档仅起暂存作用,而在情报检索系统中,主要的目的是把数据(文献)半永久地存贮起来,由此实行检索。

在一般情况下,情报大致有两种类型,即以数值为主体的情报和以语言文字为主体的情报,前者称为数值情报,后者称为非数值情报。从文档构成上来看,数值情报通常可以直接作为检索对象。非数值情报由于数量很大,一般不能直接作为检索对象,而是通过各种标引词与文献的关系来检索。因而对于不同类型的情报,在建立文档时,采用方法也有所不同。

收集到的情报,在多数情况下,都有其原来的体系。例如:一个班级的学生,可以以籍贯设体系,也可以以性别设体系;一类文献,可以以作者设体系,也可以以主题词设体系等等。所有这些情报的原有体系以及各种体系之间的相互关系,都可以用数据结构中的某一种形式表示出来。

1. 数据结构

一般的文档构成,采用以下三种数据结构形式:

1)顺序结构

242

顺序结构中的各个元素按一定的顺序排列,每个元素只有一个后行元素,这种结构又有三种形式:

①单向型

②双向型

③环型

它们的结构如图 11—1 所示:

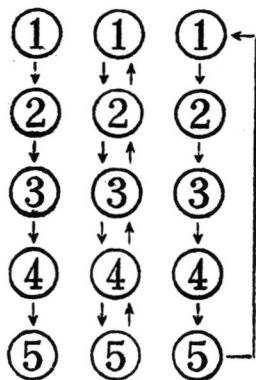

图 11—1

一般的序列资料档就是这种结构形式。

以这种结构形式组织的资料档,通常以某一字段值的顺序按物理记录位置排成行,如按资料流水号组织的文档,查找其中的某一资料记录,必须经过前面所有的记录,因而,每条资料记录和每条资料记录之间的关系是 1 对 1 的关系。

2)树型结构

树型结构的各元素,有唯一的一个先行元素,但后行元素不限于一个,如图 11 –2 所示。

在树型结构中,先行元素与后行元素之间一般以主从关系较多。记录和记录之间的正关系是 1 对 n,逆关系是 1 对 1。例如图书订购单记录和图书发行记录就属于这种关系。

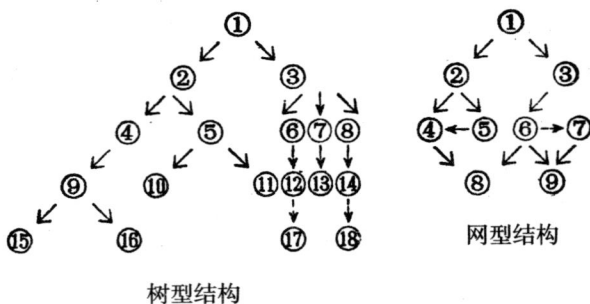

树型结构　　　　　　　　　　　网型结构

图 11—2

订购单记录

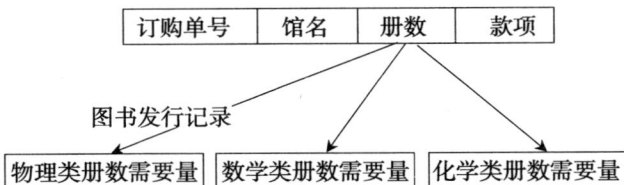

3）网型结构

网型结构中的各元素，可有多个先行元素和多个后行元素。网型结构是比较复杂的结构，例如：由若干部件作成一种新部件，再由新部件作成若干种机械部件，这种部件数据的体系就是网型结构。网型结构可以表示记录与记录之间的几乎所有关系（见图11—2）。

2. 文档构成

上述的数据间的关系，在文档上实现它的方法称为文档构成。文档有以下几种：

1）顺序文档

244

这种构成法必须把数据按序连续存贮,数据的逻辑记录顺序和文档的物理记录顺序是一致的。检索是按序逐次进行的,所以检索时间比较长。追加和删除数据时,如果数据的逻辑顺序发生改变,文档上的物理顺序也必须随之而全部重写。利用磁带作为载体的存贮情报,一般都是这种顺序文档结构。下表是顺序文档的一个例子。

	流水号	书　名	作　者	主题词	语　种
A	001	A 书名	A 作者	A 主题词	汉
A＋C	002	B 书名	B 作者	B 主题词	俄
A＋2C	003	C 书名	C 作者	C 主题词	英
	⋮				
A＋nC	010	Q 书名	Q 作者	Q 主题词	日

A:开始地址

C:数据长度

从上表可以看出,当查找 003 号文献时,它的地址是在 001 号的长度加上 002 号的长度之后,即 A＋2C 的地方,以此类推。

2)索引顺序文档

索引顺序文档构成法同顺序文档构成法基本一样。数据的逻辑顺序与文档的物理顺序是一致的,所不同的只是通过索引来指定若干数据的位置。

这种索引的作法是:从已编制成顺序的数据中,按一定的间隔抽出某些数据,使这些数据的顺序号与其存放的地址相对应,作成索引表。当查找某一数据时,通过索引表就可以判定这个数据的存放地址,从而查到它。

下面是这种文档的一个例子:

| 001 | A | 007 | $A + n_1 C$ | 009 | $A + n_3 C$ | ············· |

<table>

	编号	篇名	作者	主题词	语种
索引 A	001	A 篇名	A 作者	A 主题词	汉
$A + C$	002	B 篇名	B 作者	B 主题词	俄
	003	C 篇名	C 作者	C 主题词	英
	⋮	⋮	⋮	⋮	⋮
$A + n_1 C$	007	K 篇名	K 作者	K 主题词	汉
	008	Q 篇名	Q 作者	Q 主题词	汉
$A + n_3 C$	009	T 篇名	T 作者	T 主题词	日
	⋮	⋮	⋮	⋮	⋮

根据上面的例子,来看一下从索引顺序文档上查找出数据的流程。

在检索 008 号文献时,首先检查索引,从索引 007 < 008 < 009 而知 008 文献位于($A + n_1 C$)地址与($A + n_3 C$)地址之间,从而由地址($A + n_1 C$)开始按序检索,就能得到 008 文献。这种构成法不需要从开头按序检索,所以能缩短检索时间,文档的修改也较容易。

3)倒排文档

在实际检索中,用户大都从文献的主题内容方面进行检索,如书名、作者、主题、分类等。为此,应建立以这些文献内容的属性为基础的文档,这就是倒排档,也叫档排文件。

倒排文档是由具有某种属性的按字顺排列的字段值及具有这个字段值的所有的键所组成。检索时能很快确定查找范围,如同文献的某种属性的一个索引,如主题词索引、分类号索引等。主要的情报信息仍然在主文档记录中。

倒排文档是一个由文献号和检索词构成的行列矩阵,知道检

索词就能很快通过矩阵确定文献,尤其方便布尔算子的组配检索。形式如下:

倒排档、顺排档组成形式如下。

顺排文档		倒排文档	
		a	001 002 003
001	a、b、c	b	001
002	c、a、d、e	c	001 002 004
003	p、h、a、f	d	002 005
004	c、f	e	002 005
005	d、e、f、g	f	003 004 005
⋮		g	005
		h	003
		p	003

其中,001 等为文献号码,abcd 等为检索词,这是 5 篇文献和 9 个检索词之间的倒排关系。主文档如下:

001	情报记录内容(a、b、c)
002	情报记录内容(c、a、d、e)
003	情报记录内容(p、h、a、f)
004	情报记录内容(c、f)
005	情报记录内容(d、e、f、g)
⋮	

查找过程是:

①将主文档中主题词(或分类号等)抽出,形成文献号和主题词的顺排档;

②将顺排档形成以检索词为键的倒排档;

③输入提问检索词;

④提问检索词与倒排文档中检索词比较;

⑤找出命中的检索词；

⑥用命中检索词的文献号；

⑦从主文档中输出该文献号的情报记录内容；

⑧结束。

对倒排文档进行检索，节省了按序读主文档的时间，查找比较方便。

4）随机文档

在随机文档的构成法中，键和文档上的数据是直接连结起来的（键指把数据编成顺序的项目）。这种方法不需像顺序文档和索引顺序文档那样进行处理，可用一个存放地址的公式变换得到。

①除算法

是把可能存放的地址数目除键的值，将余数加上起始地址作为存放地址。设键的值为 K，可能存放的地址为 N，起始地址为 A，存放地址为 M，则变换公式为

$M = A + MOD(K, N)$，（MOD 是用 N 除 K 所得的余数）。

下面是利用这个变换公式的例子：

设 $A = 1000, N = 62$

键的值（K）	存放地址（M）
2052	1006
3123	1023
3534	1000
4214	1060

读者可按公式自己计算出 M 的值。

②基数变换法

这是变换键的基数从而导出存放地址的方法。如果键的值为：

$a_0 \times 10^n + a_1 \times 10^{n-1} + \cdots a_{n-1} \times 10 + a_n$，那末，把各项中的 10

变换为 10 以外的数 C,便以

$a_0 \times C^n + a_1 \times C^{n-1} + \cdots + a_{n-1} \times C + a_n$ 作为存放地址。

数据 C 很大时,则削除一部分后取作存放地址。下面是基数变换法的例子:

C = 11, n = 5 取后面 4 位

基数变换法一例

键的值	变换值	存放地址
102025	163740	3740
103123	165190	5190
103534	165686	5686

③拆加法

把键的值分做二个以上的部分,再把它们相加,从而导出存放地址。这种变换的例子如下:

拆加法一例

键的值	变换值	存放地址
28854321	2885 + 4321 = 7206	7206
29624556	2962 + 4556 = 7518	7518
34215228	3421 + 5228 = 8649	8649

各按 4 位拆开并相加,取后面 4 位。

以上说明了随机文档变换公式的处理方法,至于具体方法的选择,可按照数据的特点决定。

顺序文档、索引顺序文档和随机文档是目前常用的文档形式。除此以外,为了便于非数值情报的检索,还有把几种数据结构综合使用而编制的多目文档、导目文档、控制目长文档以及单元分割文档等。

文档的好坏,主要看它是否能够满足系统功能条件。此外,检

索时间也是一个重要因素。

文档的各种结构以及所采用的各种算法,其目的都是为了将已存入的情报科学的组织起来,以便迅速查找。

第三节 检索

检索是在分析了提问单之后,从存贮的数据(资料档)中,查出目的情报,并进行编辑和输出的过程。

检索一般由四种处理组成:

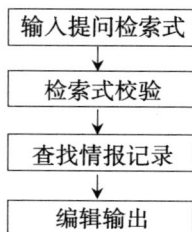

一、提问分析与检索式编制

二、检索式校验

三、查找满足提问要求的情报

四、编辑输出

即:

```
┌─────────────┐
│ 输入提问检索式 │
└─────────────┘
       ↓
┌─────────────┐
│  检索式校验   │
└─────────────┘
       ↓
┌─────────────┐
│  查找情报记录  │
└─────────────┘
       ↓
┌─────────────┐
│   编辑输出    │
└─────────────┘
```

一、提问分析与检索式编制

提问分析与编制检索式,一般由检索服务人员进行,也可自己编制。这种工作叫做检索的前处理。提问检索式用自然语言表达,对提问者来说是最理想和最容易的,但是,利用电子计算机分析自然语言并识别检索式中主题内容是困难的,所以,目前大部分情报检索系统必须依靠主题词表来实现。不过,仅仅罗列主题词并不能表达提问意图,所以必须用布尔逻辑算子将各检索词连接起来。检索词是表示文献某一属性的词汇表中的元素,可以是著者、分类号、标题或文献中的词、杂志名称、出版日期等,也可以是主题词表中的主题词。检索词之间用定义符(逻辑算子)分开。检索词是描述文献的"语言",要进行检索,也必须用描述文献的"语言"来描述用户需求,只有这样才能进行匹配。也就是说,文献的描述语言同用户提问语言,存贮用语与检索用语必须是一致的,否则检索式就不可能检索到相应的文献。

用布尔算子连接检索词进行的检索,一般叫定性检索。在定性检索中,除三种逻辑符号(* 、+ 、-)外,还使用以下运算符:

GT(Greater than 大于)

LT(Less than 小于)

EQ(Equal 等于)

LE(Less thanor Equal 小于或等于)

NE(Not Equal 不等于)

BT (Between 介于)

逻辑运算名　　称	逻　辑运算符	逻辑式举例	说明图
逻辑和(OR)	+ , ∪	A + B(包含 A 或 B 的数据)	
逻辑乘(AND)	* , ∩	A * B(A 和 B 双方都满足)	
逻辑差(NOT)	- , ~	A * (- B)(从 A 中去掉属于 B 的部分)	

其中一些运算符主要用于指定期限。如 GT1980 是指 1980 年以后的文献,1970BT1980 是指从 1970 年到 1980 年之间的文献。

例:提问者要求检索:汽车或拖拉机的发动机。对该提问分析后,得汽车、拖拉机、发动机三个检索词。根据检索意图,将检索词用逻辑算子连接,即为:

发动机 ＊（汽车 ＋ 拖拉机）

分别用 A、B、C 代之

即为:A ＊（B ＋ C）

编写检索逻辑式应注意编写的技巧,一般应做到:

1. 对用"＊"号连接的检索词,应把出现频率不高的放在"＊"号的左端,这样,可使否定的回答尽快地出现。

2. 对用"＋"号连接的检索词,应把出现频率高的放在"＋"号的左端,这样可使选中的回答尽快地出现。

3. 当"＋"与"＊"运算混合出现在一个提问式中间的时候,连续几个"＋"号出现少的应放在"＊"号的左边,连续几个"＊"号出现少的应放在"＋"号的左边。

二、检索式校验

编写好的提问检索式输入到计算机后,由机器进行校验,检查该提问式是否符合编写的规定要求,从而决定能否进行下一步对情报资料的查找。

下面是逻辑式的语法检查表:

前方＼后续符号	检索词	＊	＋	（	）	－
检索词	×	○	○	×	○	×
＊	○	×	×	○	×	○
＋	○	×	×	○	×	○
（	○	×	×	○	×	○
）	×	○	○	×	○	×
－	○	×	×	○	×	○

图中用×表示不允许的语法配对,用○表示合法的语法配对,如,检索词后紧跟着另一个检索词或在闭括号后面紧跟着一个检索词,这些都是不允许的检索配对,因此在第一列的这一处都用"×"表示。另外,不允许逻辑式的第一个符号为﹡、+、);最后的结束符前也不允许﹡、+、(、)以及括号不配对的现象出现。

三、查找处理

查找处理是将含有检索词的情报从资料档中迅速检出的处理资料档结构不同,查找方式也不同,一般有下面几种方式:

1、顺序搜索法

按照情报存贮的顺序逐一比较每一文献记录的方法。采取这种方法的资料档,一般为顺序资料档。例如:逻辑检索式为 C﹡(A+B),即查找包含主题词 A 与 C 或 B 与 C 的情报。检索时,首先将文献记录 1 中的主题词进行比较,如果文献记录 1 满足检索式要求,便输出情报。接着,文献记录 2 调入内存贮器,将检索式中的主题词与文献记录 2 中的主题词进行同样的比较。这样继续下去,直到所有文献记录比较完毕为止。这些比较,都是在检索式的语法规则控制下进行的。

比较过程有两种:

完全比较:检索式中主题词与资料档中的主题词完全一致。如,检索式中的"情报检索"和资料档中的"情报检索"作完全比较,看两者是否一致。

部分比较:检索式中的主题词与资料档中的主题词作一部分比较。按照一致部位的不同可分为四种:

1)前方比较:检索式中的主题词与资料档中的主题词前方一致。

如:情报检索与情报检索系统

2)后方比较:检索式中的主题词与资料档中的主题词后方

一致。

　　如:情报检索与联机情报检索

　　3)中间比较:检索式中的主题词与资料档中的主题词中间一致。

　　如:情报检索与联机情报检索系统

　　4)随意比较:检索式中的主题词与资料档中的主题词任何一部分一致。

　　如:情报检索与情报检索系统

　　　　　　　　联机情报检索

　　　　　　　　联机情报检索系统

　　如果每一文献记录只有一个主题词,所存贮的文献记录数为N 的话,则比较数为 N 次。图 11—3 为顺序搜索法流程图。

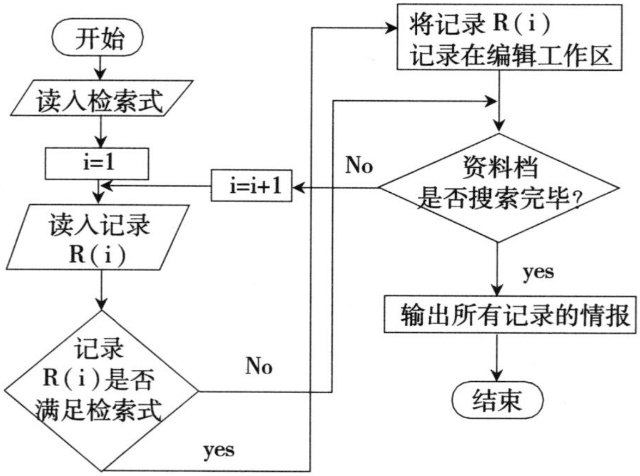

图 11—3　顺序搜索法框图

　　顺序搜索的特点是,存贮处理简单,搜索程序也简单。缺点是,必须对所有的记录进行比较,时间较长。

2. 直接搜索法 (图 11—4)

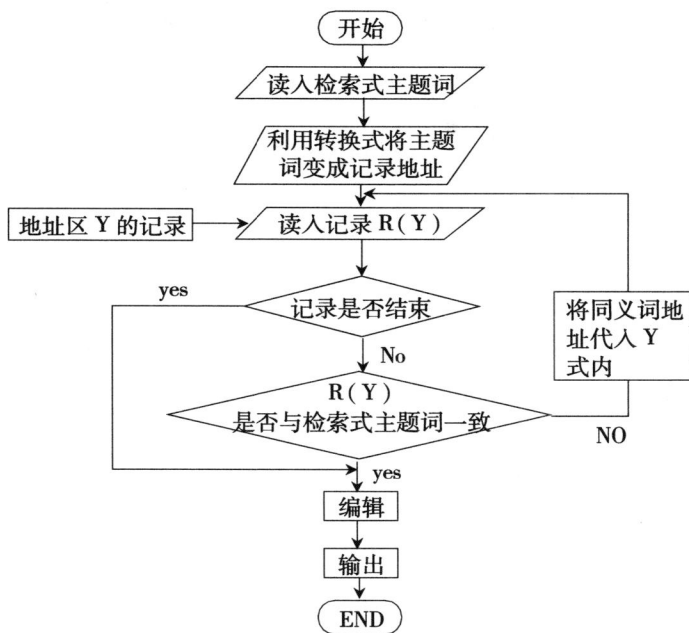

```
              ┌────────┐
              │  开始  │
              └────────┘
                  ↓
          ╱────────────────╲
          ╲ 读入检索式主题词 ╱
           ╲──────────────╱
                  ↓
          ╱────────────────╲
          ╲  利用转换式将主题  ╱
           ╲ 词变成记录地址  ╱
            ╲─────────────╱
                  ↓
  ┌──────────┐   ┌────────────┐
  │地址区 Y 的记录│→│ 读入记录 R(Y) │
  └──────────┘   └────────────┘
                  ↓
         ◇─────────────────◇        ┌────────┐
    yes  ◇   记录是否结束   ◇        │将同义词地│
  ←──────◇─────────────────◇        │址代入 Y │
         |        ↓ No              │式内     │
         |   ◇──────────────◇       └────────┘
         |   ◇    R(Y)      ◇
         |   ◇是否与检索式主题词一致◇──────→ NO
         |   ◇──────────────◇
         |        ↓ yes
         └─────→ ┌──────┐
                 │ 编辑 │
                 └──────┘
                  ↓
                 ┌──────┐
                 │ 输出 │
                 └──────┘
                  ↓
                ┌──────┐
                │ END  │
                └──────┘
```

图 11—4　直接搜索法框图

是利用转换公式(参考变换公式)将检索式中主题词转换成资料档中相应主题词的地址直接取出记录的方法。

3. 检查法 (图 11—5)

也称主题词搜索法,即把主题词与情报内容分开,对分别编辑的资料档进行搜索。主题词与情报记录的连接是通过主题词后所跟的情报记录连接地址来实现的。将主题词与情报记录连接地址组织成主题键目录,查找时,首先搜索目录中的主题词,找出与检索式主题词的情报连接地址,直接取出该地址的情报即可。

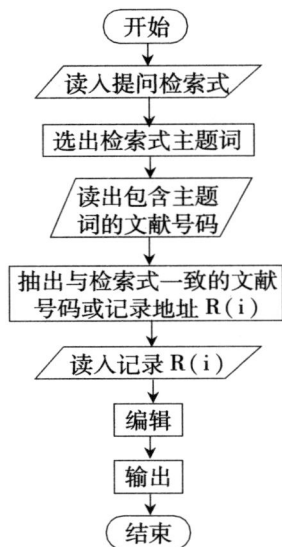

图 11—5　检查法框图

主题词键目录			情报地址	
主题词	主题词键目录		1	情报
计算机	1,2,4		2	情报
情报检索	1,3,4		3	情报
磁蕊	1,2,3		4	情报
磁盘	1,2		⋮	⋮
⋮	⋮			

按上表所示,如果提问检索式是:

"计算机 * 情报检索"首先查找主题词键目录,找出主题词"计算机"和"情报检索"。含有"计算机"的情报的连接地址是1、2、4,含有"情报检索"的情报的连接地址是1、3、4,那么,与检索式相一致的情报连接地址就是 1 和 4,直接取出 1 和 4 的地址,将该两地址的情报输出,检索完毕。

检查法的特点是由于只比较含有与提问检索式主题词一致的主题词的情报连接地址的号码,所以搜索时间较短。采取这种方法,必须建立倒排文档。

4. 查表法

查表法是只从文献资料中抽出与提问检索式比较时所需的项

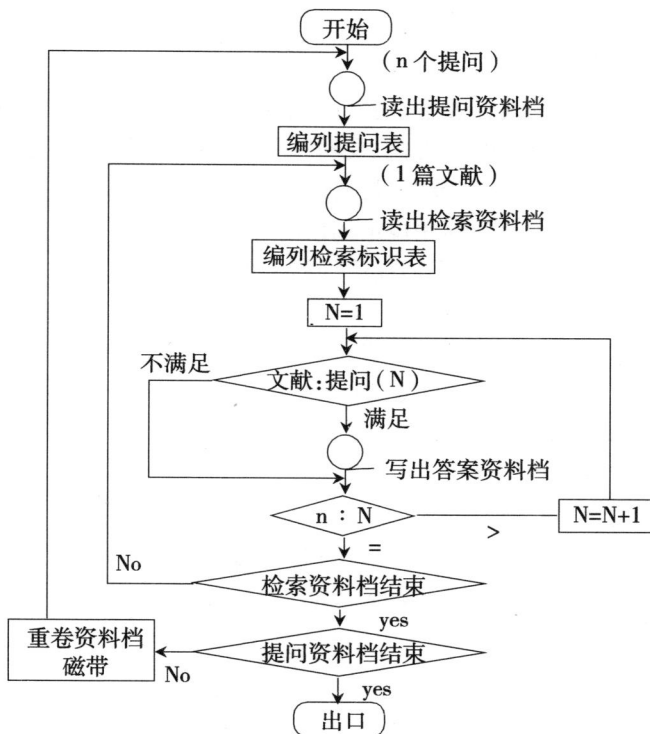

图 11—6　查表法框图

目,转换成检索标识表。同时,将提问,编成提问资料档转换成便于检索的提问表。这样,文献与提问的关系就变成了检索标识表与提问表的比较。

根据图11—6看检索处理的顺序。首先读入表结构的 n 个提问,列成提问表;由文献资料档中读出一篇文献资料,作成检索标识表。将检索标识表与提问表比较,在比较过程中,如果提问的检索条件得到满足,则把附有该提问号码的文献资料作为答案资料档输出。当与 n 个提问查对结束后,再读第二篇文献,进行同样处理。

5. 概念加权法

概念之间的组合关系,还可以从量的方面加以限定和表示,指出各概念的重要程度。为此,要对提问中的每一个数值表示其权数,概念出现在文献记录中时,要同时计算权数之和。只有当文献记录的权数之和达到预先规定的值时才能被检索出来。这个预先定的权和值叫阈值,利用加权法的检索也叫定量检索。

加权是给概念加权,即无论这一概念是用什么表示的,他们都具有同等的权。例如由于同义词的概念是等同的,所以权也是同等的。但在检索过程中,只能计一个词的权,即一个概念计一个权,而不是将同义词的权也计算在内。

1)计算权之和的方法

例如:提问的输入形式是

W = 计算机(3)情报检索(1)程序设计(5)。式中( )内的数字即提问者给各主题词概念加的"权",W 为阈值。

集合号	包含的主题词			权之和
1	计算机	情报检索	程序设计	9
2	计算机		程序设计	8
3		情报检索	程序设计	6
4			程序设计	5

集合号	包含的主题词		权之和
5	计算机	情报检索	4
6	计算机		3
7		情报检索	1

　　如果在所存贮的记录中分别找到含有上述主题词的情报,则情报由阈值最高值开始顺序输出(即图1—7)。在该例中,包含"计算机"、"情报检索"和"程序设计"三个主题词的情报最先输出。

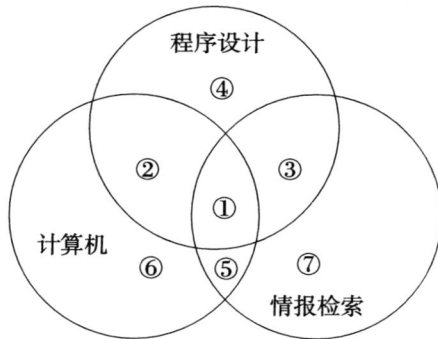

图11—7　主题词群权之和

2)相关比率法(一致比率法)

　　即将存贮的主题词与输入的提问主题词比较,当两词一致的数大于预先给定的比率时,便输出情报。

　　采用下式的 = 作为制值标准

$$p_1 = \frac{提问主题词与文献间一致的主题词的数目}{文献主题词的数目}$$

$$P_2 = \frac{提问主题词与文献间一致的主题词的数目}{提问主题词的数目}$$

259

采用相关比率法时,应分别给 P_1 和 P_2 规定出标准值,在该值范围内的资料便可输出。但使用这种方法时,如果所有的主题词都视为同等重要,就可能产生不符合提问内容的情报。

3)加"权"比率法

首先采用1)法,给存贮的主题词与提问主题词加"权",当判定一致时,则采用2)法即一致比率计算式作为判定标准。此时采用以下二式:

$$p_1 = \frac{提问与文献间一致的文献主题词的总权数}{文献主题词的总权数}$$

$$p_2 = \frac{提问与文献间一致的提问主题词的总权数}{提问主题词的总权数}$$

以上是定量检索的基本方法。采用这些方法在电子计算机内处理提问检索式的过程如下:

首先,检验提问式的主题词,检验是通过比较提问主题词与主题词号码表内的主题词来实现的。当提问主题词与主题词号码表内的主题词不一致时,则认为是错误的。当提问检索式完全无错误时,便做图11—8(见下页)中②所示的检索表。检索表是由提问主题词、权、主题词号码部分的情报地址组成。运算处理就是将检索表的情报地址按规定顺序抽出,对检索表内一致地址的情报进行权的计算,求出该情报的总权数。

以图中情报编号 100 为例,由于在检索表的 C3 和 B2 中有100 这个情报,所以权的总和为5,反复这个操作直到105,结果便组成情报地址——权表③,按提问要求的权的高低排序成为④的形式,再按输出格式编辑输出,检索结束。

四、编辑输出

编辑输出是将检索出的情报从计算机中输出的过程,根据输出的格式要求,需要进行格式编辑,如输出卡片格式、索引格式等等,或者用荧光屏显示,这些都属于编辑输出内容。这一部分要根据用户的要求设计,最后将输出结果分发给用户,检索完成。

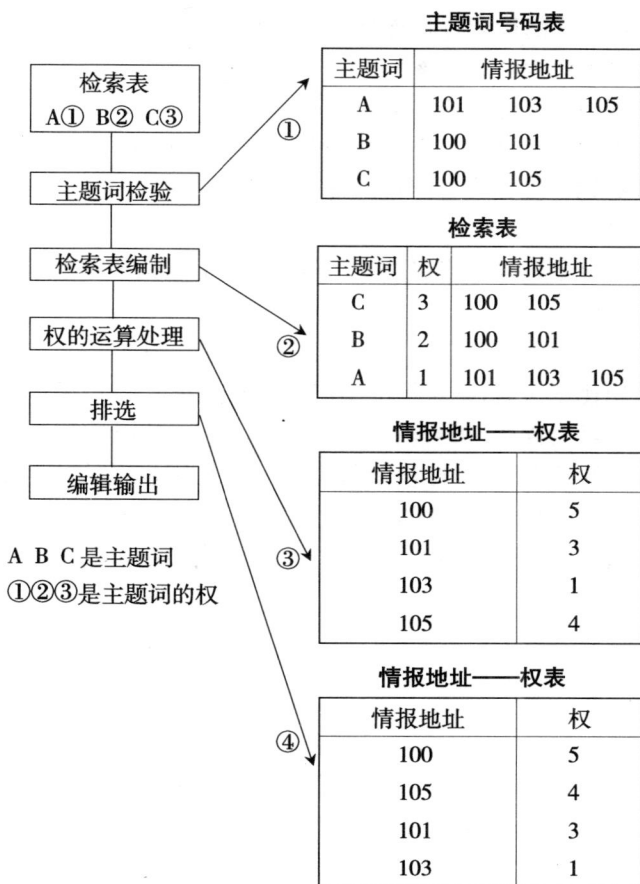

图 11—8　定量检索示意图

261

五、定性检索和定量检索的比较

一般由逻辑算子表达检索式的检索过程称为定性检索,由加权表达检索式的检索过程称为定量检索。

1.定性检索

1)词的重要性不容易反映出来;

2)提问逻辑式由几个主题词和逻辑算子组成;

3)提问逻辑式编写比较困难。

2.定量检索

1)每个主题词均附以"权",所以每个主题词的重要程度能明显地表现出来;

2)不需要编写逻辑式,检索式主要罗列主题词;

3)用比率法时,确定标准制定值比较困难。

根据以上各点,在明确了指定的项目(主题词),同时要表现若干项目的组合时,定性检索是有效的。若要表现某项目的重要程度时,定量检索是有效的。前者需要较全面的检索知识,如逻辑式编写;后者只需要罗列主题词就可以编写出提问式。

第十二章 图书馆自动化的高级阶段
——网络化处理

第一节 机读文献数据库

一、文献数据库的概念

一个独立的图书馆自动化系统已经建立,在整个系统运行中,就文献检索而言,据统计,其中文献的收集、分析与标引所花的费用占整个系统运行费用的 80%,检索费用只占 20%。实际上,从收到文献开始,直到制成资料档为止,需要花费很多人力和费用。在此过程中,人的劳动占有很大比重,计算机只起辅助作用,大量的人工劳动造成了费用的提高和录制磁带的重复。在计算机广泛应用以及与通讯技术相结合的基础上,出现了另一种书目文献存贮的形式,这就是数据库的建立和使用。

数据库的概念是随着计算机的应用逐步建立起来的。就是说,如果想使存贮在某一系统中的某种数据(如文献、书目、数值等)也能使用于另一系统,就牵涉到数据通用性问题。若是孤立的文档,这点是难以实现的,原因是独立的图书馆自动化系统只设计了适合各自系统的文档,要简单地从别的系统存取是不行的。这就产生了以何种形式集中管理数据,才能从不相同的系统中进行存取的新课题,也就是说,如何使图书情报资料在计算机系统中共享,这就是建立数据库的出发点。

根据这一背景,可以说,数据库是互相有关的某种数据集合,它通过能在多种业务上公用的数据库管理系统,集中进行编辑、使用、管理和维护。对图书情报而言,数据库是一种经过编辑组织,以机读形式出现的书目记录集合,其信息存贮在一定的载体上,供计算机检索处理。数据库的建立和使用,是图书馆自动化的关键问题。

机读文献数据库目前有几种不同的叫法,如书目数据库(Bib-liographic Data Base);机读数据库(Machine—Readable Data Base);文献数据库(Document Data Base)。它们有共性也有区别,书目数据库是包含所有文献的题录、文摘、主题索引等书目性记录的集合,如美国国会图书馆的 MARC—Ⅱ磁带。机读数据库除了包含前者外,还包含数字式的数据集合和结构式、表达式及图形的集合,如"CAS Registry Structure"磁带,它是用化学结构图形表示其数据成分。文献数据库既包含书目性的文献,也包含全文存贮的文献集合,如纽约时报的"Information Bank"磁带等,可以说,文献数据库是一个信息化了的图书馆。例如,在 ASPEN 系统公司的"州法律系统50"磁带上已存贮了一亿多万字的法律条文,以供检索。

自从第一个机读文献数据库于1964年问世后,各国情报处理中心、图书馆、文摘社都纷纷生产文献库,据统计,1975年西方各国建造了100多个,1977年已达422个,其中科学技术文献库327个,生产文献库的单位已超过300个。目前,全世界存贮的文献记录,几乎包括了世界出版文献的80—90%。如 CAS 的文献库存贮了400多万条记录(68—77年),每年以397000条记录增长,摘录了8500种以上的期刊,还摘录了与化学文献有关的专利、图书、会议录、科技报告和学位论文等出版物。生物学文摘文献库存贮了262万条记录(69—78年),每周以20000条记录增长;俄亥俄学院图书馆中心的文献库存贮了 500 多万条书目记录。可以预言，随着联机检索技术和计算机通讯网络的发展，将出现愈来愈多的各种类型的机读文献数据库，到本世纪末，一种新的文献存贮介质光盘将取代目前的书本式文献检索工具，图书馆的卡片目录将逐渐被取代。1981 年美国国会图书馆停止卡片目录的使用，是图书馆全盘自动化的一个良好的开端。

文献数据库的发展，也促进了软件技术的提高，产生了数据库技术，称为"数据库方法"（Data Base Approach），或称为"数据库管理系统"（Data Base Management Systems），简称为 DBMS。它是操作和控制数据库的一种工具，能提供多个应用程序，或用一种软件统一管理数据，进行数据的维护（增、删、修改）、更新和检索等，以达到有效地存贮、摘录、编辑和检索数据、人事、资金、设备、计划以及进行科学管理的目的。所以它是一种功能很强的管理系统。DBMS 的出现，将进一步促进文献数据结构、记录格式、编码以及图书馆自动化的发展。

二、文献数据库的类型与特征

文献数据库的种类很多，在使用过程中，除了要求有较大的内存容量的计算机、大容量的随机存贮器——磁盘、通讯设备、操作系统和检索应用软件外，还要看文献库本身的条件如何。文献库类型的划分是多层次的，目前还没有统一的标准，这里主要从下述几个方面，看其主要的特征。

1. 主题内容：这是文献库最主要的特征，同时也是用户使用文献库的判断标准之一。从文献库的内容来分，有面向基础学科、面向任务、面向问题和面向综合学科等几种类型。面向基础学科的文献库如：CA Condensades，POST，MEDLARS，INSPEC 等磁带；面向任务的文献库有 NSA，STAR 等磁带；面向问题的文献库有 HEEP，PIP 等磁带；面向综合学科的文献库如 SCI，MARC—Ⅱ 磁带等。

2. 资料源:这是评价文献库质量的标准之一。大型的文献库都包含有几种类型的资料源:期刊论文、专著、学术会议录、技术报告、学位论文、政府文献、专利和报纸论文等,其中期刊论文占的比重最大,一般占总输入记录的65%左右。

3. 收录范围:这可以判断文献库的使用价值和用户的信赖程度。收录范围除了包括各种类型的出版物的学科内容外,还可以从下面几种因素来判断:是逐篇收录某一刊的全部论文,还是某一刊的某一期;是某一学科的内容,还是综合性的内容;是经过严格选择的论文,还是选录各种出版物中有关专题的文献;是某一国家的出版物,还是世界性的出版物;是某一语言的论文,还是多种语言的论文等。

4. 时间差:所谓时间差是指一次文献、二次文献与文献数据库之间的出版时间差,用它来判断文献数据库的使用寿命。

5. 标引词和代码范围:选用什么主题词来标引文献,关系到文献数据库的检索效率,即查全率和查准率。目前使用的词表有几种类型:自由语言的关键词词表,规范化的词表和不规范的索引词表。要考虑指示主题性质的代码是标准的还是任选的,以及使用分类法的类型与引得深度等问题。

6. 文摘:文献数据的记录是题录式的还是带文摘的,能否检索或显示,这是判断文献数据库的功能的标准之一。

7. 文献数据库的大小与增长率:输入记录的总量是多少,起始与终结年代,一条记录的平均长度,每月或年度增长记录的百分比,这是判断一个文献数据库是否具有提供回溯检索能力的依据。

8. 可检字段:一条记录能提供哪些可检字段即检索途径,如著者(个人与团体)、书名(篇名)或刊名、主题词等。

9. 出版周期与更新周期:这是判断一个文献数据库提供情报的速度的重要因素,这个因素直接影响到SDI的服务效果。

10. 检索费用:检索费用的高低直接影响文献数据库的使用。

此外,还有文献库的特征与文档组织、记录格式、使用代码和字符集等都是值得注意的问题。

三、文献数据库的获得

文献数据库的出现,无论是对图书、情报获得的手段,还是对图书情报机构的组织形式都引起了巨大的变化,这些变化有以下几点:

1、文献数据库的生产者不仅供自己使用,而且把文献库作为商品,在国内或国际范围建立网络或开展其它合作活动,以便使自己的数据库被广泛地利用。例如:美国国家医学图书馆建立的MEDLARS 各网络中心,可以使医生或其他生物医学专业人员通过他们所在的医学图书馆甚至小医院的图书馆,仅以他们的专业工作人员号码,对规模极大的全国书目资料进行检索。

2、数据库可以通过租借的办法加以利用。图书馆可以利用一个或几个与本组织特别有关的数据库,利用本单位的计算机设施为用户提供追溯检索服务和 SDI 服务。

3、科学情报传播中心(SIDC)的出现

科学情报传播中心的出现,是图书情报界一个崭新的事件。科学情报中心介于情报产品的生产者和最终用户两者之间,它与一个或多个数据库生产者签订协议,从而向广大用户服务,其中有图书馆,也有学术组织,政府部门或研究机构的组织。它使用的传播工具主要是计算机网络。

4、联机交互式检索形式的出现

联机系统提高了图书馆适应用户的能力。如急需知道少量的几条参考文献的出处,不需要进行广泛的检索就能够得到。例如,把情报提供给临床工作者立即用于对病人的治疗。

5、联机服务中心的出现

与科学情报传播中心相似,这种组织也是在商业的基础上提供服务的。它与科学情报传播中心不同的地方在于,它提供的联机服务,着重于追溯检索,而不是现期通报。联机服务中心同数据库生产者订有协议,允许中心把数据库装入中心自己的计算机设施中,为包括图书馆在内的各订户提供联机存取。

6、随着自动化水平的提高和数据库的使用,科学家和其它专业人员必须具备使用他所需要的机读数据库的能力,在需要的时候就能进行追溯检索、速报检索以及其它形式的检索。为了达到这一目的,需要了解1)什么数据库是可以获得的;2)哪一个数据库是同他的情报需要相关的;3)怎样获得来自这些数据库的服务。

文献数据库的获得大致有以下几种方法:

1)通过图书馆网或由数据库生产者建立的合作中心获得;

2)通过租用数据库,自己进行操作;

3)向科学情报传播中心购买批式脱机服务;

4)向数据库生产者购买直接的联机服务或数据库;

5)向联机服务中心购买联机存取。

7、通过国际网络

对大多数图书情报机构来说,目前购买资料档是省力省费用的。购买时,必须注意以下几个问题:

1)情报源的专业范围:所购磁带内收录的文献涉及哪些专业,来自哪些期刊,这些期刊本馆是否都收藏;

2)磁带资料档的记录格式、著录项目、检索语言,各资料档间的文献重复情况,与本国或本单位编辑的磁带资料档的转换、合并、分类的可能性等;

3)所购磁带适合哪种型号的电子计算机设备,能否为机器读入或输出;

4)是否配备相应的软件(如检索程序、建库程序等),如果没有,自己是否有能力编制软件,或是以其他的方式得到相应的软件。

四、文献数据库的使用

文献数据库的使用,主要有二种形式:批式处理,联机处理。情报提供方式有定题情报提供(SDI)和回溯检索(RS)。今后将逐步被人机会话型所取代。

1、SDI 服务

SDI 服务的基本特点是向用户提供及时的、针对性强的最新情报。其服务方式是根据用户需求的主题或内容,按特别的格式建立用户需求档,存贮在磁带式磁盘上,存贮的项目一般包括检索公式,检索者姓名、职称、单位、地址和检索日期,需求档建好后,按一定周期(一般按文献库更新周期)从新书目磁带中进行检索,然后将结果分发给用户。另一种服务方式是系统根据当前研究课题,选择急待解决的课题建立临时课题档,将检索结果编制最新资料通报目录,供用户选用。

SDI 多数采取脱机处理,由于联机检索的发展,也建立了联机 SDI 系统。其做法是,建立用户代号文档,存放在磁盘内,系统把输出的 SDI 结果记入磁盘代号内,用户在特定时间内,通过键盘终端写入自己的代号,即可显示或打印出 SDI 结果。这样的服务方式完全取消了用户的等待时间,有些系统可向用户提供较大容量的磁盘,建立用户自己控制的专用文档,该文档既可存放 SDI 结果,又可存贮用户从其他系统检索到的记录,或用户的研究记录、保密数据等。

2、RS 服务

RS 服务是一次检索多年文献的服务,即回溯到文献库所能提供的有关年代以内文献的服务。

RS 有脱机和联机二种处理方式。脱机检索服务是用户根据系统的要求,填好检索需求单,交给处理中心,由系统人员推导检索内容,译成检索式,汇总后处理,检索结果分发给用户;联机检索的步骤一般为:确定查找的文献库,显示词库有关类目及选定主题词,把主题词编成检索公式,执行检索,判断检索结果,循环选词,修改检索式,直到检索结果满意为止。

文献数据库的生产和检索活动主要通过三种类型的服务中心提供:

1、文献库处理中心。这是一种独立的商业性组织,这种中心装有计算机系统,生产文摘索引、题录等二次文献检索工具,同时生产文献数据库,为本部门或有关单位的用户提供检索服务。如美国的化学文摘社即是。

2、情报检索中心。也是一种商业性组织,如美国洛克希德情报公司、系统发展公司、书目检索服务公司(BRS)。这种中心装有完备的计算机系统,提供联机检索服务,面向公共用户,并拥有几十种至上百种文献库,存贮的记录达几千万篇,但这些文献大都是从处理中心购买来的。此外,还有一种类似的情报检索组织,它既不建造文献库,也不设置计算机系统,而只要添置简单的设备如终端与各检索系统联机,就能承担情报服务。

3、文献检索服务中心。这些中心一般设在各类型的图书馆和情报机构内,这些机构都设置计算机系统,建造文献库,为各自的用户服务。它们配有熟练的图书馆员和情报专家,在系统和用户之间起桥梁作用。图书馆员的作用主要表现在以下几方面:

1)给用户的提问选择合适的系统和文献库;

2)与用户商定提问检索式,或推导用户的提问,产生有效的检索策略;

3)实施检索;

4)判断检索结果。

为了完成上述任务,一个文献库咨询员或图书馆员必须具备以下知识：

1）熟悉各个检索系统的功能和优缺点；

2）了解和掌握各种文献库的特点，如存贮的文献的科学价值、主要内容、修改频率及更新周期；

3）具备词表或词库以及检索语言的专门知识，从而保证查全率和查准率；

4）了解各检索系统的费用，包括设备、通讯和检索费用；

5）会使用各种检索系统的终端；

6）会使用各系统提供的检索语言。在联机系统中，人的因素在许多方面可由软件来实现，特别是人机会话系统更是如此，这就必须训练用户学会检索，掌握利用系统的基本知识。因此，机读文献库的利用，必然从各方面影响图书馆的业务活动。

第二节　联机检索处理

随着电子计算机处理能力的提高和分时系统（TSS）即 Time-Sharing System 技术的发展，人们已能从遥远的地方通过线路来利用电子计算机。通过通讯线路连接在电子计算机上的终端装置，用户就能像在专用计算机上一样的工作。以会话的形式来利用计算机，这就是联机检索处理。

一、联机检索处理的特征

计算机与通讯技术结合起来，推动了计算机系统由"脱机"向"联机"系统发展。图书情报检索领域也从单纯是脱机的中心分批存贮检索类型，发展为利用联机实时处理的存贮检索类型。

在联机系统中，用户通过线路，能从中心直接存取情报。其特点有以下几方面：

1、用户能直接检索

在脱机情形下,通常由检索员分析和修改用户的提问,并代行检索作业,在联机情形下,用户从终端直接输入询问并能立即得到结果,不需经过检索员。

2、能实时处理检索

因为用户终端同中央机直接连接,所以用户需要情报时,可随时提出询问进行检索。

3、应答时间短

在脱机情形下,用户通常需要几小时到几个星期才能得到结果,在联机情形下,只需几分钟甚至几秒钟就能得到结果。

4、易于改变检索条件

看了检索结果,立刻在系统上进行反馈,就能改变检索条件。

5、能按用户的步调使用

能按适合各用户的步调检索,检索也能按用户的要求处理简单和复杂的情况。

6、易于处理检索结果

在进行情报检索时,除检索出情报这个目的外,往往需要对检索结果进行计算机处理或分析、模拟。如果联机情报检索系统备有计算机分析、模拟处理等功能的话,就能直接进行这种处理。

7、从情报发生到获得的时间短

不仅把用户终端与中心,而且把情报源与中心也以联机形式连接起来,从情报的发生到更新中心文档的时间可以大大缩短。因此,用户在情报发生后,只要经过短时间的训练,就能得到情报。特别在并不要求对检索进行高度的加工,只要求非常及时的情报的情况下,其作用更显得明显。

8、能降低检索费用

与脱机相比,在多课题检索中可减少检索费用。

二、联机检索的方法与流程

联机检索的方法大致分为下述三个部分：

1、检索式的作成方法

在联机系统中，用户直接在计算机上存取信息，而不需要通过检索员，所以用户必须亲自作出检索式。一般有三种作法：

1）给检索式中的词编号

这是通过给用户预先作成的检索式编号，使得后面的检索式较易作出的方法。如，用户要作出包含 ONLINE、TIMESHARING 和 SYSTEM 等主题词的检索式，先依次输入主题词，计算机给每个词分别编上号码 1、2、3；如果用户输入 1 + 3，编上号码 4 而后返回，再输入 4 * 2 编上号码 5 而后返回，在把 5 输入后，在计算机上实行检索，这时就能用检索式（ONLINE + SYSTEM）* TIMESHARING 检索。用户如果想把原来的检索式变成（ONLINE + SYSTEM + TIMESHARING）后再进行检索，则不必输入这样长的检索式，只要输入 4 + 2 就成。

2）自动变更检索式

为了提高检索的符合率和再现率，计算机自动变更用户所输入的检索式。如果开始的检索式是 ONLINE + SYSTEM、一旦在此式上加主题词 TIMESHARING 指示检索式的变更之后，计算机就作出这个词同原式的逻辑积与逻辑和的运算。

即：L_0 = ONLINE + SYSTEM 开始的式子

$\vdots$

$\vdots$

$\triangledown$　TIMESHARING　为了变更而输入的词

L_1 = （ONLINE + SYSTEM）* TIMESHARING

L_2 = （ONLINE + SYSTEM）+ TIMESHARING

3）用户把已做过的检索式再度检索时，可以不重新输入同一

式也能进行检索

2. 检索步骤的指定方法。

由终端指出实行检索步骤有两种方法,一是全部由终端功能键指示,二是根据计算机的指令来选择。

全部由终端指令的方法,一般是在终端上使用功能键。一条指令设置一个功能键,这同输入命令的方法相比较,操作较容易。缺点是增加了特殊的终端装置,输入命令需按多个键,较麻烦。

根据计算机的指示选择的方法,是在文献检索时,除输入检索式外,一般都是按计算机给的 yes 或 No 来进行下一步检索,操作很方便。

3. 检索结果的输出方法

在输出检索结果时,脱机方式采用一次输出的方法,而联机是采取阶段输出的方法。有:

1)只表示相符的文献数

2)只表示文献名

3)检索结果分段输出

在联机检索时,通常实行事前检索,在1)中仅表示事前检索结果相应的件数,用户如认为太多或太少,可重做提问式,再进行检索。这时要灵活使用各种方法,相应件数确认之后,可输出文献的标题等,以掌握相应文献的大致内容。

在件数较多的情况下,包括文献在内的最后输出,大部分系统采取多段输出方式,每次输出量由用户指定。有些方法是不让检索结果及时输出,而是集中在中心磁带上,然后向终端装置输出。

联机检索系统的检索流程如图12—1所示。

设计思想如下:

①从终端输入范围指定和检索式;

②使用语法校验程序对输入的检索式进行校验;

③系统根据内部可使用的关键词表对输入的关键词进行

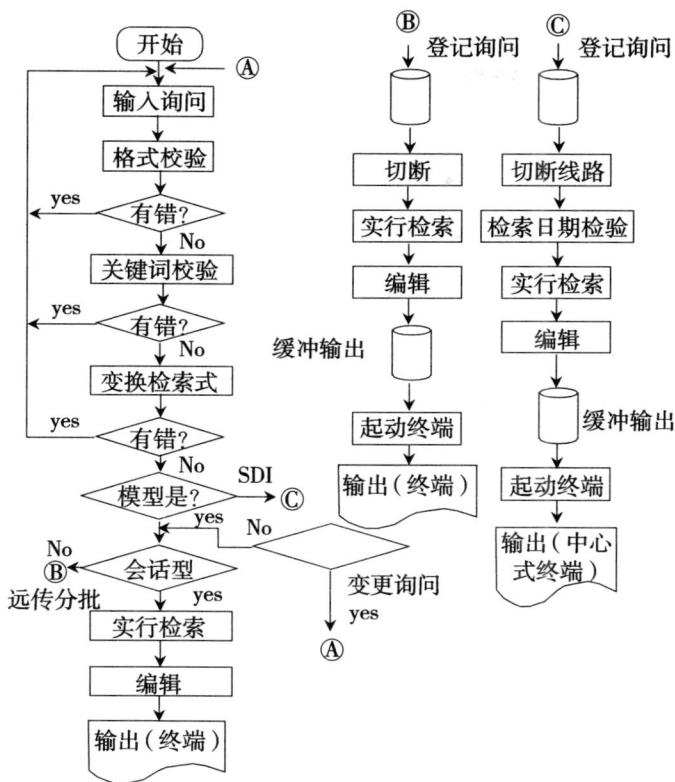

图 12—1　联机检索处理流程图

校验;

④使用检索式变换程序,把输入的检索式变换成可以处理的方式;

②~④对于各阶段,如发现错误,每次向终端发出错误信息,提出修正要求;

⑤根据检索形式(会话或 SDI)分别处理,如果是会话型则向

下进行；

如果是 SDI 则进行 C。

⑥判断是否可作事前检索；

⑦在进行事前检索时输出结果，等待终端答复，在变更询问内容时，回到 A，

⑧判断是会话型还是远传分批型。如果是会话型立即实行检索，检索之后向终端输出；

⑨如果是远传分批型，把询问输入记录在文档上，切断线路；

⑩线路切断后，实行脱机检索、编辑、向缓冲区输出；

⑪启动终端机，向终端输出结果。

指定 SDI 方式时：

⑫在 SDI 情形时，把询问输入记录后，切断线路；

⑬校验是否是实行 SDI 的日期，如果是，就进行检索、编辑，向缓冲出输出；

⑭启动终端，输出结果。

下面是美国 DIALOG 系统联机检索基本过程：

DIALOG 系统，用户可从篇名、作者（个人或团体）、日期，代码、文摘号、专刊号或机读记录的其它特殊标识等多种途径检索。用户只需输入检索词或短语，使用简单的英文命令语言即可检索，实际检索只需五个重要命令即：开始（BEGIN）、扩检（EXPAND）、选择（SELECT）、组配（COMBINE）、打印或显示（PRINT 或 TYPE）。

1. 开始（BEGIN）

通过 DIALOG 系统可对 240 个数据库执行联机检索，用户首先要确定使用哪个数据库。通常一个检索提问需对若干个数据库进行检索才能满足其检索要求，但每个数据库为各自的数据库生产者所有，不允许同时检索几个数据库。因此，使用命令 BEGIN，一次只能检索一个数据库。用户写入 BEGINn（n 是指所要检索的

那个数据库号码），表示对 n 号数据库进行检索。例如，写如 BEGIN$_{12}$，就是要对号码 12 的 INSPEC 数据库检索。

2. 扩检（EXPAND）

命令 EXPAND 的使用与图书馆传统卡片目录的主题索引相类似。该命令允许用户查询某一数据库的主题词字顺表。主题词不仅包括索引词，还包括文献篇名与文摘中出现的所有单元词（可能是字母或字符串），但 9 个非用词 AN、AND、BY、FOR、FROM、OF、THE、TO、WITH 不包括在内。使用命令 EXPAND，用户可查询数据库的主题词字顺表，任选所需的主题词。

3）选择（SELECT）

读者在图书馆查卡片目录，并不等于真正找到了所需要的资料，DIALOG 系统与此同理。输入命令 SELECT，系统便对所有与检索课题有关的记录进行检索。若所选的词在记录中至少出现一次，便视为检索完成。例如，输入命令 SELECT COMPUTER，系统便将数据库中凡在篇名、文摘或索引词中含有"COMPUTER"字符串的所有记录统统检索出来。若在某一些记录中，"COMPUTER"出现多次，对记录的检索只算做一次。

该命令还具有用短语进行检索的功能。输入命令 SELECT IN-FORMATION(W)RETRIEVAL，系统便将含有"information retrieval"短语的所有记录检索出来。（W）表示两个词紧紧相邻并按指定的顺序排列。此外，短语还可长些，不一定只由两个词组成。

该命令还有截断功能。如检索有关污染的文献，可用 POL－LUTION、POLLUTING、POLLUTED、POLLUTANTS 等来检索。输入命令 SELECT POLLUT 系统将便与 POLLUT 前方一致的，或含有词干 POLLUT 的记录检索出来。

4. 组配（COMBINE）

命令 COMBINE 是允许用户用布尔逻辑命令 SELECT 所检索出的标有号码（1—n）的各检索式组配进行检索。COM－

BINE1 AND2 可生成式 3,式 3 则含有式 1 与式 2 所包含的内容。

5. 输出命令（OUTPUT COMMAND）

检索到用户所需资料后,使用输出命令将检索结果打印或显示出来,输出命令有两种:打印（PRINT）或显示（TYPE）。两者所输出的资料相同。

DIALOG 系统共有 8 种打印格式。每一种打印格式,用一个编号表示。如 1）文献编号;2）除文摘外的全部题录;3）题录;4）文摘和篇名;5）全部记录;6）篇名;7）题录文摘;8）篇名和标引的主题词。

第三节　网络化处理

如何构成网络化情报检索系统,在很大程度上取决于使用目的和方法。网络构成取决于以下几项:

1、需求情报机构的地理分布情况;

2、情报源的地理分布情况和发生频率;

3、用户所需要的情报种类,从而决定下面的:

4、设置中心的位置和数目;

5、使用线路的频率和数目;

6、使用的终端装置。

一、网构成的原理

图书情报检索通讯网是为了达到检索的目的,依据传输情报的性质、内容、传输区间,在一定的接续标准、传输标准和稳定标准控制下,把同性质的若干个计算机检索中心作为一个系统而体系化了的一种设施,使网络中各中心贮存的信息在网络中得到协调和平衡。这是在联机处理的基础上发展的高一级阶段。

情报在传输时,根据传输的方向与传输目的地的不同,有单向或双向、专用或公用的网络形式。

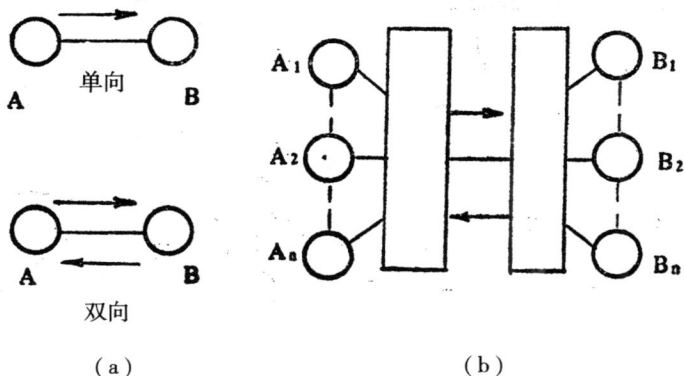

图 12—2

A 一定同 B 交换情报(a)专用型。

$A_1 \sim An$ 同 $B_1 \sim Bn$ 中任何地点交换情报(b)公用类型。

在公用类型中,如果情报发生或利用的地点各自独立作为同性质的话,传输网络一般是星状或网状形式。

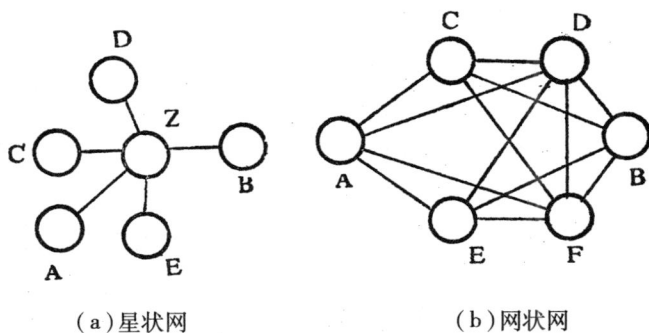

(a)星状网   (b)网状网

图 12—3

通讯网是由交换网构成的,交换网取决于交换机的设置场所与性能,交换机是分时使用线路交换的装置。因此,通讯网的建立,必须从功能、经费等方面对线路和交换的平衡作充分的研究。

二、通讯工具的使用

通讯工具的使用,主要以情报分布地点、距离和情报内容等来决定,种类也是各种各样的。目前,通讯工具有电话、电报、电缆、卫星等。

1. 电话网

这是以电话的声音通讯为目的而作成的网,是联结多个分散在各地的用户而构成的。一般采用区域划分办法,即把用户所在的区域按需要动向划分,再把这种区域进一步划分下去,形成多级网。

这种划分的级的多少,按用户所在地区的大小,呼叫的集中程度而定,有从3级到5级的,一般是取中间的4级,即端局、集中局、中心局和总局。端局是用户所在的区域,集中局相当于一个生活区,中心局相当于一个城市,总局相当于一个地区或更高一级区域。如图12-4所示。

总局: RC:regional center
中心局: DC:district center
集中局: TC:toll center
端局: EO:end office
▬▬:基干线路,——:斜线路。

2. 电报网

电报网是用星状线路连结所属的自动集信装置而构成的。一般参加电报网的电报区域与电报经办局所在区域和电话经办局的区域相同,区域的设定根据需要决定。

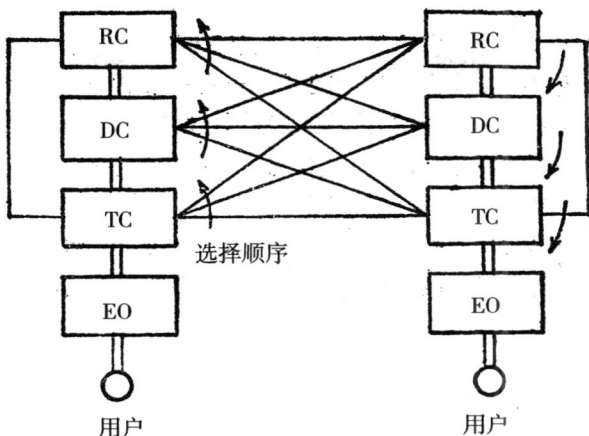

图 12—4

电报的编号可以采取各种编号方式,如用 A 代表总局,B 至 C 表示中心局区域,编号可以达到 6—7 位不等。

3. 通讯卫星

通讯卫星是发送和接收信息的最新和最有希望的通讯工具。它被看成是空中的交换台。通过卫星传输信息,费用更低,因为卫星的频道宽,信道多。目前,国际通讯卫星如 INEL-SAT 有一条 56000 位的通道。由于已有了直径 5 米的高速度、大容量的新型天线,传输速度达 630 万位/秒。用户在房顶上架天线就能接收。

4. 传真技术

传真技术能够把图像信息变成数字信息,通过电话线路传输。目前使用的传真设备速度较低,一般一页需 30 秒—8 分钟。新的传真设备已开始使用,传输速度可达 163000 页/小时。传真技术是一种很好的传输文献的技术,它将导致更多的新型设备问世。

其中一种是全能印刷机,它具有多种功能,能够输入、存贮全文,并将图像转换成数字信息输入存贮;它还具有数字扫描并进行传真通讯的功能和利用数字存贮器进行排版印刷的功能。

第十三章　视听技术

第一节　概述

文献资料按其记录的形式不同分为文字记录和声像记录两大类型。文字记录有手写式、印刷型和缩微型三种。声像记录有声音记录、图像记录和声像记录三种,如唱片、录音带、幻灯片、电影片、录像带、录像片等等。这种记录着声音和图像信号的资料称为视听资料,视听资料录制和再现的技术称为视听技术。

视听资料脱离了传统的文字记录形式,直接记录声音和图像信息,给人以直观的感觉,亦称直感型资料。视听资料不再以纸张作记录载体,属于非书资料的范畴。视听资料利用了多种媒介以及现代化的传播方式,故又称之为现代资料。

一、视听资料的类型

视听资料按其记录信号的不同,一般分为三种类型:

1. 录音资料

录音资料是记录了语言、音乐、器具声以及自然界声音信号的资料,在需要的时候通过相应的设备使之再现。

录音的方法,有机械录音、光学录音和磁性录音。机械录音是把声波的变化转变成电信号,再转变成唱针的机械振动在录音体上刻上音沟,从而记录下声音信号。唱片采用机械录音的方法。

光学录音是把声波的变化转变成电信号,再转变成光通量的变化,记录在录音载体上。有声影片大多采用这种方法。磁性录音是将声波的变化转变成电信号,最后转变成磁信号的变化,使录音载体磁化。磁带录音机采用这种录音方法。

2. 录像资料

录像资料记录了人、物或人工绘画、制作的人物景象。它的再现,也要使用相应的设备。

录像的方法有光学录像和磁性录像。光学录像是利用凸透镜成像的原理,让光线通过凸透镜后,聚焦在录像载体上而记录下图像信号。幻灯片、电影片就是采用光学记录的方法。磁性录像是利用光电元件的光电转换作用,将图像上每个像点明暗的变化转变为电流强弱的变化,最后转变为磁场强弱的变化,使录像载体磁化而记录下图像信号。录像磁带采用磁性记录的方法。

3. 声像资料

声像资料综合了录音和录像技术,声图并茂,给人以深刻的印象。

目前,采用先进的激光技术记录声音和图像,是声像记录手段的一大革命,不仅极大地改善了声音和图像的质量,而且存贮密度也大大提高。激光记录的方法是将活动的图像和声音信号转换成电信号,经过处理后送到激光调制器,使激光束随电信号的变化而变化,这束激光照射到涂有金属膜的圆盘上,使金属膜气化而形成大小不等的小孔。重放时,激光读出头从小孔中读出信号并转换成电信号,再经过处理后在荧光屏上再现图像,在扬声器上还原成声音。

二、视听资料的作用

1. 视听觉的作用

视听资料是人们交流信息的一种媒介,而信息最初来源于自然界形形色色的客体,它的基本因素就是声音和图像。人们是依靠感觉来获取信息的。在五种感观中,视觉和听觉占主导地位。在吸收知识的比例上,视觉占83%,听觉占11%。视听结合可以充分挖掘大脑的潜力,通过多种感官获得深刻的印象和长久的记忆。

2. 视听资料的特点

视听资料不仅能将声音和图像信号如实地记录下来,加以存贮,超越时间和空间的限制反复播放,而且能利用摄影和编辑的特技处理,使信息的形象在动和静、快和慢、大和小等方面按照人们的需要而变化,使视觉和听觉不断深化。归纳起来有如下几点:

1)化虚为实。如机器内部的运动可通过动画的方法形象地显示出来;

2)化快为慢(化慢为快)。如体育运动中瞬时的快动作,通过特技摄影放映成慢动作让人们研究、欣赏;

3)化小为大(化大为小)。如微生物等微观现象通过显微放大成为可以观看的图像;

4)扩大宣传面。如一部电影可同时供千百人观看,而电视信号则可为其信号覆盖地区的所有电视观众收看;

5)再现历史。对领袖、名人的声像记录,对重大历史事件和活动的现场记录,对于后人都是珍贵的历史资料;

6)读者不限。不论男女老少,皆能受益,对有生理障碍的读者也能加以补偿,为其提供学习的机会,如盲人可以利用录音资料等;

7)存贮密度高。如一张直径为30厘米的激光电视唱片,单面可记录五万多张图画,存贮的容量大,密度高,可以节省大量的空间和载体。

3. 视听资料的作用

1)视听化是图书馆现代化的一个组成部分。

从图书馆收藏的文献资料来看,声图并茂的视听资料深受读者的喜爱。

从借阅的手段看,现代化的检索方法是电子计算技术和视听技术的结合,利用计算机检索,最终在荧光屏上显示出需要查找的资料,大大缩短了查找的时间。同时,由于联机检索,提高了资料的利用率,做到资源共享。

从读者工作来看,利用录音录像资料可以生动形象地宣传图书,辅导读者,使人们更好地利用图书馆。

2)利用视听技术可以快速、准确地传递情报。

情报技术的现代化是情报工作中重要的一环。利用视听技术可以准确、迅速获得信息,比采用印刷型方式发表文章快得多,也生动得多。

3)视听资料为科学研究提供了第一手资料。

利用视听技术记录下来的科学现象,大到宏观宇宙,小到微观世界,这些罕见的壮观景象不是人人都能亲眼目睹的,但这些景象的现场记录可以通过幻灯、电影、录像等在荧光屏上再现。在医学研究上,将患者的病变记录在录音带、录像带上,对诊断病情和病理研究起着独特的作用。

4)利用视听资料进行教学,可以提高教育水平。

利用视听资料进行教学,是教育史上的重大改革,视听资料直观地再现客观现象,从感性到理性,符合辩证唯物主义的认识论,有助于集中注意力,培养学习兴趣,提高对问题的分析能力。资料的反复再现则可加深记忆,提高学习效率。

第二节　录音资料与技术

一、唱片与唱机

1. 唱片

1877 年,美国的爱迪生发明了圆筒形留声机,第一次将声音信号记录下来。1887 年,德国的贝利纳成功地制作了圆盘形留声机,能够将记录的声音信号复制下来,唱片作为记录声音的录音资料就得到了极大地发展。在新技术不断出现的今天,唱片依然是家用电唱中高质量的节目源。

1）唱片的录音与制作

制作唱片采用机械录音的方法。电子技术出现以后,利用传声器、放大器等将声音信号转换成电能,再转换成机械能,贮存在唱片的音沟里,具有较高的电声指标,比通过先用磁带记录再翻刻到唱片上音质要好。磁带录音要受到磁带本身质量的影响,采用先磁带录音再翻刻的方法,给节目的加工和保存带来方便。

单声道唱片采用横向刻纹法,如图 13—1,音沟的截面成"Ⅴ"字形。单声道录音是将一个声音信号调制成一道音沟的左右振动。由于刻纹刀尖端的横截面成三角形如图 13—2,刻出的音沟宽窄和深浅不等。

立体声录音是将两个或四个信号记录在一个音沟的两个侧壁上。与左声道相应的信号记录在音沟的左侧壁上,与右声道相应的信号记录在音沟的右侧壁上,两个信号的调制方向轴对唱片各成倾斜的 45°的角,也称 45°—45°刻纹法。如图 13—3。

当左右声道的信号大小相等,相位相同时,其合成矢量以纵向为主,失真较大,现在使用的 RIAA45°—45°刻纹法,使左右声道信

沟口 沟底 沟口

图 13—1　横向刻纹法　　　图 13—2　　刻纹刀

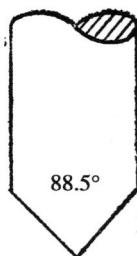

88.5°

左声道信号　　右声道信号　　左右声道信号　　左右声道信号
　　　　　　　　　　　　　大小相等方向相同　大小相等方向相反
　　　　　　　　　　　　　　（纵向刻纹）　　　（横向刻纹）

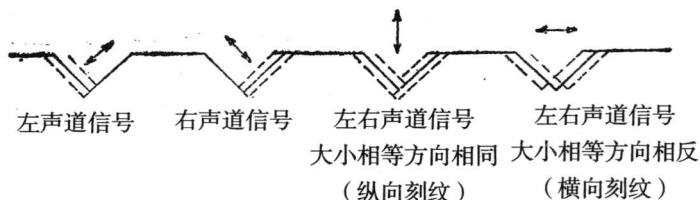

图 13—3　立体声唱片四种特殊情况的音沟状态

号在大小相等,相位相同时的合成矢量以横向为主,减小了失真。

　　唱片上刻录下的音沟是一圈一圈连续的曲线,由外至内,最后形成一个闭合的圆圈。

　　2)唱片的种类与规格

　　唱片的标准录音速度有四种:$16\frac{2}{3}$ 转/分,$33\frac{1}{3}$ 转/分,45 转/分,78 转/分。78 转/分的称为粗纹唱片,音沟的密度低,沟口较宽,噪声大,放音时间短,已趋于淘汰。其余三种称为密纹唱片,音沟较密,噪声小,放音时间长。

　　唱片的外径有四种通用尺寸:175 毫米、200 毫米,250 毫米,

288

300 毫米。

唱片使用的材料通常有塑料材料和紫胶材料。

唱片按其记录的声音信号有单声道与立体声之分。

我国对唱片的不同规格给予了不同的代号,如下表。国外,对唱片的转速、声道也有如图 13—4 的标识符号。

我国唱片代号

代　号	唱片规格	代　号	唱片规格
XM	175 毫米密纹	BM	薄膜 170 毫米
M	250 毫米密纹	S	45 转/分密纹唱片
DM	300 毫米密纹	GM	广播专用唱片
LTS	立体声唱片		

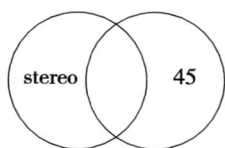

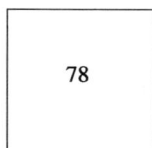

立体声密纹唱片　　　单声道粗纹唱片　　　单声道密纹唱片

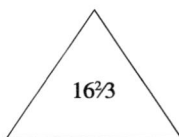

图 13—4　唱片标识符

2. 唱机

1)唱机的结构及工作原理

唱机主要由唱头、唱盘、电动机三部分组成。

①唱头;唱头是机——电换能元件,将唱片音沟上的机械振动能量转换成电能。唱头主要有压电型和磁电型两种。

压电型唱头是根据晶体的"压电效应"制成的。晶体唱头的特点是输出电压高,价格便宜,缺点是频率特征较差,失真较大,多用于低档普及型唱机。

磁电型唱头是根据电磁感应现象而设计的。磁电型唱头的结

289

构又由于换能装置的不同而分为动磁型（MM 型）、动铁型（IM型）、动圈型（MC 型）和可变磁阻型（Varirelu 型）等。

　　除了以上两大类型以外，新型的、高质量的唱头不断出现，有半导体型的，光电型的，电容型的和铝带型的。半导体唱头是通过硅半导体元件使唱针的机械运动转变成电信号，有较高的输出电压和较宽的频率响应，失真小，音质干净而清脆。光电型唱头能接收来自录音音沟的反射光，利用光敏晶体管和太阳能电池输出信号电压，唱头质量轻，针压小，高频响应好。电容型唱头是利用连着唱针的可动电极与固定电极间容量改变而引起电压变化的原理做成的，振动部分轻，高频响应好。带型唱头是在 N—S 极间放置一带状的铝，其一端接上唱针，利用带状切割磁力线而感应出电流。

　　立体声唱头是用于播放立体声唱片的，换能原理与单声道唱头一样，不同的是单声道唱头由一枚唱针和一个换能元件组成，立体声唱头由一枚唱针和两只换能元件组成。如图 13—5。

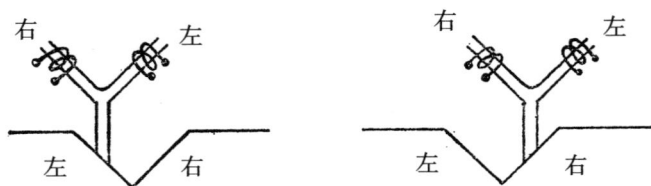

图 13—5　立体声唱头

　　当唱针按着音沟的变化规律移到左侧壁时，左边的磁棒就沿着左线圈的轴向运动，左线圈中就产生感应电压，有信号电压输出。同理，右线圈输出右声道信号，左右声道的信号分别通过放大器送到扬声器还原成声音。

　　目前，四声道立体声唱机也已问世，四声道唱片录制时，是将四个话筒送来的音频电流编码成两组，按双声道立体声唱片的录

290

制方法记录在一个音沟的左右两个侧壁上。放音时,用立体声唱头取出两组变化的电流,经过解码还原成四个声道的音频电流,用四个放大器分别加以放大,然后馈送到四个扬声器上还音,如图13—6。

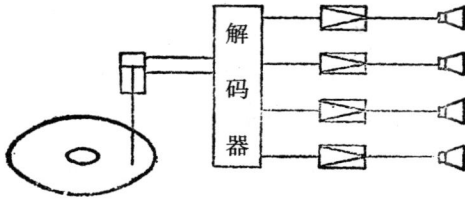

图13—6 四声道唱机

立体声唱片、唱机具有较高的电声指标,频响在 20 赫—20 千赫,谐波失真小于 1% ,信噪比大于 60 分贝,为盒式录音机所不及。

②唱盘:唱盘是用金属或胶木做成的圆盘,用以承托唱片并按标准录音速度旋转。唱盘的旋转要平稳,尽量减小唱盘的噪音。

③电动机:是电唱机的动力部分。要求电动机的旋转速度准确,振动要小,噪声要小,寿命长。

2) 自动型唱机

自动还原型唱机在唱片放音完毕时,唱臂会自动还原到唱臂架上,切断电源。检知机构有机械的方法、电气的方法和电子的方法。还原机构有齿轮式、弹片式及马达式等。

全自动唱机在唱片开始播放时,唱头自动降落到唱片的音沟上,放音完毕,自动地还原。

二、录音磁带与录音机

1. 录音磁带

录音磁带是以磁性记录的方法录下声音信息的。磁性录音是1898年由丹麦工程师颇尔森发明的,当时的录音载体是钢丝、钢带、使用极为不便,以后研究出在纸上涂上磁粉,继而又制造出以醋酸为底层的录音带,使磁性录音得到迅速发展。

1)磁带的性能

磁带由磁粉层和带基两部分组成。磁粉的质量和工艺方法决定了磁带的电磁转换性能,带基的材料决定了磁带的机械性能。磁带上磁粉材料各不相同,但所有的磁带都应具有高矫顽磁力,即保持录音时感应到的磁通量的能力,具有高的灵敏度。带基材料也不尽相同,应具有高抗张强度及耐磨等性能。

2)磁带的种类和规格

磁带按磁粉材料不同可分为:

普通带:即 Fe_2O_3 带,价格低廉,在低带速下信噪比和频响不太好。盒式普通带又有 LN 带(Low noise),中低频响好,高频稍差,用于语言录音,属于低档用低噪声磁带。LH 带(Low noise high out put),高频响应好,输出高,噪声低。LHS 带,即高性能的 LH 带,音色丰富,输出高,噪音很小。

铬带:即 CrO_2 带,高频响应好,信噪比大,在低带速下用于质量较好的录音机,但铬带硬度大,对磁头的磨损也大些。

金属带:即(Fe、Co、Ni)材料,频响和信噪比都好,但制作工艺复杂,成本高。

加钴氧化铁带:即($Co—Fe_2O_3$)磁性能好,矫顽力大,记录难。

铁铬带:(Cr—Fe)涂成双层,是高能量磁带,铁层有较高的低频响应,铬层有较高的高频响应,适用于任何录音。

磁带按其外形来分,有以下几种;

开盘式:带宽6.25毫米,直径有3吋,4吋,5吋,7吋,走带速度有9.53厘米/秒,19厘米/秒;

盒式:带宽3.81毫米,带速4.75厘米/秒;

微盒式:带宽 3.81 毫米,带速 2.38 厘米/秒;

大盒式:带宽 3.81 毫米,带速 9.53 厘米/秒;

循环卡式:带宽 3.81 毫米,无限循环,不能反转;

匣式:带宽 6.3 毫米,不能反转,多用于汽车中的录音机。

3) 磁带的音轨

音轨是指磁带上被录音的带状部分,有单声道双轨,立体声四音轨等。

4) 磁带的使用

不同磁带具有不同的磁化特性及物理性能,在使用时应加以考虑。

不同的内容要求不同的磁带和不同的录音速度。一般重要节目或音乐节目选用高档的磁带和快速的录音速度,而对语言节目要求就低一些。

不同性能的磁带不要混合使用。

不同性能的磁带要求有不同的偏磁,适合于不同类型的录音机。一般录音机使用普通带,具有磁带选择开关的高中档机可使用铬带或铁铬带。低噪音带比普通带偏磁高出 20—90%,若在普通机上使用,由于达不到磁带所要求的偏磁,录音质量还不及普通带好。

磁带经过录音后,感应在磁带上的磁性可以长期保存。磁带缠得紧密时,磁化强度大的信号会引起层间串音,这种效应随着温度的升高和贮存时间延长而增加。要放在低温的地方,可用倒带的方法来减小这种串音。

2. 录音机

1) 磁性录音

磁带录音机是利用磁头磁带系统进行录音。录音的过程就是把声能转变成电能,电能再转变成磁能,最后用磁的形式把声音信息保存下来。

磁粉材料在磁场中被磁化,其磁化的情况遵循着一定的规律,如图 13—7。

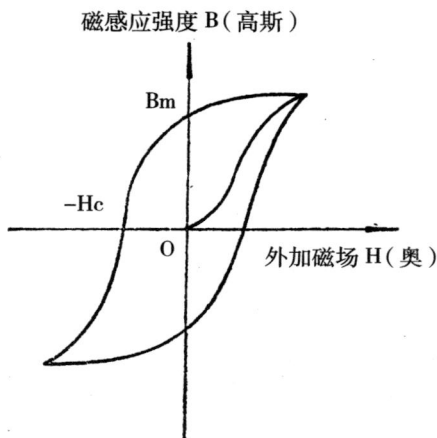

图 13—7　磁滞回线

当磁场增强时,磁粉被磁化的程度也随之增大;当磁场强度继续加大时,磁粉材料达到饱和;当磁场逐渐减弱时,磁粉材料被磁化的程度也减弱。当磁场强度减弱为零时,磁粉材料还保留一定的剩磁,要去掉剩磁,必须要加一个相反方向的磁场。图中 Bm 为最大残留磁束密度, – Hc 为抗磁力(矫顽磁力),Bm 越大则输出越大,相应的 – Hc 也越大,消磁就难。

磁性记录原理的示意图如图 13—8 所示。

声音经过话筒转变为音频信号电流,然后进入录音放大器进行放大,放大了的音频信号电流通过录音磁头线圈,产生随音频电流变化的磁力线。由于磁带与录音磁头的缝隙紧贴在一起而又不断地移动,变化的磁力线就通过磁头缝隙前的磁带形成回路,这样就把这一小段磁带磁化,从而也就把声音记录下来了。

2)抹磁原理

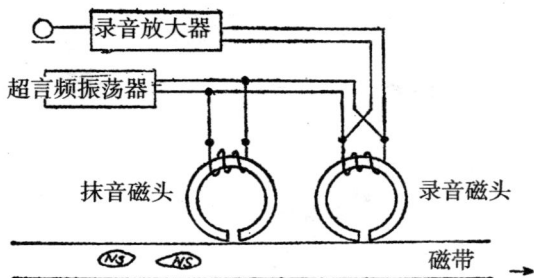

13—8　录音原理示意图

　　磁带在录音时,先经过抹音磁头把磁带上原有的信号抹去,再经过录音磁头进行录音。抹音的过程如下:在录音时,抹音磁头的线圈通有超音频电流,抹音头的缝隙处就产生一个随超音频电流变化的磁场,这个磁场在抹音头缝隙的中心最强,向两边逐渐减弱。缝隙中心的磁场强度比磁带上原有剩磁信号的磁场强度要大很多倍,当磁带走到磁场最强的缝隙中心时,磁带就被磁化,把磁带上原录下声音的剩磁全部抹掉,再进行新的录音。

　　3)放音原理

　　如图 13—9 所示,放音的过程就是把磁能转变成电能,又把电能转变成声能的过程。已录音的磁带以和录音时相同的速度紧贴着放音磁头缝隙前进,磁带上所录下的音频剩磁的磁力线容易通过磁心形成回路,这个大小变化的磁力线切割放音磁头的线圈,线圈上就产生相应的音频电流,经过放大器放大后送到扬声器上,还原成原来的声音。

　　4)磁头

　　磁头在录音机中起着电能与磁场能之间的能量转换作用。磁头的基本结构就是在有缝隙的环状磁心绕上线圈,如图 13—10。

　　磁头按其工作的不同分为录音磁头、放音磁头、抹音磁头。有的录放合用一个磁头。

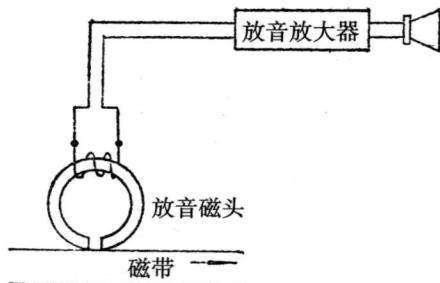

13—9 放音原理示意图

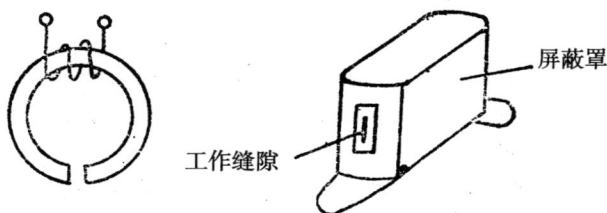

图 13—10 磁头

　　录放磁头的磁心是采用导磁率很高的材料做成的、磁心叠合处留有两个缝隙,前面一个靠着磁带的缝隙中心填有极薄的紫铜箔等非磁性物质,由于填片的磁导率很小,磁力线就大部分从磁带上通过。这个缝隙称为工作缝隙,其长度略小于磁带宽度的一半。可以在一条磁带的上下部分进行双轨录音。另一个缝隙在磁心的后面,叫做后隙,填有纸片,用来防止磁心磁饱和及减小调制杂音。磁头中的两个线圈是对称绕制的,受外界杂散磁场的感应而产生的电流可以互相抵消,减小杂音,还用铁片做成屏蔽罩,把磁头罩住,避免外界干扰。

　　立体用磁头是将两个磁头容纳于一个屏蔽罩里,两个屏头的工作缝隙在同一直线上,两个磁心的间隙与规定的轨道间隔一致,两个磁头间有一屏蔽板,如图 13—11。

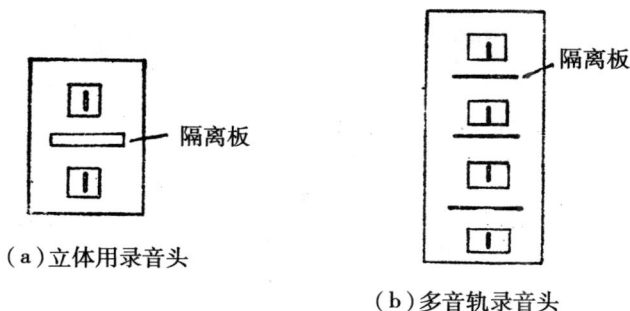

（a）立体用录音头

（b）多音轨录音头

图 13—11　多音轨磁头

录制立体声时,开盘磁带的间隔就大些,效果比盒式磁带好,盒式磁带由于音轨的间隔太小,无法使其充分分离。

5）录音机的使用

录音机一般由三大部分组成:机械部分,磁头部分,放大电路部分。

为了使用方便,录音机备有多种输入、输出信号的插孔,以连接来自收音机、电唱机、电视机、话筒等的声音信号。

①信号输入插座

话筒输入（MIC IN）:话筒级输入的灵敏度很高,输入电压为0.25 毫伏,输入阻抗为 600 欧—20 千欧。输入信号过大,会引起严重失真。

线路输入（LINE IN）:线路输入的灵敏度为 40 毫伏—250 毫伏,可接收较大的录音信号,失真小,输出高,动态范围也大,其输入阻抗大于 50 千欧。

辅助输入（AUX IN）:辅助插座输入信号与线路输入相同,但录音的质量不及线路输入,因为它比线路输入多一级放大。

②信号输出插座

外接扬声器插座(EXT.SP)

外接耳机插座(EAR):低档的录音机用扬声器或耳机插口输出信号,信号大小由音量电位器控制,可以从几十毫伏到几伏,输出太小会有噪声,输出太大会产生过荷失真。一般扬声器输出在1伏左右,输出阻抗为10欧左右。

线路输出插座(LINE OUT):线路输出的信号电压在250毫伏—800毫伏,输出阻抗为10千欧,要求与它连接的机器的输入阻抗大于50千欧,这样可以减少噪音,减小失真。

五蕊插座(DIN):五蕊插座左右声道的线路输出和线路输入都集中在一个插座上,使用方便。如图13—12。

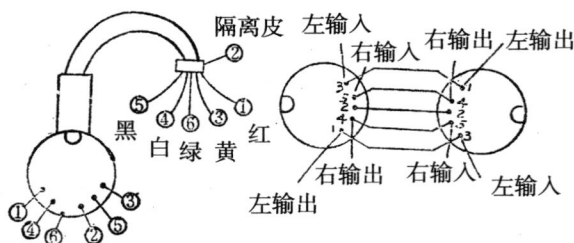

图13—12　五蕊插座与电缆

为了得到高音质的录音,对录音机的输入和输出插口要正确进行连接。连接时考虑以下几个方面:

满足不同输入插口所需要的输入电压。当录音机有两个输入插口时,选用输入电压高的插口,减小噪音,提高信噪比。若输入信号电压远大于输入插口允许的范围,则用衰减器进行衰减后再输入。

输入输出阻抗间的匹配。输出的阻抗要小于输入的阻抗,可以减少信号的衰减。

输出的信号尽量从放音机的前级取出。多一级放大后噪音也随之放大。所以,当录音机有扬声器输出和线路输出时,应从线路级取出信号。

例如,从收音机或电视机的扬声器插座取出信号,送到录音机的话筒级插口进行录音,考虑信号电压的大小及阻抗匹配,我们选用下面的转录线来连接,如图 13—13。

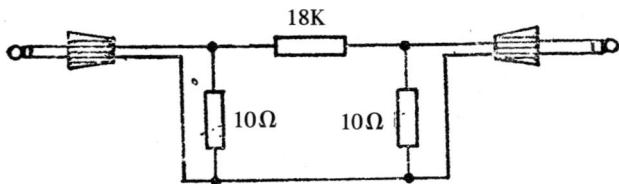

图 13—13　　转录线

扬声器的输出阻抗为 10 欧,小于话筒插口入阻抗,话筒插口允许的电压为 0.25 毫伏左右,扬声器输出的电压在 0.45 伏左右,用这个转录线将扬声器输出的电压衰减一千多倍,满足了话筒级允许的输入电压。

③录音机的维护

磁头的清洁:磁头的间隙很窄,磁头上若沾有灰尘或磁带上的磁粉末,高频性能便会下降,有时还出现掉音现象,应经常用清洁剂进行清洁。

驱动轴和压带轮的清洁:驱动轴上沾满磁粉末后,运行时会发生抖动,压带轮上沾有粉末,久后也会老化,使磁带走时打滑。清洁时,用布打湿拧干后,压在压带轮上使录音机旋转即可。

磁头的消磁:录音机使用后,录音和放音磁头中慢慢会积存一定的剩磁,从而音产生噪声,在录音时就会使磁带噪音增加。已经录有音的磁带,在磁化了的放音磁头上放音时,会受到磁化,产生噪音,以致无法消除,所以必须经常对磁头进行消磁。消磁器消磁的原理是,消磁器产生一个交流磁场,使磁头去磁。使用时,将消磁器对着磁头缝隙,再接通电源,消磁器沿缝隙上下移动几次,慢慢离开磁头,再切断消磁器的电源。

第三节　录像资料与技术

一、幻灯片与幻灯机

幻灯技术早在十七世纪就已出现,一直沿用到今天。今天记录图像信息的技术已发展到电子时代,但幻灯却由于它的制作简单、成本低廉依旧得到广泛的利用。

1.幻灯片

幻灯片是一种透明的胶片,根据一个主题将图像和文字采用照相和绘制的方法制作而成,利用镜头进行扩大放映。

1)幻灯片的种类

从表现方法上可分为黑白和彩色幻灯片;

从内容上可分为宣传报导、科学技术、文化娱乐等幻灯片;

从规格上有 10 厘米×8 厘米的,有 24 毫米×36 毫米的,在后一种中,有单片和卷片之分。在单片和卷片中又有单幅和双幅画面之分,如图 13—14。

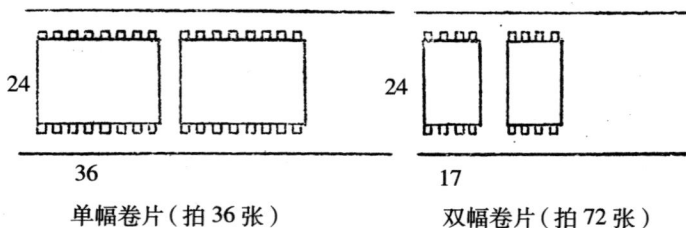

单幅卷片(拍 36 张)　　　双幅卷片(拍 72 张)

图 13—14　单幅和双幅卷片

幻灯单片的外框为正方形,边长 2 吋,框内画面有大小不同的几种形式。

2)幻灯片的制作

幻灯片的制作有照相的方法和绘制的方法。由于照相快而简便,大多采用照相的方法。

绘制的方法也有多种,有彩绘法,版书法等。画面的主题要鲜明,简练。

3)投影片

投影片是一种透明的图片,用放映设备来扩大放映。绘制的方法一般有手绘和揭裱两种。

2、幻灯机

1.幻灯机原理及结构

幻灯机利用凸透镜成像的原理,将幻灯片放大成一个倒立的实像。

幻灯机的结构主要有三部分:光源、聚光系统和物镜,如图13—15。

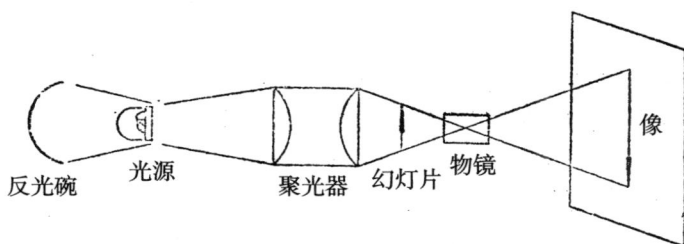

图 13—15　幻灯机结构示意图

此外,幻灯机中还有降温部分、机械输片部分等。在凸透镜成像中,幻灯片到镜头之间的距离叫物距,图像到镜头间的距离叫像距。物距与像距间存在着共轭的关系,通过改变物距,可以在屏幕上得到清晰的图像。

幻灯机光源要求亮度好,照度均匀,一般多采用卤钨灯。透镜则根据机器的规格和用途不同,有的使用照相机的物镜,有的使用特殊的透镜。

2.幻灯机的种类

1)实物反射幻灯机

将图片、实物直接放大投影到银幕上。

2)书写投影仪

可将预制在透明胶片上的文字或图像放大投影到银幕上,也可以直接在镜面上书与。

3)生物显微投影仪

可将生物切片放大后投影到银幕上,放大倍数达 680—1400倍。显微投影要配合特制的光源和显微镜。

4)多控幻灯机

可以自动进片、倒片,自动延时,远距手控,无线电遥控,声控等。

5)同步幻灯机

声画同步幻灯机,在播放幻灯片的同时,解说词也同时播放。

二、电影片与放映设备

1.电影片

电影自十九世纪问世以来,深受人们的喜爱,在七种艺术(戏剧、音乐、舞蹈、文学、绘画、雕塑、建筑)之后被称为第八艺术。电影是声音和图像的综合,也是技术和艺术的综合。

1)电影胶片的构造

①黑白胶片

电影胶片由片基和感光乳剂层两大部分组成。片基要求机械强度高,透明度好,不燃烧。片基材料有醋酸纤维和涤纶材料等。感光剂是用卤化银材料做成的,见光后分解成金属银和卤素。卤化银的粉末由明胶调和后均匀地粘附在片基上,片基反面涂有假漆,防止胶片干燥后卷曲以及由于片基相互摩擦而产生静电。

②彩色胶片

彩色胶片也是由片基和感光乳剂层组成。与黑白胶片不同的是,彩色胶片中感光乳剂层有多层。以彩色底片为例,乳剂层分为三层,分别对红、绿、蓝三色光感光。拍摄时,影物反射的红、绿、蓝光分别在底片的不同感光层感光,底片冲洗时,这三层分别变成它们的补色,即黄、青、紫三种颜色。将底片上的影像印到彩色正片上时,就还原成原来的色彩。

2)三基色原理

色是不同波长的光作用于人眼的结果。三基色原理是指用三种基本的色(这三种色中的任何一种不能由其它两色合成)可以组合成无数的彩色,这三种基本的色称为三基色(三原色)。我们常用红、绿、蓝作为三基色。彩色影片的拍摄和放映都利用了三基色原理。

加色法:用三基色相加得到各种色光的方法。如图 13—16 所示,各种色光等量相加的结果为:

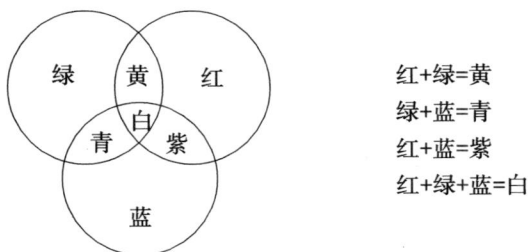

红+绿=黄

绿+蓝=青

红+蓝=紫

红+绿+蓝=白

图 13—16   加色法

减色法:从白光中减去一种色光,就得到另一种色光。如图 13—17。

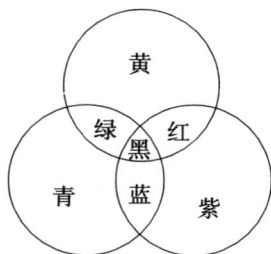

白-蓝=黄
白-绿=紫
白-红=青
白-红-绿-蓝=黑

图 13—17 减色法

3）影片类型

影片可从内容、规格、表现方法和技术等方面来分。

从内容上分有故事片、艺术片、新闻片、纪录片、科教片、文献片、美术片、儿童片等。

从规格上分有 70 毫米、35 毫米、16 毫米、8 毫米等影片。

从表现方法和技术上分有无声影片、有声影片、黑白影片、彩色影片、宽银幕影片、遮幅式影片、立体影片等。

2. 放映设备

1）"视觉暂留"现象

电影放映时,在银幕上出现连续运动的画面。这种连续运动的效果是利用了人眼的"视觉暂留"特性。当光线进入人眼刺激视网膜时,产生一个视像并保留十几分之一秒的时间,如果在这个时间内有第二个图像进入人眼,则第二个视像和暂时还存留在视网膜上的第一个视像连在一起,第三个视像又与第二个视像连在一起。这样,一幅幅静止的图像就变成连续运动的图像了。

电影在拍摄与放映时都以一定的速度进行,无声影片每秒移动 16 幅画面,有声影片每秒移动 24 幅画面。

2）放映机的结构及原理

放映机主要有三个部分:光学成像部分,机械传动部分和还音

304

部分。

光学成像是利用凸透镜成像的原理,由光源、聚光系统和镜头等构成。其作用是使拷贝上的影像放大并清晰地投影到银幕上。

机械传动部分有抓片机构和遮光器。抓片机构使拷贝作间歇运动,当画面到达片门孔时就停止运动,光源使影片上的画面透过镜头扩大放映到银幕上,抓片机构又迅速抓住影片旁边的齿孔向下运动,让下一幅画面出现在片门孔前。如此循环,每秒钟抓过 24 幅画面。另有供、收片的齿轮。遮光器的采用是为了解决画面之间的空白处出现的闪烁现象,如图 13—18,遮光器是一个旋转的圆盘,上面加了一个"付叶",遮光器旋转一周就遮光两次,每秒钟放映 24 幅画面就遮光 48 次,达到了闪烁的临界频率,从而消除了闪烁感。

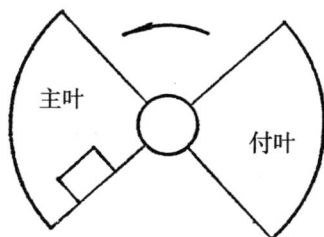

图 13—18　遮光器

还音部分,拷贝上的光学磁带是利用光学方法还音的,激励灯光源的光经过凸透镜聚焦,照射在磁带上,拷贝在不断运动,透过磁带的光线的强弱也随之不断变化。变化的光线由光电元件转换成变化的电流,再经过放大器放大后送到扬声器上还原成声音。如图 13—19。

3)放映机种类

不同规格的影片要使用不同规格的放映机,因此有 35 毫米;16 毫米、8 毫米等放映机。

宽银幕电影是在拍摄和放映时加了变形镜头的结果。摄影时

305

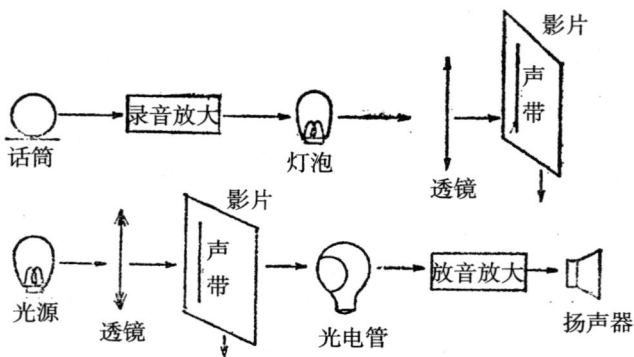

图 13—19　光学录放音示意图

使景物横向压缩,放映时使景物按原压缩比例横向拉伸,加宽了视野。一般普通影片的画面高宽之比约为3:4;而宽银幕画面高宽之比接近3:7。

遮幅式影片是在放映机片门上下各缩短一些,使画面高宽之比由1:1.37变为1:1.66,放映时用90毫米的镜头代替120毫米的镜头,使画面面积加大,从而也增加了宽度。为了和宽银幕电影区别　遮幅式电影也叫假宽银幕电影。

三、黑白和彩色电视

1.黑白电视

1)电视广播的基本原理

电视广播的过程就是:在发送端(电视台)把活动"图像"转换成代表它的"电信号"(即电压或电流),用无线电波传送出去,接收端(电视收机)把这种"电信号"转换成它所代表的"图像"。这种图像和电信号的转换就叫做光电转换。利用光电元件可以完成这种转换。

2)图像的分解

306

一幅图像是由明暗不同的部分组成的。为了反映图像的细节将图像分解为许多基本单元，叫做"像素"或"像点"。像点越多，图像越清晰。35毫米影片约有一百万个像点，16毫米影片约有二十多万个像点。在电视技术中，构成画面的像点大小相等，亮度不同，按一定的规则一行行地排列。行的宽度就是像点的宽度，行数越多，像点也越多，故图像的清晰度用行数表示。我国电视标准规定每幅图像为625行，画面的高宽之比为3∶4，每一行约833个像点，一幅画面就有五十万个像点。传送一幅图像时，在发射端把所有的像点转换成电信号，也称为"图像信号"，由无线电波传送出去，接收端接收到这些不同的电信号，经过一系列处理后还原成不同亮度的像点，其排列的位置和发射端完全一致，得到和发射端一样的图像。

现代技术采用顺序传送像点的办法，当传送的速度快到一定程度时，因视觉暂留特征，我们看到的不是断断续续的像点，而是由像点组成的一幅幅完整的图像。

发射端利用摄像机完成分解图像和传送像点的任务，接收端通过显像管最后将接收到的电信号还原成图像信号。

3）图像的同步

图像同步是指显像管上呈现的图像和发射端摄取的图像一致。为此，电视台设有同步机，产生同步脉冲信号，控制显像管电子束的扫描运动，使图像中各像点的位置在荧光屏上正确重现。

4）传送活动图像

电视每秒钟传送25幅画面，在荧光屏上出现活动的图像；同时，采用隔行扫描的方法，第一场扫描奇数行，第二场扫描偶数行，每秒扫描25幅，就成为50场，荧光屏的发光效率即为每秒50次，消除了闪烁现象。

5）电视信号的发送

图像信号的频率叫做视频，伴音信号的频率称为音频，它们不能直接通过电视台的发射天线转变为电磁波,必须"附着"在比它们本身频率高七、八倍的无线电波上,才能脱离导线向空中辐射电磁波。这种无线电波起着载运的作用,称为"载波"。载波的频率称为射频。用音频和视频信号去改变载波的幅度或频率,这个过程叫做调制。图像采用调幅的方式,伴音采用调频的方式。调制后的图像和伴音信号一起,称为"高频电视信号",在电视台共用一副发射天线发送到空间去,接收端也是用一付接收天线把它们接收下来。

黑白全电视信号包括:图像信号,复合同步信号,复合消隐信号。

6)电视频道

电视广播是用超短波发射的,使用甚高频(VHF)特高频(UHF)和超高频(SHF)波段。

2.彩色电视

彩色电视也利用了三基色原理。

1)彩色图像的分解

黑白图像只反映出图像的明暗部分。彩色图像不仅反映出图像的暗明,还反映出图像的色彩。按照色度学的观点,人眼有三种光敏器官,分别感受红、绿、蓝三色光,感受到光刺激的总和给人以亮度的感觉,而三种器官所受刺激的比例则给人以色的感觉。利用三基色原理,将图像分解成三基色,每一基色就相当于单色光,只有一个明暗的变化,可以用黑白电视传输的方法来传送,在接收端由三基色图像还原成彩色图像。

彩色图像分解成三基色是利用光波的干涉原理,用分色棱镜来分光的。不同波长的光折射不同,当一束白光进入和离开棱镜时,都会发生折射现象,从棱镜出来后就不是单一的白光了。如图13—20。

我们选择这样的棱镜,使彩色图像经过它后就被分解成红、

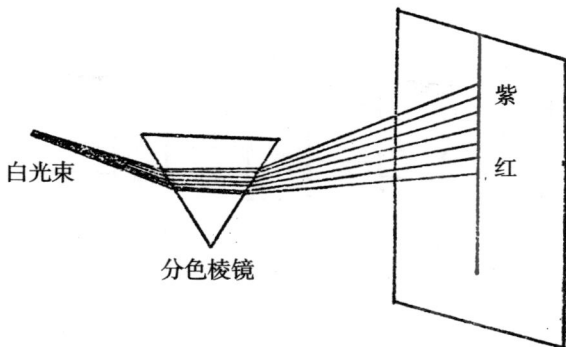

图 13—20　白光经棱镜后分解成色光

绿、蓝三基色光。描述色光特征有三个量:亮度、色调和饱和度。亮度表示在视觉上引起明亮的程度,色调表示所呈现的颜色,饱和度表示色彩深浅的程度。

2)彩色电视信号的发送与接收

彩色全电视信号包括亮度信号、色度信号、复合同步信号、复合消隐信号。

为了实现黑白和彩色电视的兼容,彩色图像分解的三基色信号要进行特殊的编码处理。编码后,有一个为黑白电视机所接收的亮度信号 Ey,另外两个则为色度信号,表示为 Eu 和 Ev。三基色信号表示为 E_R、E_G 和 E_B。其发送和接收的原理如图 13—21。

3)彩色电视的制式

彩色电视的制式是指彩色电视信号的传输方法,主要有三种:

① NTSC 制(National Television System Committee)。美国、加拿大、日本等国采用。

②PAL 制(Phqse ALternating line)。中国、英国、联邦德国、澳大利亚等国采用。

③SECAM 制(Sequential Colour and Memry)。法国、苏联、匈

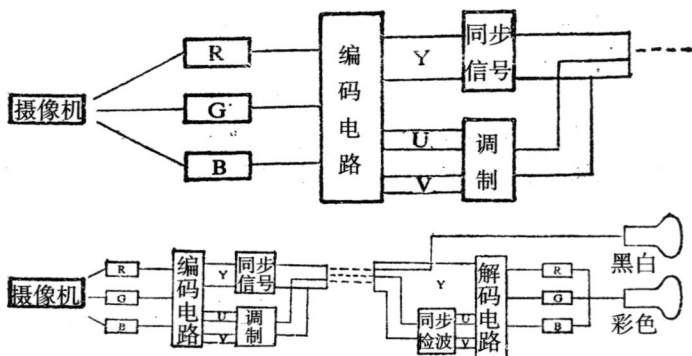

图 13—21　彩色电视传输原理示意图

牙利、波兰、罗马尼亚等国采用。

以上三种制式各有优点,因而同时存在。不同制式的彩色电视机不能互相收看。

四、录像磁带与录像设备

磁带录像机(VTR)综合了磁带录音和电视这两门技术,到七十年代已发展成一套独自的逐步完善的体系。

磁带录像机能将图像信号和声音信号同时记录在录像磁带上,又能将记录在磁带上的图像和声音信号还原。

1.录像磁带

1)录像磁带的结构与特点

录像磁带与录音磁带一样,采用磁性记录的方式存贮信息。录音磁带记录的是声音信号,其最高频率为 20 千赫;录像磁带记录的是图像信号,其最高频率可达 6 兆赫。因此,录像磁带的带基和磁粉层的性能和质量都要求更高。带基要求平面性能好,耐热,耐温,耐湿,耐磨,抗菌,抗霉,抗断强度大,不易带电和沾附灰尘。磁粉层要求磁粉的颗粒要小,分布均匀,剩磁通密度要大,矫顽力

310

适当,磁粉在加热加压的情况下去磁要小。

2)录像磁带的种类和规格

录像磁带从外形上分,有开盘式与盒式磁带。

从磁带的宽度和厚度来分,宽度有 2 吋,1 吋,3/4 吋和 1/2 吋等几种;厚度有 36 微米,28 微米等几种。

2. 录像设备

1)磁性录像的基本要求

①磁性录放图像原理

磁性记录图像的过程是由摄像机将图像的光信号转变成电信号,再由录像机将电信号转变成磁信号记录在磁带上。重放时,磁头从磁带上拾取剩磁信号,转变成相应的电信号,最后在电视机的荧光屏上重现图像。

声音信号的频率低,频带宽在 10 个倍频程以内,采用直接记录的方法。录音时,为减小失真,加了偏磁。图像信号频率高达几个兆赫,倍频程也宽达 18 个以上,如果采用和录音相同的直接记录的方法,磁带的走带速度要快到每秒几十米,这是不可能的。为此,必须要满足一定的条件,才能在磁带上记录下图像的高频信号,而且在重放时,能呈现出清晰的画面。

以下是录放的三个条件:

磁头的工作缝隙要小于记录波长。记录波长是指记录信号在一个周期内磁带走过的距离。

$$记录波长(厘米) = \frac{磁带速度(厘米/秒)}{信号频率(赫)}$$

当磁头缝隙小于记录波长时,磁头上有信号输出;当磁头缝隙等于记录波长时,磁带上信号总和为零,磁头上没有输出,如图 13—22。

工艺上不可能无止境地缩小磁头的工作缝隙,因而所记录信号的高频端是有限的。

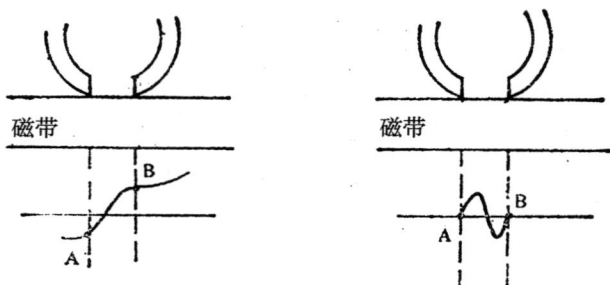

图 13—22 磁头缝隙和记录波长

　　磁头和磁带的相对速度要大。从记录波长的公式中可以看出,当记录波长一定时,可以用提高磁带速度的办法来提高信号频率,所以在录像机中,让磁头高速旋转,以提高磁头和磁带的相对速度。

　　频率调制。采用以上两个办法以后,解决了记录图像高频的问题。但在重放时,若满足了高频端信号的输出,则低频端信号的损失就很大,以致无法收看。这是因为视频的频带太宽,达到 18 个倍频程,要将倍频程缩小在 10 个以内,才能使输出的图像信号在高、低频端时都能正常再现。在录像机中采用调频的办法来缩小倍频程。

　　2)录像设备

　　录像设备主要有摄像、录像及监视器三大部分。

　　①电视摄像机

　　摄像机的作用是将被摄图像的光信号转变为电视信号。摄像机有黑白和彩色之分。在彩色摄像机中有单管机和三管机等不同的机型。

　　摄像机的结构大体分为光学部分、光电转换部分及电路部分图 13—23 是彩色摄像机示意图。

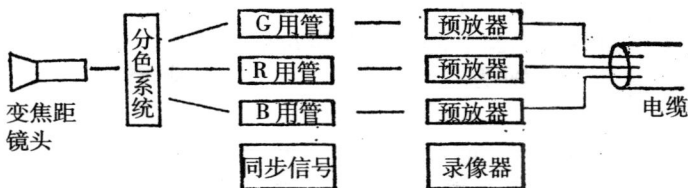

图 13—23　彩色摄像机示意图

光学部分有镜头和分色系统,把镜头摄取的图像分解成三基色图像。光电转换部分是由光电换能元件将图像的光信号转换成电气图像。电路部分则是将转换的电信号加以放大并给出符合要求的彩色全电视信号。

摄像管利用电子束对形成的电气图像进行扫描来完成光电转换。

新近出现的固体摄像技术,较之摄像管摄像更为优越:防震动,防电磁场,信噪比高,动态范围大,寿命长。固体摄像也是利用光电转换原理,采用固体扫描的方式将电气图像上的电荷转为电信号。

还有摄录一体化的摄像机,小型、轻便,使我们可以摄取任何一幅图像,一个场景,使录像技术更加深入到人们的日常生活中。

②录像机

录像机利用磁头磁带系统将图像转换成的电信号再转换成磁信号记录在磁带上。

录像机一般分为横扫描和斜扫描两大类。

横扫描录像机有四个录像磁头,按 90°角间隔安装在一个圆形磁鼓的圆周上,磁鼓快速旋转,四个磁头就垂直于走带方向轮流地对磁带扫描,磁头和磁带间获得了相对的高速度。磁鼓旋转一周,在磁带上记录四条图像磁迹,磁迹与磁带垂直。声音信号是用一个固定的录音磁头记录在磁带的上边,下边还有一条控制磁迹,

313

用以控制磁带的速度和重放时使每个视频磁头对准各自记录的图像磁迹。如图13—24。四磁头录像机的质量高,价格也高,用于广播系统。

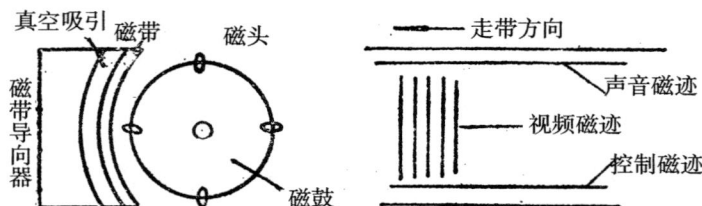

图 13—24   四磁头录像机的磁头和磁带磁迹

斜扫描录像机有一个或两个旋转的磁头,磁带走带时,磁头斜着在磁带上扫描出磁迹。如图13—25,两个磁头安装在圆盘边缘上成180°角,磁带缠在磁鼓圆周一半,走带方向和磁头旋转方向相反。由于供带盘和卷带盘不在同一平面上,所以扫描出来的磁迹是倾斜的,故称斜扫描。斜扫描录像机比横扫描录像机结构简单,价格便宜,被广泛地利用。

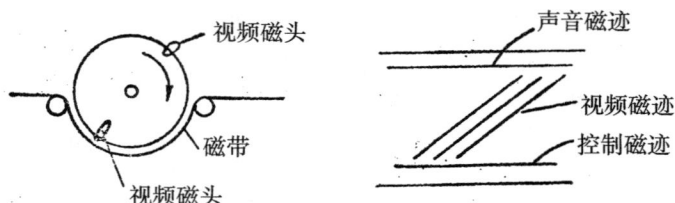

图 13—25   斜描扫磁头和磁迹

盒式录像机采用斜扫描。盒式磁带装卸方便,可以保护磁带。盒式有双磁带盘盒子式(Cassette)和单磁带盘盒子式(Cartridge)。目前使用较多的盒式录像机有下列型号:

314

$$U \; 型 \begin{cases} U—matic \; 3/4 \; 吋(索尼公司) \\ U—VCR \; 3/4 \; 吋(胜利公司) \\ U—Vision \; 3/4 \; 吋(松下公司) \end{cases}$$

$$高密度贮存 \begin{cases} β—etamax & 1/2 \; 吋 & (索尼公司) \\ VHS & 1/2 \; 吋 & (胜利公司) \end{cases}$$

AmpexΩ 　　　1 吋 　　　　　（安培公司）

IVC2 　　　　1 吋 　　　　　（国际视频公司）

VCR 　　　　1/2 吋 　　　　（菲利浦公司）

③监视器(电视机)

监视器有黑白和彩色之分。监视器的大小是以其显像管屏幕对角线的长度来计算的。彩色监视器使用的彩色显像管有三枪三束式和单枪三束式。图13—26 是三枪三束式彩色显像管的示意图。

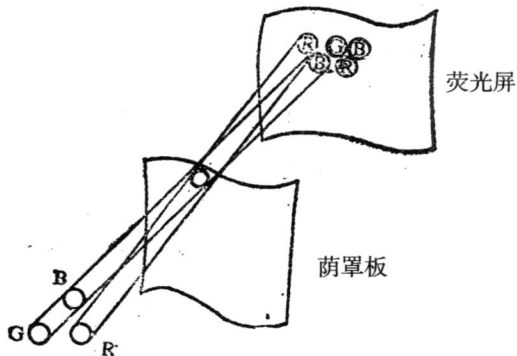

图 13—26 　三枪三束式彩色显像管

彩色显像管的荧光屏上涂有红、绿、蓝三色荧光粉,每三个 R、G、B 小圆点组成一个彩色像点,荫罩板上每一个小孔对应于荧光屏上的一个像点,三只枪发射的三束电子流互成 120°的角射向荫罩板的小孔,分别打在对应的荧光粉点上。这三束电子流分别受三基色信号电压的控制,当强弱不等的三束电子流撞击荧光屏时,就呈现出不同的彩色像点,这些像点甚微而又彼此靠近,因而组成了一幅彩色图像。

单枪三束式彩色显像管是一支枪发射三束电子流,操作简便,效率高。三束电子流受三基色信号的控制,通过一个电子透镜聚焦,再经过一个障栅,使电子束准确地射向对应的荧光粉点。由于障栅是垂直的,比荫罩板通过的电子束要多,图像更明亮。荧光屏上的三色荧光粉也成垂直排列。如图13—27。

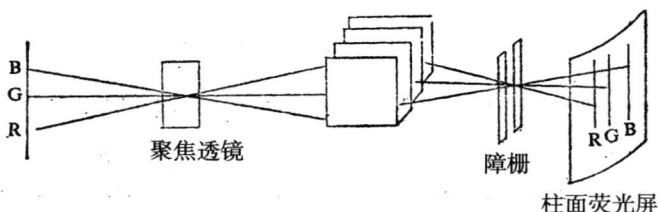

图13—27 单枪三束式彩色显像管

3)录像设备的使用

①摄像机的使用

电视综合了多种艺术和现代技术。要制作出高质量的电视节目,不仅需要有美的鉴赏能力,而且要熟悉摄像机的性能,掌握操作方法。电视镜头也是由许多分镜头组合而成的,每个分镜头在立意,画面构成,镜头间的连接等方面都要恰到好处。

摄像技巧。

电视艺术的特点之一就是拍摄活动的画面。为了取得良好的视觉效果,常常用改变摄像机的位置的方法来进行拍摄。摄像机在移动时要注意保持机身的平稳,移动时速度要均匀。一般有以下几种移动的方法:

推:将摄像机移向被摄的景物,使之由小变大。

拉:摄像机渐渐离开被摄的景物,使之由大变小。

摇:将摄像机作上下或者左右的摇动,改变拍摄的角度。

316

甩:将摄像机快速地从一个景物摇向另一个景物。

转:将摄像机逐步地从一个景物转向另一个景物。

跟:摄像机随着运动的景物拍摄。

每一幅画面的构成,都有它的主体、陪体、环境和空白几个部分。当一幅画面的这几个部分确定以后,还要从拍摄的方向、角度和距离几方面来考虑。拍摄的方向有正面、背面、侧面等。拍摄的角度有仰拍、俯拍、平拍等。拍摄的距离因远近不同,有全景、近景、特写等镜头。总之,既要主题鲜明,又要达到最佳的艺术效果。

摄像照明:

摄像机摄取图像必须要有合适的光源,即合适的照度和色温,使摄取的图像不仅图像清晰,而且色彩鲜艳、逼真。光源分自然光源(太阳)和人工光源(灯具)。不同的光源具有不同的色温,一般彩色摄像机要求的色温在 3200°K 左右。不同色温的光源不宜混合使用。摄像机上有色温滤色片,在不同的环境下(室内外,晴雨天)选择不同的滤色片。此外,摄像机还要求一定的照度,摄像机上的光圈可以自动调节或手动调节,以满足不同环境下所要求的照度。在演播室内,摄像机要求的照度为 2000 克勒斯左右。

②录像机的使用

录像机可以在录像带上记录图像和声音信号,并重放已录磁带上的图像和声音信号。录像机信号输入、输出的插口有以下几类:电视(TV)插口,线路(LINE)插口,复制(DUB)插口。

录制电视节目:

选择好要录的电视频道,调整好图像和声音,电视信号经电缆馈送到录像机的电视插口,并调整好视频的录像电平和音频的录音电平。

录制摄像机节目:

调整摄像机摄取的图像,使之符合要求,用视频电缆连接摄像机的视频输出插口和录像机的视频输入插口。调整录像机的视频录像电平。有的可用摄像机电缆连接摄像机和录像机上的摄像机插口。若两台以上的摄像机同时使用,则要用同步发生器,为视频源提供共同的同步信号,这样,摄像机才能混合使用。

复制磁带节目:

复制是指将已录磁带上的图像和声音信号转录到另一份磁带上。可用复制电缆连接两台录像机的复制输出、输入插口。也可用视频电缆和音频电缆分别连接两台录像机的视频和音频的输出、输入插口。如果一份磁带要同时复制多份磁带,则需要加接视频和音频的分路放大器。放像机经过分路放大器以后,再接到各录像机的输入端。

录制声音信号:

录像机可以同时记录左右两个声道的声音信号。有话筒输入和线路输入插口,解说词等从话筒插口输入,录音机、电唱机、声音混录机等机器的信号由音频线路插口输入。

重放:

一台录像机最多能激励四个监视器和一个外接扬声器。如果还要求带动更多的监视器,则需要用分路放大器。一个图像分路放大器和声音分路放大器一般有四至六路的输出。录像机输出的视频信号接在监视器上收看,录像机输出的射频信号可以接在普通的电视机的天线插口上收看。如图13—28是录像设备间联结的示意图。

③信号输入、输出插口

音频输入	AUDIO IN	外接话筒	EXT MIC
音频输出	AUDIO OUT	混合	MIX
视频输入	VIDEO IN	射频	RF
视频输出	VIDEO OUT	录像机	VTR
摄像机	CAMERA	线路	LINE
复制	DUB		

a 录制电视节目

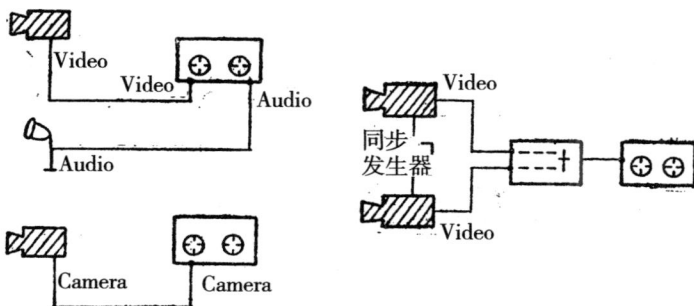

b 录制摄像机节目

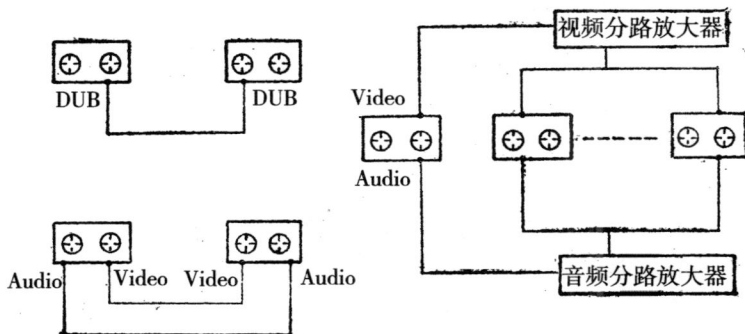

c 复制磁带节目

319

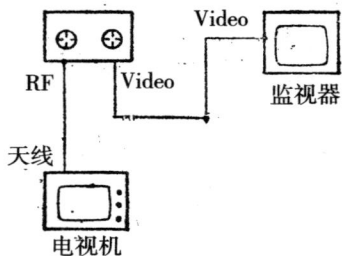

d 重放节目

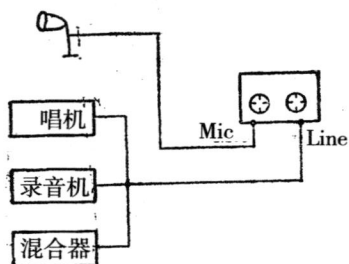

e 记录声音

图 13—28　各种情况下录像设备间的联结

4）电子编辑

录像磁带上录有图像信号、声音信号以及控制信号。现场拍摄的录像磁带都要经过加插、删减、配音、编排顺序等编辑加工过程,才能成为一个完整的节目。机械剪辑的办法只能同时将图像和声音信号切换,不能单独地切换图像或是声音,磁带在剪接处容易产生图像紊乱,而且也是不经济的。因此,对录像磁带一般都进行电子编辑,使加插部分的图像、声音和控制信号以适当的时间关系和原磁带中的这三种信号连接。

电子编辑有两种基本的方法:插入法和组合法(相加法)。在有主导伺服的磁带录像机中,记录和重放时主导伺服的工作方式是不同的。记录时,主导伺服保证标准的走带速度;重放时,主导伺服控制磁头对磁迹的相位。在插入法和组合法中,主导伺服的受控方式也不同。

插入法(INSERT):主导伺服处在重放的工作状态,控制信号是每帧等间隔记录的脉冲,被编辑的磁带上必须有一条连续的控制磁迹,这一条控制磁迹在编辑时不允许改动。这样,新加进来的磁迹就准确地记录在与旧磁迹相同的位置上,使剪辑在起点和终点与原图像同步,新图像就插入在旧图像的位置上了。

组合法(ASSEMBLE):即一幅一幅画面相加。在剪辑点处,主导伺服从重放状态切换到录像状态,即从对磁带的相位控制切换到对走带速度的控制。在录像状态时,控制磁迹的磁头被激励而录下新的控制磁迹。因此,组合法不需要像插入法那样事先在编辑带上记录下控制磁迹,而只要在上一个画面后面多留下一点不需要的信号,使下一个画面的剪辑有一个起点就行,如此将一幅一幅画面组合。

电子编辑需要有编辑机或具有编辑功能的录像机才能完成。编辑机可以快速地搜索图像找到编辑点,并能存贮编入点和编出点。利用两种编辑方法进行编辑,可以先进行预演,观看所要找的编辑点是否正确,确定无误后再正式进行编辑。

5)电子特技

电子特技需要两台以上的摄像机配合特技发生器制作。利用特技可以使画面的构成、镜头间的转换产生特殊的画面效果。一般的特技效果有切换、混合、划象、外键控和滑动键控等。

①切换(CUT IN):一个图像可以瞬间切换到另一个图像。

②混合(MIX):一个图像可以逐步地叠化到另一个图像中,重叠成双影。

③划像(WIPE):两个图像在一幅画面上可以同时显示出来,

图像可以以不同的速度,不同的方向(水平、垂直或是从一角)进行划变。划像仓里有几种不同的划像图案可供选择。划像图案的边缘可以是清楚的、模糊的,或者在边缘上加色。

④外键控(EXTERNAL KEY):指一个图像可以键控输入到另一个图像或者是彩色背景中。彩色背景有白色、黑色和彩色。

⑤滑动键控(DOWNSTREAM KEYER):在彩色图像上可以加进黑色、白色或灰色的字母或符号,也可以加进黑白摄像机输送来的黑白图像。

五、激光视听系统

采用先进的激光技术,记录和重放图像声音信号,不仅改善了声像质量,而且也极大地提高了信息的存贮密度,使用方便,有着广阔的发展前景。

1. 激光音频唱片

激光音频唱片采用数字化的音频记录重放系统,与传统的模拟系统相比,音质有了显著的提高。下表是 CD(Compact Disc)唱片与传统的 LP(Long Play)唱片的电声指标:

电声技术指标	CD 唱片	LP 唱片
频率响应	$20H_2$—$20KH_2$	$20H_2$—$20KH_2$
动态范围	>90db	>55db
信噪比	>90db	>60db
声道分离度	>90db	25—30db
高频失真	<0.05%	<0.2%
抖晃率	小到无法估计	0.03%

传统 LP 唱片是将声音的变化转变为相应的物理量的变化加以记录的。物理量容易受环境的影响而发生变化,当物理量发生变化时,它所代表的声音信息也随之发生变化,保真度受到限制,这是传统的模拟系统质量难以提高的原因。采用先进的数字记录

系统,不再受物理量变化的影响,从而大大提高了声音信息的保真度。从技术原理上看,激光唱片对声音的记录可精确到百分之九十九点九以上。

数字化记录系统,是将模拟信号转换成数字信号(模数转换有三个过程:取样、量化和编码),声波被高速取样,并将每个取样的振幅数字转换成相应的二进制的 0 和 1。取样频率要求高于最高频率的两倍以上,音频信号的最高频率为 $20KH_2$,故取样频率为 $44.1KH_2$,就是将声波在一秒钟内切成 44100 个小段,再把切细的每一小段按照 0 和 1 的数位信号记录下来(也称为数位唱片)。记录下来的连续的二进位数字流代表着声音的振幅和频率,是与声波的波形完全一致的。由于二进制只有 0 和 1 两种状态,不易受外界影响而失真。

模拟信号经过模数转换后,成为数字脉冲信号,将脉冲信号去调制一束激光,激光在高速旋转的唱片上根据脉冲信号的高低电平烧成一个个的小坑。这些小坑和坑间的平面就代表了声音信号的频率和振幅。

再现时,用一束激光照射在旋转的唱片上,唱片上小坑和平面对光的反射不同,就得到代表"1"和"0"的反射光信号。将不同强弱的反射光送到光敏二极管上,就将光信号转换成电信号了,经过数模转换,使数字信号流转变成音频信号而再现声音。

标准的数字唱片直径为 120 毫米,单面放音时间长达 1 小时。第一代的数字唱片已投入市场,数字唱片高音部分清脆响亮,低音部分深沉宽厚,唱片本身的失真和噪音都减小到最低限度。

2. 激光视频唱片

激光录放式电视唱片(录像盘、光盘)是七十年代的产品。在这种唱片上记录着彩色的电视节目,通过专用的放像机,可以在电视机的荧光屏上再现图像。

电视唱片的录制是利用摄像机和话筒将图像和声音信号转换

成电信号,处理后送到激光调制器,使激光束随电信号而变化,聚光透镜将调制的激光束聚焦成直径为 1 微米的光点,射到表面镀有一层金属膜介质的圆盘上,使金属膜气化形成一连串椭圆形的坑。录制出的电视唱片为原版唱片,用类似制作普通唱片的模压工艺,最后制成与原版表面坑凹相同的电视唱片。

放像时,电视唱片上的凸凹信号被激光读出头读取。唱片上平面的地方,入射光被反射,大部分回到物镜;而坑凹处,入射光有相当大一部分没有回到物镜。读出头将返回到物镜的不同光线转变为不同的电信号,处理后转换成电视信号。

目前,电视唱片有几种不同的方式,按读取时方式的不同有接触式和非接触式两种。非接触式是利用激光代替唱针,从唱片上读取信号。接触式是利用唱针接触唱片时,唱针与唱片间电容量发生变化来拾取信号的。

电视唱片还具有多种功能,按特技功能不同又有两种不同的类型。一种是标准型,唱片上每一圈记录一幅图画,可以作快、慢或静止画面的特技播放,还可以检索出任意一幅画面并呈静止状态,在电视唱片中,这种静止的画面可以持续任意长的时间。另一种是长时间型,唱片内圈记录 1 幅图画,而外圈记录了幅图画,因而,播放时间长,但不能作快、慢或静止画面的特技播放。

3. 激光存贮的优点

利用激光技术,使图像和声音的存贮质量和存贮密度都提高到一个新的水平。

①记录密度高,存贮容量大

音频唱片直径为 120 毫米,单面放音时间长达 1 小时。

电视唱片直径为 300 毫米,单面记录的时间,标准型为 30 分钟,长时间型为 1 小时,记录密度为盒式录像机的 50 倍,为计算机磁盘的 250 倍,若一种期刊有 100 页,每年 12 期,一张电视唱片则可存贮 40 年的这种期刊,大大节省了空间。

②可随机读取

激光唱片上记录有地址码、时间码等信号,可以自由搜索其中任何一幅图画,读取时间只要 200—500 毫秒。

③信息存贮时间长

信号由激光头读取,与唱片介质没有摩擦,寿命呈半永久性的。

④存贮的信息质量好

数字化音频唱片对声音信号的记录从理论上达到 99% 以上的精确。

电视唱片系统的图像清晰度达到了广播用录像磁带的水平,与 16 毫米影片的图像质量一样。

⑤成本低

激光唱片进行大批量生产后,可以降低成本。播放设备的价格也与录像机价格差不多。

由于上述的优点,激光视听系统作为一个新的发展方向是一定的了。

第四节　视听资料的管理

一、视听资料的著录

为建立和健全我国统一的非书资料的报导、检索体系,开展国际间的交流合作,做到资源共享,我国文献工作标准化技术委员会制定了非书资料的著录规则。(简称"规则")

"规则"是根据《文献著录总则》(GB3792.1—83)以及《国际标准书目著录(非书资料)〔ISBDCNBM〕》的原则制定的,对非书资料的内容、形式特征进行分析、选择和记录。

非书资料的分类号暂用《中国图书馆图书分类法》。

"规则"对视听资料的载体规定了代码,如下表:

视听资料载体代码

载体类型	载体名称	载体代码
录音制品 A	盒式循环带	AX
	盒式磁带	AH
	开盘磁带	AK
	唱片	AP
录像制品 V	盒式循环带	VX
	盒式磁带	VH
	开盘磁带	VK
	录像片	VP
幻灯、投影 S	幻灯胶卷	SJ
	幻灯插片	SP
	投影片	ST
电影 F	盒式循环影片	FX
	盒式电影片	FH
	开盘电影片	FK
	立体影片	FL

视听资料的著录在"规则"中分为九大类,如下表:

著录项目和标识符号

大项序号及名称	小项序号、名称及大小各项标识符号	说　明	无标识符号
1 题名责任者项	1.1 正题名 1.2〔载体代码,语种〕 1.3 ＝并列题名 1.4:副题名及说明题名文字 1.5/第一责任者 1.6;其他责任者	创作方式相同的责任者间用",";创作方式不同的责任者间用";"。责任者的朝代或国别著录于〔 〕内,置于责任者之前。	
2 版本项	2.1·一版次及版本形式 2.2/与版本有关的责任者		
3 出版发行项	3.1·一出版发行地 3.2:出版发行者 3.3,出版发行日期 3.4(制作地:制作者,制作日期)		
4 数量规格项	4.1·一数量 4.2:规格 ;其它并列规格 4.3＋附件		

（续表）

大项序号及名称	小项序号、名称及大小各项标识符号	说　明
5 系列项	5.1·—(系列正题名 5.2 = 系列并列题名 5.3:系列副题名及说明题名文字 5.4/系列责任者 5.5,国际标准系列编号 5.6;本系列编号)	
6 附注项	·—	
7 国际国内标准编号及价格	7.1·—标准编号 7.2:价格	国际标准编号和国内标准编号之间用";"标识
8 提要项		无标识符号
9 排检项 （书本格式无此项）	9.1分类号 9.2顺序号 9.3载体代码 9.4索取号	无标识符号 无标识符号 无标识符号 无标识符号

著录款目有单一资料的基本著录款目和整套资料的综合著录款目。著录格式有卡片式和书本式。

书本格式的著录项目分为两个段落：

正题名〔载体代码，语种〕＝并列题名：副题名及说明题名文字/第一责任者；其他责任者·—版次及版本形式/与本版有关的责任者·—出版发行地：出版发行者，出版发行日期（制作地：制作者，制作日期）·—数量：规格1；规格2；规格3＋附件·—（系列正题名＝系列并列题名：系列副题名及说明题名文字/系列责任者，国际系列标准编号；本系列编号）·—附注项·—国际标准编号；国内编号：价格（商品名称）

提要

卡片格式的著录项目分为五个段落：

卡片格式的著录项目分为五个段落：

分类号　　　　　　　　　　　　　　　载体代码

顺序号　　　　　　　　　　　　　　　索取号

　　正题名〔语种〕＝并列题名：副题名及说明题名文字/第一责任者；其他责任者·—版次及版本形式/与本版本有关的责任者·—出版发行地：出版发行者，出版发行日期（制作地：制作者，制作日期）

　　数量：规格1；规格2；规格3＋附件·—（系列正题名＝系列并列题名：系列副题名及说明题名文字/系列责任者，国际标准编号；本系列编号）

　　附注

　　国际·国内标准编号：价格（商品名称）

　　提要

二、视听资料的保管

唱片：要有包装，手指不要接触音沟，唱针不要在唱片上划伤沟纹。存放时以竖直放立为好,每10张有一挡板。环境温度在20℃左右,相对湿度为50%,防止阳光直射,唱片上的灰尘用唱片刷和拧干的湿布顺着音沟沟纹擦净。

磁带:包装存放,竖直放立,磁带盘变形后要及时更换。磁带有霉点,要快速倒带处理。要防磁,防压,防热,防潮,防尘。一般环境温度为12℃—24℃,相对湿度为40%左右。录像磁带从寒冷中到室内后,要经过十多小时正常化处理,才可使用。

胶片:要有包装,手指不要接触画面。影片要存放在有空调的库房,环境温度在15℃—20℃,相对湿度为60%—70%。要防潮、防干燥,防晒和防尘。

三、视听资料的排架

排架要求排列有序,节省空间,留有余地,检索方便和便于管理。

排架一般有三种方式:

按标题分类排架,同一类目的资料集中,便于检索。但各类型的资料混杂,不便于保管。

按同类型资料的登录号排架,便于掌握资料的库存和流通的情况。但由于资格规格大小不一,占据空间,而且学科内容缺乏逻辑联系。

按资料的类型排架,同一类型则按资料的规格排列,这样,排列整齐,便于管理,节省空间。但内容缺乏逻辑联系,不便检索和归架。

随着视听资料的不断增多,视听资料在制作、管理和利用方面都将会达到一个更高的水平。

第十四章　文献复制技术

第一节　文献复制概述

一、文献复制的作用

　　将印刷的图书资料或稿本中的文字和图像，照原样（包括原大，缩小，放大）制作出来，叫做文献复制。用复制方法制作出来的图书资料，叫做复制品。用复制品再制作复制品，仍叫做文献复制。

　　文献复制的方法有缩微复制法，一般照相复制法、直接照相复制法、银盐扩散转印法、重氮复印法、热敏复印法、蓝图法、电子扫描复印法、静电复印法等等。其中，缩微复制法和静电复印法是目前最主要的两种文献复制方法。

　　1839 年，英国人丹塞（J. B. Dancer）发明缩微复制法，将一张 8 英寸大的文献缩摄成 1/8 英寸大的胶片，制出了世界上第一件缩微复制品。1859 年前后，法国人达格龙（R. P. Dagron）在法国获得了世界上第一份有关缩微胶卷的专利权。1860 年，英国人布鲁斯特（BrooSter）写了一篇关于缩微复制法的科学论文。1870—1871 年普法战争中，缩微复制法被用于军事通讯。本世纪二十年代，美国人麦卡锡（George McCarthy）把缩微胶卷应用于银行支票。1928 年，出现了缩微复制品阅读器，促进了缩微复制技术的应用。1930

年,美国图书馆开始应用缩微胶卷复制珍贵资料。

静电复印法 1938 年首创于美国,迄今已有四十多年的历史。1947 年出现间接法的静电复印机;1954 年又出现直接法的静电复印机,从而引起人们的重视。六十年代中期,日本开始大规模发展静电复印技术。二十年来,静电复印机由于效率高,质量好,使用方便,价格越来越便宜,在一些经济发达国家得到迅速普及,成为各部门提高工作效率的一种有力的通用的手段,在图书馆中也得到了普遍使用。静电复印技术已成为复印技术中的主流。

缩微复制技术和静电复印技术在图书馆工作中的应用十分广泛,归纳起来主要有以下几点:

1.高密度地存储图书,节约藏书空间。如果用缩微复制品代替原本保存,可节约书库面积 95％ 以上。超缩微复制品的缩微率更高。

2.代替珍贵书刊、手稿的使用。除了考察版本等必要的阅览之外,读者一般可以阅读缩微片,既便于借阅又利于保护原本。

3.补充馆藏,节省经费。如珍本、孤本、绝版书、印刷量很少的资料等,可采用复制的方法获得。在国外,有许多出版商专营缩微复制品的生产和供应业务,仅美国就有一百多家。美国的《不列颠百科全书》出版公司出版一套《美国文化缩微丛书》,包括美国从初期到现在的重要著作约 15000 种,价格很低,仅相当于印本书的 1／10 － 1／20。

我国每年要进口大量外文书刊,如果尽可能进口缩微复制胶片,就可以大量节约外汇。例如,美国政府出版的四大报告,印刷品每件为 10 美元,而缩微版每件只需要 0.85 美元,仅此一项每年可节省外汇 50 万美元。

4.是满足读者需要的手段。采用复制方法,可以复印书刊中的某一页、某张图表等,读者不需要自己抄写,节约了大量的时间。

5.是快速传递情报的手段。利用复制方法,以很快的速度对

332

同一篇文献进行大量复制,传递给众多的读者。

6. 为自动化检索创造了条件,能及时准确地提供图书情报资料。

7. 可长期保存,不易损坏变质。国外对缩微复制品所作的加速试验表明,在恒温恒湿条件下,纸张印刷品保存几十年就会老化损坏,缩微胶片或胶卷则可保存500年左右。

8. 是直观宣传的手段。例如,可制作各种展览用的照片;需要展出书刊封面及其中的某篇文章或某几页时,就可用复制品来代替。

所以广泛采用文献复制技术,可使图书情报工作的效率得到很大提高,是图书情报工作现代化不可缺少的一个方面。

二、文献复制方法

文献复制方法可分为五大类:

1. 光化学感应复制法

利用光中紫外线或可见光部分光波的作用,促使涂布在纸、胶片或金属版上的感光化合物起化学作用。它是复制领域中种类最多,应用最广和最主要的方法。

2. 热辐射感应复制法

是利用红外线的热辐射,使复印纸上的感热化合物在热的作用下起反应的一种方法。

3. 光电感应复制法

利用半导体物质在光的作用下产生导电率变化的特性进行显影,或利用光电扫描成影。

4. 磁感应复制法

利用光电扫描把影像贮存在磁化平面上,然后进行显影。

5. 压力感应复制法或机械复制法

利用压力作用,把染料或油墨从版上转印到普通纸上进行复制。

文献复制方法类型见下表：

文献复制方法

光化学感应复制法	照相复制法	一般照相复制法（包括负片－印相和放大法）		
		缩微复制法		
		直接照相复制法		
		迅速安定法		
		自动正相法		
	反射转印法（接触式）	银盐扩散转印法		
		凝胶转印法（鞣化转印法）		
		重氮反射转印法		
	直接透射复制法（接触式）	重氮复印法	湿式重氮复印法	
			干式重氮复印法	
			热式重氮复印法	
		铁盐复印法（兰印法）		
热辐射感应复制	热敏复印法（接触式）			
光电感应复制法	静电复制法	直接静电法（氧化锌纸法）	湿式	
			干式	
		转印静电法（鼓、版法）		
	电解显相法			
	烟雾显相法			
	电子扫描法（电刻法）			
磁感应复制法	磁版复印法			
	磁带录像法			
压力感应复制法或机械复制法	液体印刷法——酒精复印法（溶版法）			
	胶版印刷法（轻印刷、小型胶印机）			

三、文献复制方法选择原则

选择文献复制方法时,应考虑下列几点:

1.复制质量:对原稿是否有选择性;对原稿的逼真程度和清晰度的要求;复制品保存性能;是否直接阅读。

2.复制效率:复制速度快慢;操作繁简;机械化自动化程度高低。

3.复制成本:复制品的成本(单份复制的成本,多份复制的成本);设备价格;维修费用;需要房舍条件。

4.消耗材料和机器配件的更换情况。

5.与其他复制方法结合使用的可能性。

目前缩微复制、静电复印、静电制版胶印、缩微复制和静电复制还原等几种方法优点较多,正被广泛使用,其它复制方法已被淘汰或很少使用。

第二节　缩微复制法

一、缩微复制原理

缩微复制又称缩微摄影,它是采用照相的方法,利用透镜成像的原理,用具有光化作用的感光胶卷(片),把文献和资料的影像缩小记录下来的一种方法。拍摄在缩微胶卷(片)上的影像,必须通过阅读器才能阅读。

二、缩微复制设备

缩微复制使用的设备很多,其中主要的是缩微拍摄机和感光材料的冲洗设备。

1. 缩微复制拍摄机

缩微复制专用拍摄机是缩微摄影系统中的主要设备。目前使用较多的有平台式缩微摄影机、轮转式缩微摄影机和计算机输出（COM）缩微摄影机等类型。

1）平台式缩微摄影机

①种类

缩微胶卷摄影机：根据感光胶卷的规格，分为 70 毫米、35 毫米、16 毫米和 16/35 毫米通用等四种类型。

缩微平片摄影机：根据使用感光胶片的形式可分为两种：一种是使用 105 毫米卷片的摄影机，它在进行摄影时，要将整卷胶卷拍摄完，经冲洗处理后，再裁切成缩微平片；另一种是直接采用 105×148 毫米的单页感光胶片的摄影机，它可直接拍摄成缩微平片。这类机器内部大多装有自动冲洗设备，拍完一张胶片可立即冲洗出来。

②结构

a. 机头：这是缩微摄影机的主要部分，作用相当于一台照相机。机头上有以下几种机构：

输片机构：输片机构的作用是在每拍摄一次后自动输一个画幅的胶片。胶片的输送量能够根据所拍摄画幅的尺寸进行调节。输片机构中有胶片容量指示、无片报警及输片故障报警等装置。

调焦机构：缩微摄影机大都采用自动调焦方法。操作者根据原件尺寸升降机头时，调焦机构即自动将镜头焦距调整到相应的位置。

曝光机构：包括快门及控制机构等。曝光控制有调时和调光两种方法。采用调时法的摄影机，光源的照度是固定的，用改变快门的开闭时间来控制曝光量，在摄影机上有控制快门的定时装置。采用调光法的摄影机，快门的开闭时间是固定的，摄影机上没有定时装置，而是通过改变光源照度来控制曝光量的。

b. 立柱:缩微摄影机的立柱分为单柱和双柱。立柱是摄影机头的升降轨道。大型缩微摄影机都安装有电动升降装置,拨动开关,机头即能升降到相应位置。

c. 平台(原稿台):是放置被摄原件的地方,由托书台和压书框组成。

d. 光源:光源为拍摄原件提供照明。照明有两种方式,一是从被摄原件上方照明的反射照明方式,另一种是从被摄原件背面照明的透射照明方式。透射式照明一般用于对透明或半透明原件的拍摄。

光源可采用白炽灯泡或荧光灯管,布置在平台两则成 45°角,两边灯光的功率要求一致。

e. 电气控制机构:是摄影机各部分动作的控制部分。

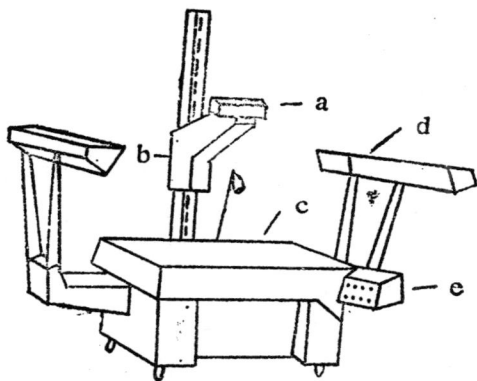

图 14—1 平台式照相机

a.机头   b.立柱   c.平台   d.光源   e.电器控制箱

2)轮转式缩微摄影机

这是一种专门用于拍摄单页资料的 16 毫米摄影机,外形与平台式摄影机不同。平台式缩微摄影机在摄影时,原稿与胶片都是静止不动的,采用全场曝光方式,轮转式缩微摄影机在摄影时,原稿与胶片是同步运行的,采用的是光缝曝光方式。摄影机的摄影动作是连续的,摄影速度很快,通过自动送稿器,可进行高速连续拍摄,每分钟可达 30 至 700 页。

轮转式缩微摄影机有三种摄影方式:

①单面单行式。拍摄时只拍资料的一面,在胶片上也只摄制成一行,其形式与平台式缩微摄影机类似。

②单面双行式。摄影时只拍摄资料的一面,画面只占胶片的一半。摄影时先使用胶片的一边,待一卷胶片拍摄完后,将胶片倒转过来,再使用另一边。这样,一卷胶片的容量就相当于两卷胶片的容量。

③双面双行式。拍摄时,将资料正反两面同时拍摄在胶片上,形成上下两行画面,上一行是资料的正面,下一行是资料的背面。

这种类型的缩微摄影机只能拍摄单页资料,因而图书馆和情报部门使用得不多。

3)计算机输出缩微胶片摄影机

又称计算机输出缩微胶片记录仪或 COM(Computer Output Microfilmer),是一种将电子计算机输出信息变成可直接阅读的文字或图形而记录在缩微胶片(卷)上的装置。

2.缩微复制用普通照相机

一般应用于缩微复制的普通照相机,并不一定要求高速度的快门、大光圈以及高速度的感光材料。这是与其他普通照相机最根本的不同之处。市场上出售的几种普通小型照相机只要加上一些辅助设备(如支架、光源等)就可以翻拍资料。

用普通小型照相机缩微复制的要求是:

1)可以调镜头,镜头可拆卸,可加接圈及可以拉长的皮腔。

2)采用标准镜头,焦距一般在 50 毫米左右。

3)镜头的分辨率高,能保证底片上的结象清晰。

4）最好使用单镜头反光式 135 照相机。

5）要有稳固的托架（翻拍架）。翻摄的感光时间很长，曝光时切忌震动，以保证画面结象清晰。

3．缩微复制用冲洗设备

感光胶卷（片）由缩微摄影机拍摄曝光后，要经过冲洗加工（一般包括显影、定影、水洗和干燥等过程）才能成为可使用的缩微品。缩微复制使用的冲洗设备大致分为两类：

1）手工操作冲洗设备

小规模的缩微复制，利用普通照相暗室设备，即可进行感光胶卷（片）的处理。对一些在 2 米以内散页的感光胶卷（片），可使用一般的显影罐或显影盆进行手工冲洗。如果卷片较长，例如标准的 30.5 米长的卷片，则需要特制的设备。常用的卷片处理设备有两种：

①螺旋式卷片处理盘。在一块刻有螺旋浅槽的塑料或有机玻璃上，将待处理的胶卷由轴心外插入螺旋槽中，再将缠有胶卷的处理盘浸入药液盆中依次进行显影，定影、水洗处理。

②往复式手摇处理器。处理器上有两个圆盘，将待处理的胶卷的片头片尾分别固定在两个盘的轴心上，再将处理器浸入药液盆中，通过手摇柄使胶卷在两个盘上来回缠绕，进行显影、定影、水洗处理。

冲洗后的感光胶卷，要悬挂在清洁、阴凉、通风的地方晾干。如欲缩短干燥时间，可置于特制的干燥柜中烘干。

2）自动冲洗设备

自动冲洗设备将整个冲洗过程集中于一台机器中进行连续处理，冲洗一卷 30.5 米长的胶卷，只需要 1—4 分钟。

自动冲洗机有以下几种：

按输送胶卷方式分有：滚轴输送式、水平输送式和环形输送式。按加工方式分有：常规冲洗机、反转冲洗机、单浴冲洗机、喷雾冲洗机。最近还出现了摄影与自动冲洗联合机。

①滚轴输送式

这种冲洗机通常是小型台式的,结构简单,方便适用,如图14—2所示。机内装有许多滚轴,确保输片平稳。加工胶片时的显影温度为27—35℃,冲洗速度为0.7—3米/分,显影时间为15秒至1分钟。

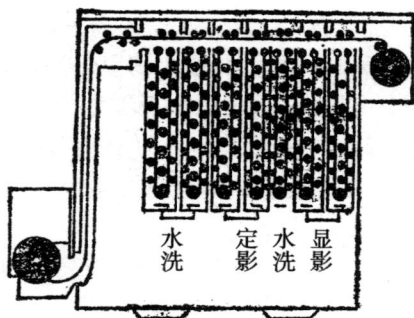

图14—2 滚轴输送式冲洗机示意图

②水平输送式

胶片在机内是水平输送的,是把药液喷射到胶片表面上进行处理加工的。输片时,由于不需要牵引片,任何感光胶卷都能冲洗。通常情况下,这种冲洗机的冲洗速度是可变的,最快速度为2.5米/分。

③环型输送式

一般为大型冲洗机,冲洗速度快,能在短时间内加工大量胶卷。滚轴只设在加工槽上、下,与滚轴输送式相比,滚轴的数量非常少,从而减少了胶片的损伤和胶片运行中的阻力。但是送进冲洗机的胶片需要较长的牵引片。在自动补充加工液稳定的情况下,能以3—30米/分的高速连续加工几万至几十万米的胶片,冲洗质量好。

　④单浴式

　如图 14—3 所示,显影槽与定影槽合二为一,是单浴式的特点。由于显影与定影在同一个药液中进行,所以加工工序少,冲洗机的体积也小。但是,它对胶片的选择性能较强,又不能快速加工,制成的缩微影像质量比一般双浴加工的要差。加工速度为1.5米/分。

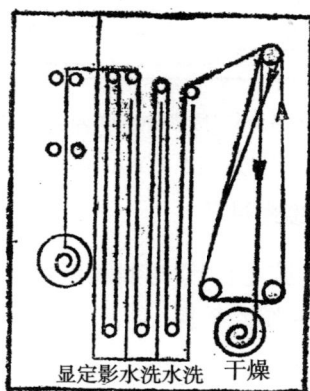

图14—3　单浴式冲洗机示意图

　⑤摄影冲洗联合机

　这是在摄影机内装有自动冲洗设备的一种机器,拍摄冲洗一次完成。缩微摄影时,感光胶卷(片)曝光后可立即进行冲洗,工作效率较高。冲洗加工方式有平片的双浴加工型,16 毫米胶卷用的单浴和双浴加工型,开窗缩微卡片用的喷雾加工型等。见图14—4。

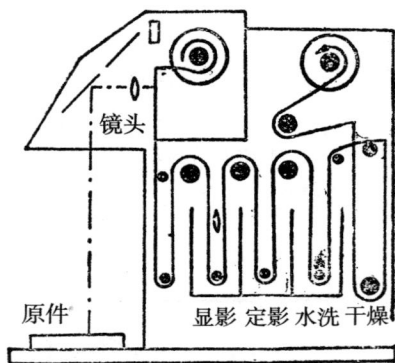

图 14—4　摄影冲洗联合机示意图

三、缩微复制用感光材料

感光材料是照相胶卷(片)与照相纸的总称。由于它们都具有感光性能,所以都叫感光材料。

1. 种类和构造

感光材料分为黑白、彩色两大类。黑白感光材料只能以黑、白、灰色调反映被摄体表面的亮度等级,而不能表现出被摄体表面的色泽。

感光材料按片基又分为感光片和感光纸两大类。以透明物质制成片基作为感光乳剂支持体的叫感光片,以纸基为乳剂支持体的叫感光纸。感光片就是照相底片,有硬片、软片、卷片之分。硬片以玻璃为片基,软片和卷片都以胶片为片基;软片是散页的,卷片是将很长的胶卷卷成一卷。按感色性能又分为色盲片、分色片、全色片和红外线片。感光纸是印放照片用的,按其性质和用途可分为三种:专为印相用的叫做印相纸,专为放大用的叫做放大纸,印相与放大都适用的叫做印放两用纸。感光纸的纸基有薄纸的、

342

厚纸的、光面的、无光的、珠面的、绸纹的、纯白的、奶白色的、象牙色的等等。此外,感光片和感光纸都可按用途裁成各种规格的尺寸。

感光材料是由多层物质组成的,感光片一般有保护膜、乳剂膜、结合膜、片基、防光晕膜等层;感光纸则由保护膜、乳剂膜、白粉层和纸基等组成(见图14—5)。

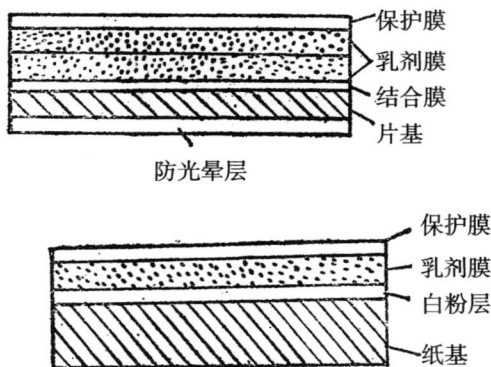

图14—5 (上)黑白全色片切面图 (下)黑白感光纸切面图

感光片软片和卷片的片基用硝酸纤维和醋酸纤维制成。前者抗撕力强,但易燃烧;后者不易燃烧,又叫安全片基。硬片的片基是平滑的清玻璃。

感光纸纸基用棉类或亚麻的纤维制成,色泽纯净,质地紧密,水浸后不会松软、损伤和变形。

乳剂膜由银盐、凝胶和色素组成,又叫感光膜,是感光材料的主要组成部分。

保护膜是一层韧度较强的胶质,可防止乳剂膜在装片或冲洗时被划伤。

结合膜是一层胶质薄膜,能增强乳剂膜对片基的附着力,使乳剂膜在冲洗时不易脱落。

防光晕膜是涂在片基背面的一层带色薄膜,可吸收穿透乳剂膜的多余光线,防止光晕现象,也有防止胶片卷曲的作用。

白粉层的作用是增加感光纸的反光能力,增加照片光泽,使照片上的影像层次鲜明,防止纸内不洁物对乳剂膜的损害。

2. 感光材料的特性

1)感光度

也叫感光速度。通常是指感光材料在一定条件下,经过曝光、显影后变黑到某一程度所需要曝光量。在其他条件相同的前提下,感光度愈高,需要的曝光时间愈短;感光度愈低,需要的曝光时间就愈长。

测定感光片乳剂感光度的标准和计算单位,各国都不统一。最早问世的是1891年的哈德制,是由英国科学家发明的。此后陆续出现过多种感光度测定法和计算单位,如德国的定制(DIN),美国的标准制(ASA),苏联的高斯特(ГОСТ)等。这些感光度的计算单位,除德国的定制外,都以度数表示。我国感光片的感光标准用 GB 表示。相当于德国的定制。

2)密度

是指感光材料曝光显影后在单位面积上银粒的沉积量,即负片银粒变黑的程度。负片密度大,即沉积的银粒多,被阻挡的光线就多,通过的光线就少;密度小,即沉积的银粒少,被阻挡的光线就少,通过的光线就多。密度大小与曝光和显影时间的长短有很大关系。曝光和显影的时间愈长,银盐所起的化学变化就愈大,还原的金属银就愈多,密度也就愈大;反之,密度愈小。但是,每一种感光材料所能还原的银粒,都有其最大限度,叫做最大光学密度,它取决于银盐性质、颗粒大小及分布状况等条件。

3)反差

344

是指感光材料表达被摄体不同部分亮度大小的能力,即底片上黑白色调的对比差数。一般地说,一张底片的反差,以适中为好。过分强烈,会使影像失去质感;过分软弱,会使影像失去应有的光泽,灰蒙蒙一片。判断一张底片的反差强弱,要以底片上黑白之间层次的多少来定。中间层次多,其中有多级由白变黑的渐进色调,相邻色阶的差别小,反差就弱;由白到黑的中间层次少,相邻色阶的差别大,反差就强。通俗地说,黑白对比分明,就是反差强,反之,就是反差弱。

感光片的感光度的高低,也影响底片反差的强弱。感光度高,记录的色调等级多,反差就弱;感光度低,记录的色调等级少,反差就强。不过,反差效果的取得并非完全取决于感光材料,它与拍摄光源、曝光时间、显影液及显影时间等都有密切关系。

4)宽容度

是指感光材料表达被摄体不同部分亮度大小的能力,即胶片正确表现景物明暗反差的范围。胶片能将明暗反差很大的景物正确表现出来,宽容度就大;只能将明暗反差很小的景物正确表现出来,宽容度就小。

5)感色性

是指感光片对各种色光的感受能力。不同的感光片有不同的感色性能。

①色盲片(正片、拷贝片)。这种软片,只能感受蓝紫光,对黄绿色感受迟钝,对红、橙色光则完全不感受,因此,可在红灯下冲洗胶卷。这种感光片感光度较低,颗粒细,反差强,分辨力高。一般多用于翻摄文献,拍照红色、黑色的线条图,制作幻灯片,但不能用它拍照蓝色、绿色的图、字,也不能拍照人像或彩色丰富的标本。

②分色片。可感受紫蓝、黄绿光,感光度也比色盲片高。能用于各种摄影,但不能拍照出红、橙色物体的层次,只能将红、橙色拍出黑色照片。由于对红、橙色不感光,故可用暗红灯做安全灯。

③全色片。能感受一切可见光,与人眼视觉相似,只是对绿色光的感受较弱,故可用暗绿色光作安全灯。适用于各种摄影,尤其适于拍照多种颜色的物体。

④红外线片。感光膜中有特殊的色素增感染料,对于人眼看不见的红外光有感受能力。用于航空、军事、公安、医学科研、特殊鉴定摄影。要在全黑中显影。

6)解像力

也叫分析力,是指感光片记录影像的最大清晰能力。解像力的单位是线/毫米,即每毫米内可以表现多少线条。胶片的解像力愈大,说明对景物细部表现的能力愈好。解像力与感光乳剂中卤化银晶体的大小有关,还与曝光的正确与否、镜头分辨率、被摄景物的反差以及显影条件有关。

四、缩微复制工艺

1.拍摄

1)装胶卷。第一不能漏光,第二不能装反。色盲片可以在暗室的红色安全灯下装填,全色片只能在全黑中装填。如果要在普通光线下装填,则必须使用暗房袋。

2)固定照相机。①固定牢;②相机要放平,与被摄文献平行,否则成像会变形。

3)布光。除注意布光是否均匀和防止杂乱光线外,还要看电压是否正常,最好采用稳压装置。

4)放置原件。①镜头主轴垂直于被摄文献中心;②被摄文献要放平(如没有托书台和压书框,则应用玻璃压平)。

5)调整照相机的高度。

6)调整焦距。

7)确定曝光时间。正确测定或计算曝光时间,调整光圈和快门。

8）拍摄。缩微复制一般都安装快门线进行拍摄，以免相机震动，影响成像质量。

9）卸胶卷。整卷胶卷拍完后，可将其倒回暗盒，然后取出。

2. 负片冲洗

负片冲洗包括显影、停显、定影、水洗和干燥五个过程。

1）显影

胶片在摄影机中曝光后，外表看不出什么改变，但已有了"潜影"存在，显影的目的是为了使看不见的"潜影"变成可见影像。

显影时间、显影温度、溶液流动、保持效力是影响显影效果的四个重要条件。

显影时间：如果温度固定，在一定范围内，改变显影时间，将引起底片反差的变化。因此，在显影处理中，有时利用时间的变化作为控制反差的一种方法。

显影温度：显影是一种化学反应，受温度影响很大，温度改变，显影的速度也随之改变。温度升高，显影速度加快；温度降低，显影速度减慢。负片显影液的温度，一般规定为摄氏 18° ~ 20° 为宜。

显影液流动：在静止的显影液中冲洗，会显影不足，并可能出现花斑现象。克服这种弊病的最简单的办法就是搅动，使显影液在显影过程中处于流动状态。

保持效力：显影液一经使用，各种成分均有所消耗，其浓度和显影能力也随之下降。为了避免显影不足，显影液在使用过程中，应不断补充耗损，使其保持原有的效力。

2）停显

防止显影过度、影调不匀和延长定影液的使用寿命。

3）定影

将已显影的感光片中未感光未还原的卤化银溶去，使已显影的影像固定下来。

4）水洗

定影后的负片，还留有海波液和可溶性复银盐，这种物质如果不设法除去，负片就不能长期保存。

胶片上的海波液和复银盐易溶于水中，要用清水进行漂洗。要在流动的水中冲洗（如自来水），水洗时间约需 20—30 分钟。如果把胶片置入静止的水中洗涤，就必须不断地换水，漂洗的时间也要加倍。

5）干燥

干燥是冲洗的结束工序。干燥时，应注意温度、湿度及空气流通情况。水洗好的负片，要用柔软的棉纱或海绵将胶膜上附着的杂质及水点轻轻抹去，然后悬挂于清洁、阴凉、通风的地方晾干。

3. 缩微复制冲洗配方

1）D—11 高反差显影液配方（盆显罐显色盲片和幻灯片用）

温水（摄氏 30°～45°）·················· 750 毫升

米吐尔 ······························ 1 克

无水亚硫酸钠 ······················ 75 克

几奴尼 ···························· 9 克

无水碳酸钠 ························ 25 克

溴化钾 ···························· 5 克

加冷水至 ·························· 1000 毫升

此液性能很硬，宜冲洗细线条缩微复制底片。摄氏 20 度时，盆显时间约 4 分钟，罐显时间约 5 分钟。欲得反差稍低的底片或显影有中间色调的底片时，可取原液 1 份，加清水 1 份冲淡使用。

保存期限：密闭满装 6 个月，密闭半装 1 个月，盆中 24 小时。

2）常用停显液配方（胶片、相纸通用）

水 ······························ 750 毫升

醋酸（28%） ······················ 48 毫升

加水至 ···························· 1000 毫升

醋酸的浓度要求为 28%，用 98% 的醋酸 3 份，加清水 8 份冲淡。若没有醋酸，可用 20～40 克明矾代替。

停显液使用时，温度要与显影液、定影液平衡，防止温度过高或过低，使感光片的乳剂膜发生急剧的膨胀或收缩，影响负片质量。

3）普通定影液配方（胶片、相纸通用）

热水（摄氏 60°—70°）……………………… 500 毫升

结晶硫代硫酸钠 ……………………………… 250 克

加冷水至 …………………………………… 1000 毫升

定影温度：18°—20℃。定影时间 15—20 分钟。

4）酸性定影液配方（胶片、相纸通用）

第一液

温水 …………………………………………… 500 毫升

无水亚硫酸钠 ………………………………… 25 克

10% 硫酸 ……………………………………… 50 毫升

第二液

热水（60°—70℃）…………………………… 500 毫升

结晶硫代硫酸钠 ……………………………… 250 克

配制第一液时，无水亚硫酸钠完全溶解后才能慢慢加入硫酸。第二液配好后，应充分搅拌并放置 10～25 分钟，再将第一液倒入第二液并不断搅拌。

第一液中，硫酸可用 30% 的醋酸 50 毫升或 40 克硼酸代替。定影时间同普通定影液。

五、文献缩微品

用缩微复制方法制成的文献复制品，叫"缩微品"。在图书馆中，它是一种特殊形式的文献资料，又称为"缩微图书"。

1. 缩微品的种类

缩微品的种类很多,就目前常见的品种来看,有透明的和不透明的两大类。

1)透明缩微品用透明的感光胶片制成,可以用透射式阅读器进行阅读,也可以作为母片进行复制。有以下几种:

缩微胶卷:用成卷的感光胶卷制成,每卷的标准长度为30.5米。缩微胶卷因使用感光胶片的规格不同,有70毫米、35毫米和16毫米三种。比较常用的是35毫米和16毫米两种。

缩微平片:是一种单页的缩微品,在一张平片上排列许多画面,常见的规格有105×148毫米和75×125毫米两种。

缩微插套:将缩微胶卷剪裁成短条,插进一个用透明塑料薄膜制成的套子里。塑料套的大小与缩微平片大致相同。插套上的插片通道有多种规格,有单插16毫米或35毫米胶卷的,也有将16毫米和35毫米卷片混插的,根据不同用途而定。由于套子里的胶卷是插进去的,资料可随时补充、更换,使用比较灵活。

窗孔卡片:在一张纸质的卡片上开有窗孔,窗孔中可插入一个或数个缩微画幅。可装1幅35毫米或8幅16毫米缩微画面。

2)不透明缩微品用不透明的感光纸印制而成,阅读时要用反射式阅读器。

缩微卡片的规格大多是75×125毫米,有单面印制和双面印制两种。每张卡片通常可印制文献40~60个画幅。

2.缩微品的使用

缩微复制品必须借助缩微文献阅读器将图像放大后才能阅读。阅读器是阅读缩微品的必备工具。

阅读器按其基本原理来说,属于光学投影仪器。按光学原理来分,可分透射式和反射式两类。按其用途来分,有普通阅读器,检索阅读器和复印阅读器等。有的把几种功能集中在一台阅读器上,既可阅读又可检索和复印。

阅读器一般由以下几个部分组成:1)照明系统;2)投影物镜;

3)屏幕;4)缩微品的片夹和移动机构;5)电源系统等。

阅读器是一种精密的光学仪器,须注意日常的维护和清洁工作。放置阅读器的房间应当清洁、干燥、空气流通,避免潮湿和温度剧烈变化以及化学烟雾的侵蚀。阅读器上的各种光学部件,不要随意拆卸,以免影响精度。

3.缩微品的保存

缩微复制品因其物质上的特点,保存方法也与一般图书资料有所不同。

较长的缩微胶卷应缠绕在不会生锈的轴心上,放在直径 10 厘米,高 4 厘米的铝盒中,然后平放在特制的贮藏柜里。

较短的缩微胶卷可放在直径 32 厘米,高 4.8 厘米的铝盒中,然后放在特制的贮藏柜里。也可剪裁成一篇文章一段,用一条包纸(见图 14—6)卷起来,再放在大盒中或直接放在带浅底抽屉的特制柜中。包纸是和胶卷一样宽的纸带,将一块稍厚的小圆纸片轧在纸带的一端,纸带和纸片间夹有一根细线绳。用纸带将胶卷卷好后,再用细绳捆住,绳的另一端绕在小圆纸片后面。

图 14—6 小段胶卷的包纸

多篇缩微胶片,标准的一卷为 30.5 米,装入直径 100 毫米,高 40 毫米的铝质盒内平放保存。盒盖上加贴索取号码,并另做一份检索卡片,以便使用缩微胶片时查阅。

缩微胶片(透明缩微平片)装在可以露出上端著录部分的封套中(见图 14—7),然后像卡片那样排列在铁柜的抽屉中。缩微卡片(不透明的)则可象目录卡片那样直接排列在贮藏柜的抽屉中。

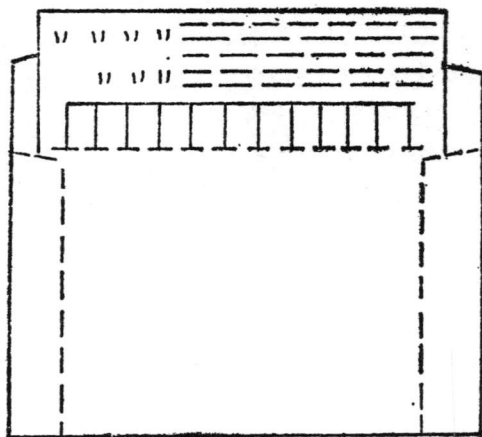

图 14—7 缩微胶片封套

缩微复制品的保管应注意：

1）室内温度不可太高，一般在摄氏 20 度左右比较合适。室内空气流通，严禁烟火。

2）要注意防潮。胶片药膜潮湿后极易发霉变质而影响使用。

3）注意防尘。

4）缩微胶片要注意防止化学气体的侵蚀。

5）整理或阅读缩微胶片时，须戴细软白手套，不要用手直接接触胶片表面。

6）防止强烈的紫外线照射。

第三节　放大复制和拷贝复制

一、放大原理

放大是在光线作用下,将底片上的影像通过放大镜头记录在感光纸上。

小尺寸的底片放大成大尺寸的照片,主要是利用凸透镜成像时物距和像距变化的原理。物距大于像距时,像被缩小;物距小于像距时,像被放大。放大机就是利用物距小而像距大的原理,来制作大尺寸照片的。

放大与放映电影一样,所以又叫"投影印相"。

二、放大机的结构和种类

放大机的种类很多。各种放大机的机身大小、内部结构、外部形态与性质都不完全相同,但基本结构是一致的,都由光室、聚光镜、镜头、支架与附件等几个部分组成。

放大机的上部是光源部分,称为光室。在光室内装有乳白灯泡一只,接通电源后,灯泡发出光线,通过反光罩的反射,光线射到聚光镜上,经过会聚,使光线亮度增加,以满足感光的需要。

聚光镜的下面是放大镜头。镜头的焦距有 5cm,7.5cm,9cm,10.5cm 等,以适应不同尺寸底片放大的需要。现代的放大机可以更换不同焦距的镜头,镜头上刻有各档光圈系数,放大感光时可以随意调节。

在镜头与聚光镜之间,有不透光的皮腔连接,能伸缩,便于放大时调整焦点。

放大机的各个部分都装在一个金属支架上,可以上下移动,调节物距和像距的比例。

放大时底片、镜头、影像三者的位置是一定的。由于需要的尺寸不同，放大机要随着升降，底片到镜头的距离也必须随着调节。所以不论哪种类型的放大机，都有调焦装置，用来调节焦点。调焦装置从操作上来分，有手工调焦与自动调焦两种：

手工调焦装置，一端连接着机身，另一头连接着镜头板，并有螺纹或旋钮。操作时旋动螺纹或旋钮，带动镜头升降和皮腔伸缩，起到调焦的作用。手工调焦每改变一次放大规格，即需操作一次，全靠手动目测。

自动调焦的放大机，附有自动调焦装置，它随着机身升降，按比例地带动镜头升降。无论机身停留在什么位置上，都能保持影像的焦点清晰，省去调焦的工序，操作极为方便。

放大机从性能上分，有集光式和散光式两种。

三、放大方法

放大方法可分为三个部分：1）放大前的准备，包括：鉴定底片的密度与反差，选配放大纸。2）放大操作，包括：放置底片，确定放大尺寸；调整机身位置，对焦，调节光圈，试样；确定曝光时间，放置放大纸，曝光；3）照片冲洗，包括：显影，停显，定影，水洗，干燥。这些工序，除水洗和干燥外，都必须在暗室中红色或橙色的安全灯下进行，但不宜使安全灯光直射放大压纸尺。

使用放大机时，将底片装入底片夹内，药膜向下。然后确定放大尺寸，调节焦距和光圈。一切准备工作做好后，就用滤色镜遮住镜头，铺好放大纸，即可开灯曝光。曝光时间的长短取决于：①负片的厚薄；②光源的亮度；③放大尺寸；④光圈大小；⑤放大纸的性质。

曝光后的放大纸，经过显影、停显、定影、水洗、干燥等一系列过程，就获得了放大复制品。

四、拷贝复制的原理和种类

用已有的一份缩微品负片（或正片）作为底片，按 1∶1 大小制成另一份或更多份缩微正片（或负片），这种方法称为缩微品的拷贝复制。

1. 拷贝复制原理

拷贝复制实际上是一种接触印片法，即将已摄制好的缩微底片与未感光的感光片，药膜面对药膜面紧紧接触，用光源从缩微底片的背面进行照射。这样，底片上影像深的部分光线完全被阻挡，影像浅的部分有一部分光线可透过而到达未感光的感光片上，使其曝光。经过一系列冲洗过程，得到与底片相反的复制品。

2. 拷贝机

缩微品拷贝机有两类，即缩微胶卷拷贝机和缩微平片拷贝机。

1）缩微胶卷拷贝机

这种拷贝机通常采用隙缝连续曝光的方式，在拷贝机上，底片和拷贝用感光材料分别缠绕在一系列片轴上，乳剂面相对贴紧，根据底片密度调整好光源亮度后，开动机器，同步匀速通过光源下的隙缝而曝光。高速的胶卷拷贝机每分钟拷贝胶卷可达 90 米以上，一般的拷贝机速度为每分钟 3—10 米。

2）缩微平片拷贝机

这种拷贝机一般是将单页胶片拷贝成单页胶片，也有的使用是 105 毫米卷片拷贝，冲洗后裁切成单张缩微平片。平片拷贝机的曝光方式有两种，一种是静止曝光方式，另一种是移动曝光方式。采用静止曝光方式的拷贝机，将底片和拷贝片乳剂相对放在片台上，再用装有气囊的盖子压紧，进行曝光。这种拷贝机一般通过调节曝光时间来控制曝光量。移动曝光式拷贝机装有围绕光源转动的传送带，底片和拷贝乳剂面相对贴紧后从入口送进传送带，然后围绕着光源进行曝光，再从出口处送出。它的曝光量主要靠调节传送带的运行速度来控制。

3. 拷贝用感光材料

拷贝感光材料又叫复制胶片或拷贝胶片。目前,供实际使用的拷贝感光材料主要有银盐片、重氮片、微泡片三种。后两种称为非银盐感光材料。

1)银盐胶片

这是一种利用卤化银作为感光材料的复制胶片,在拷贝中使用的银盐片是银盐感光材料中的色盲片,又称拷贝片。这种感光片的感光度较低,乳剂颗粒较细,反差较大,它不感红光,因而可以在暗室的红色安全灯下操作。银盐片的画面质量较高,反差、解像力等性能好,宜长期保存。

2)重氮胶片

这是一种非银盐感光材料,是以重氮化合物为感光材料的缩微胶片。其特点是可以干处理(气体显影,解像力高,为负片→负片的成像方式。价格便宜,但长期保存效果差。可作开窗卡片和缩微平片。

重氮胶片是通过把重氮化合物和偶联剂、粘合剂一起涂在透明的片基上制成的。拷贝时,把已经制好的银盐复制母片和未曝光的重氮胶片,药膜面对药膜面紧密地贴在一起,用紫外线进行曝光。透过母片的紫外线,使重氮化合物分解成为无色物质,而未受光的重氮化合物不变。曝光后,用氨熏显影,未被分解的重氮化合物同偶联剂进行偶合反应,使其变为偶氮染料而显示出一定的颜色,形成影像。

3)微泡胶片

这是一种非银盐感光材料。它和重氮胶片一样,是将重氮化合物分散在热可塑性树脂中,然后涂在透明的片基上。其特点是热显影及负片→正片的成像方式。多用于电子计算机缩微输出(COM)体系。我国从1966年开始进行这方面的研究工作。1976

年苏州感光材料厂已有微泡胶片投入生产,并在许多单位开始投入使用。

微泡胶片复制时,将微泡胶片药膜面与负片药膜面重叠(接触复印),用紫外线进行曝光。曝光时光线通过负片到达微泡胶片上,微泡胶片曝光部分的重氮化合物分解,产生氮气,气体被包围在树脂内形成微小的气体粒子,从而构成潜影。对曝光后的感光层进行加热,使热塑性树脂变软,潜影的气体粒子膨胀成为微小的气泡,称为显影过程。

显影的方法有用热鼓、热辊、热板等热传导的方法,用热空气流等加热的方法和用热辐射的方法。显影温度为 120℃ 时,显影时间 1 秒钟。

未曝光部分的重氮化合物在显影后没有变化。用紫外光全面照射,使残存的重氮化合物全部分解,形成气体粒子,并使这些气体粒子在常温下自然渗出,使这部分变得透明,此过程称为定影。由透明和不透明部分构成具有一定密度差别的影像。

第四节　静电复制

静电复制法一般称为静电复印法,也称为静电摄影技术。

静电复制法是利用某些光敏半导体材料(如硒、氧化锌、硫化隔以及有机光导体等的静电特性和光敏特性,用类似照相和印刷的方法,将图书资料的文字和图像记录在纸上。这种方法同传统的照相和印刷技术不同。

一、静电复制原理

1. 基本原理

光敏半导体是静电复印中的关键材料。主要有以下两个重要特性：

1）静电特性

光敏半导体在暗处是绝缘体，例如，无定型硒有 10^{12-16} 欧姆/厘米的暗电阻率。由于它们的暗电阻率很高，所以在暗处对它们进行高压充电之后，其表面就会产生一层静电荷。

2）光敏特性

光敏半导体在光照下又是导体。充过电的光敏半导体受到光照后，曝光部分的表面所带的静电荷会迅速消失，而未曝光部分的表面所带的静电荷则仍被保留着。

根据以上两个重要特性，可将光敏半导体涂布于某种片基上作为感光片，在暗室中对它进行充电，然后用照相的办法把书刊资料的文字和图像变为光像使之曝光。没有字迹和图像的部分光照很强，表面的静电荷即随之消失；而有字迹和图像部分光照很弱，表面仍带静电荷，于是在该半导体感光膜上便形成了一个静电潜像。然后，在静电潜像上施以带相反极性的特制复印墨粉，由于异性相吸，墨粉被吸附在潜像上，此时潜像便得到了"显影"，再经过纸张转印（如果是纸基感光片，就不需转印）和"定影"（墨粉被加热熔固，或带溶剂墨粉因蒸发而固着），便可得到所需的同原稿一样的复制品。

目前在静电复印中作为光敏半导体材料片基的有两种：一是纸基的，二是非纸基的。在纸基的光敏半导体膜上的墨粉图像不需要转印，所以称为直接法静电复印；在非纸基的光敏半导体膜上的墨粉图像必须转印到普通纸上，所以称为间接法静电复印。

间接法静电复印的整个过程见图（14—8）可分为充电、曝光、显影、转印、定影、清洗六个步骤。

直接法静电复印的整个过程只有充电、曝光、显影、定影四个步骤。因为它的感光片就是复印纸，所以既不需要转印，也不需清洗。

358

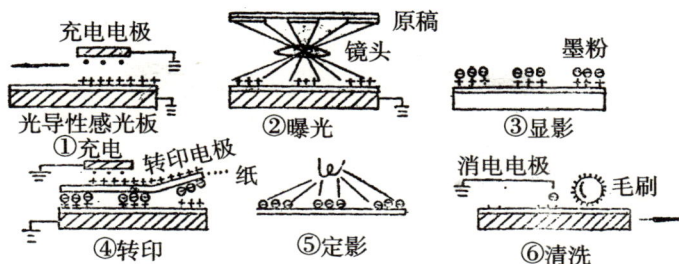

图14—8　间接法静电复印的基本过程

2. 充电

"充电"就是使光导体表面接受一定极性和数量的静电荷的过程,对光导体进行充电的目的,在于使光导体表面得到一层密度均匀的静电荷,这是曝光成像的物质基础。

充电的方法很多,有感应摩擦,电荷转移等方法。目前国内外多采用"电晕充电法"。充电的方式有:针尘充电和电晕丝充电等。目前主要采用电晕丝充电,因为这种方法比较简单,而且可以使充电电荷均匀。电晕充电装置由金属外壳(屏蔽壳)和金属丝(充电电极丝)构成。电极丝一般用 $\phi 0.06$—$0.10mm$ 的不锈钢丝或钨丝一根或数根。电晕充电的方法是:高压发生器输出 5000—8000V(伏)的直流高压电,经过绝缘导线,输送到高压充电电极上,充电电极与光导体(鼓或版纸)表面保持一定的距离或做相对运动。当电极丝接通高压电源时,电极丝周围的空气被电离(也称电晕放电),光导体的(鼓或版纸)底基接地,这就构成了一个充电回路,对光导体表面进行充电,使光导体表面带上一层静电荷,即表面电位。

光导体(鼓或版纸)表面是否带有一定的表面电位,表面电位分布是否均匀,是衡量复制品质量高低的重要因素。

359

在充电过程中,随着静电荷在光导体(鼓或版纸)表面的积累,表面电位不断升高,最后达到饱和,即最高表面接受电位。充电时间应能保证达到光导体表面所需接受的最高电位。延长充电时间可达到这个表面电位,但在达到了稳定的表面电位之后,延长时间就不能再继续提高表面电位。

充电的大致过程是:由高压整流装置产生正极性或负极性的高压直流电供给充电电极,形成电晕电压,然后对光导体进行电晕放电,光导体带电后,即可曝光。

3. 曝光

曝光,就是静电潜象的形成过程。这实际上是一个光消电的过程,即对已经充电的光导体表面给以一定量的光能,使一部分表面电荷消失;另一部分仍保持电荷而形成潜象。这一过程所利用的是光敏半导体材料的光敏特性。

采用照相的办法将原稿的文字和图像的影像,通过光学系统变成光像,投射到已充电的光导体表面上,这样,本来分布均匀的表面电位就随着光像明暗的不同,变得高低不同。这种和原稿相应的,表面电位高低不同的静电场,即静电潜像,也就是曝光过程。

静电复印机的曝光方式,一般可分为静止全场曝光和窄带扫描曝光两种方式:

1)静止全场曝光

这种方式与照相机曝光相同,曝光时原稿和光导体都停止运动,曝光后继续运动。这种曝光方法一般用在平版机上。

2)窄带扫描曝光

曝光时原稿和光导体(鼓或版纸),或反光镜和导体(鼓或版纸)作同步运动。在这种曝光方式的光学系统中所用的反光镜都是窄而长的外反射式平面反射镜,并有形成窄缝的曝光拦板,通过光学系统投射到光导体上的光像是一个窄长的光束。原稿及光导体,或者反光镜及光导体必须作方向和速度一致的相对运动,才能完成原稿的全面曝光。目前,这种曝光方式用得比较普遍。

曝光量与照度和曝光时间有着密切关系,为了获得一定的曝光量,可增加照度以缩短曝光时间,或减少照度延长曝光时间。

4. 显影

光导体表面经过曝光之后,形成了看不见的静电潜象。带有与潜影极性相反静电荷的墨粉,吸附在潜影上,使它变为可见图像,就叫作显影。

显影使用墨粉和载体。载体有正载体和负载体两种。复制正原稿时用正载体,复制负原稿时(缩微负片)用负载体。墨粉是中性的,可以带正电荷,也可以带负电荷。它与载体摩擦生电而附着在载体上。如载体带正电荷,墨粉就带负电荷;载体带负电荷,墨粉就带正电荷。把显影剂墨粉撒在带正极性或负极性光导体(鼓或版纸)表面的静电潜象上,静电潜象的电力场比载体的电力场强,能把黑粉从载体上吸过来,静电潜象就借墨粉显现出来,完成显影任务。

静电复印中显影的方式很多,归结起来可分为干法显影和湿法显影两大类:

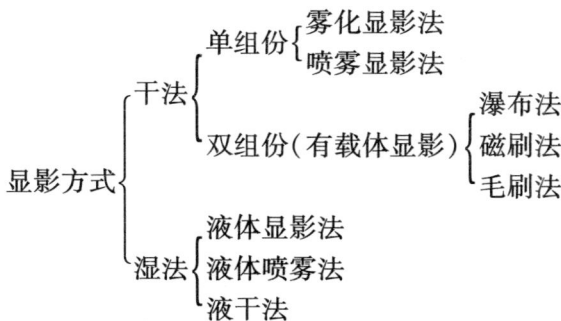

显影方式
- 干法
  - 单组份
    - 雾化显影法
    - 喷雾显影法
  - 双组份(有载体显影)
    - 瀑布法
    - 磁刷法
    - 毛刷法
- 湿法
  - 液体显影法
  - 液体喷雾法
  - 液干法

目前使用比较多的显影方法,有瀑布法,磁刷法,液体显影法和液干法四种。

1）瀑布显影

瀑布显影是将由球状载体和墨粉组成的显影剂,像瀑布一样,均匀地撒落在已形成静电潜象的光导体表面上,墨粉被光导体表面的潜像电荷吸引,摆脱载体而吸附在潜象上。复印正原稿时用正载体,使墨粉带负电荷;复印负原稿(缩微负片)时用负载体,使墨粉带正电荷。

2）磁刷显影

磁刷显影所用的载体是铁粉,并用磁棒吸引成刷状磁穗,当磁刷在光导体(鼓或版纸)表面刷过时,墨粉被静电潜象吸附,实现显影。磁刷显影的优点是:边缘效应小,墨粉飞扬少,比较清洁。影像得粉率高,显像均匀。

3）液体显影

是用液体作载体,通常使用于氧化锌纸的静电复印。把树脂包裹的炭黑的颗粒分散在高绝缘的溶剂(如石蜡基汽油)中,溶剂起到载体作用。显影剂可带正电荷或负电荷,这取决于树脂的种类和极性剂。

当已曝光的感光纸通过显影液时,由于潜影电荷的极性与油墨所带电荷极性相反,异性相吸,油墨颗粒就被吸附在潜影上,实现显影。

4）液干法显影

通过已形成静电潜影的感光鼓表面与显影液接触并借助显影托盘的作用进行显影。经过挤料辊挤去粘附在感光鼓表面上的多余液体(几乎挤干),然后转印。这种显影方法称为液干法。

5）转印

光导体(鼓和版)表面的静电潜象显影后所显示的墨粉图像,需要从光导体(鼓或版)表面转移到普通纸或其他介质上,才有使用价值(指采用间接法静电复印,复印品是普通纸),才能成为实用的文献复制品。完成这样的墨粉图像的转移过程,叫"转印"。

静电复印机的转印过程,也是利用静电方法来实现的。转印是对纸充电,在纸和光导体(鼓或版)表面贴合的过程中,使纸带上一定数量的与墨粉极性相反的静电荷,光导体(鼓或版)表面的墨粉图像就被吸附到纸上,从而完成转印任务。

　　目前,静电复印机采用的转印方法有两种,即电晕转印和感应辊转印。

　　1)电晕转印

　　把纸紧贴在已经显影的光导体(鼓或版)表面上,纸的背面有一个转印电极,对纸进行转印充电,使纸上的电力场比光导体上静电潜像的电力场强,墨粉像就从光导体表面被吸附到纸上。这种方法使用较多。

　　2)感应辊转印

　　感应辊是一个有金属芯的胶辊。金属芯接 6 千伏左右的直流电压。把纸贴在光导体板上,用感应辊在纸上滚过,一方面完成了转印电极对纸充电的任务,另一方面能把纸和光导体板间的空气泡赶尽,提高转印质量。在平板机上使用感应辊转印是很有利的。可以用手推油印机用的胶辊改装成感应辊。

　　6、定影

　　干法显影中的墨粉图像转印到纸上以后,墨粉在纸上处于漂浮状态,非常容易被擦掉,所以需要运用一定的方法,把图像固定在纸上,从而完成静电复印的全过程。这个图像的固化过程就叫作定影。

　　定影就是用加热的办法使墨粉中的树脂溶化而粘结在纸上。目前,静电复印机的定影方法有两类:一是加热定影,包括热辊定影、热板定影、热辐射定影、直接加热定影。二是冷压定影。

　　1)加热定影法

　　就是用加热的方法对转印后附着在纸上的墨粉图像进行加热固化。加热定影的方法有四种:

直接加热定影:此法只需把复印品放在热源下烘烤就行了。热源可采用红外线灯,电炉或电烘箱。定影温度要控制好,温度太低,图像固化不好;温度过高,会使纸质变坏,同时在显影粉密度较大的部位会出现烘焦现象。

热辊定影:这种方法属于热能传递的传导形式,即在用金属材料制成的辊内装上红外线灯管,转印纸从辊与辊之间通过,用红外线灯管发出的热能加热而使图像固化。

加热板定影:这种方法属于热能传递的对流形式。在定影器中设置上下两块加热板,加热器中的热源(电阻丝)接通电源后,热板变热,附有墨粉图像的复印纸从两块板中间通过,使墨粉图像受热熔化并粘附在复印纸上,从而完成定影任务。

热辐射定影:采用远红外线热辐射定影。同其它几种热定影方法相比,可以使预热时间缩短到几秒钟以内,充分发挥热效能。

2)冷压定影

利用一对圆辊,通过弹簧施加一定的压力,当转印完的复印纸通过时,由于压力的作用而使墨粉附在纸上,从而完成定影。

7. 清洁

在间接法静电复印中,光导体(鼓或版)在复印过程中是循环使用的。由于转印之后的光导体(鼓或版)表面还有残余电荷和残余墨粉,因此必须采用一定的方法进行清洗,为下一个复印循环做好准备。

清洗的办法,首先用消电电极的电晕放电来中和光导体(鼓和版)表面的残余电荷,使其放松对墨粉的吸引,然后用毛刷将残余墨粉扫除,最后再用消电灯照射清除残余电荷。

二、静电复印机的结构和类型

静电复印机的结构因不同型号而异。但都包括以下几个主要部分:光敏半导体(鼓和版纸)、电晕电极、光学系统、显影系统、定影系统、输纸系统、转印系统、吸尘清扫系统、冷却系统、传动系统、电控系统、原稿台和操纵机构等。

1. 光敏半导体鼓和版纸

光敏半导体鼓和版纸是静电复印机的关键部件(心脏)。其功能是在静电场的作用下使其获得一定极性的、均匀的电荷,并将投照在它上面的光象转换成静电潜象,通过墨粉显影,获得可见的复印图像。

光敏半导体材料目前主要是硒、氧化锌、硫化镉和有机光导体,作为光敏半导体材料底基的主要有铝鼓、版纸、铝板、纸带等。把光敏半导体材料涂在各种底基上,在其表面完成充电、曝光、显影等任务。

下面是几种常见的感光材料:

氧化锌感光纸:用于直接法静电复印机和阅读复印机。由氧化锌感光层、预涂层、纸基构成(见图14—9)。

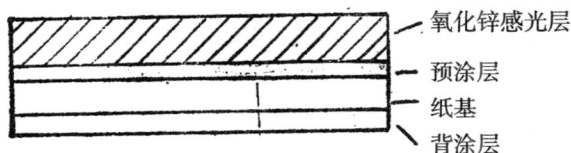

图14—9　氧化锌感光纸结构

氧化锌感光版:由感光层、中间层、铝箔层、纸基和背涂层组成。

硒感光鼓(版):用硒光敏半导体材料作的感光鼓(版),是由感光层、中间层和铝基三层组成的,硒感光层是采用真空蒸镀到铝基上形成的。

有机光导体鼓(板):有机光导体的感光层,是用聚乙烯咔唑,加上增塑剂、粘结剂等材料制成溶剂,涂在涤纶片基、纸基或金属基上制成的。

2. 电晕电极

有充电电极、转印电极和消电电极。电极有琴弦式和针式两种。静电复印机中,大部分使用琴弦式电极,琴弦式电极采用的电极丝一般都由直径为0.06—0.1毫米的钨丝或不锈钢丝和屏蔽板构成,每个电极的电极丝一般由1—3根组成。针尖式电极用0.3—0.5毫米的小号手工针制作,针尖露出屏蔽板3毫米左右。电极的静电高压是由高压静电发生器供给的。静电发生器实际上是一只升压、整流装置。给电极输送的直流电压为5—8千伏。这个电压要根据需要适当控制,不能太高,太高了会产生火花放电,使光导体被击穿;也不能太低,太低了,光导体表面充电电位就满足不了成像复制品反差的要求,从而降低复制品质量。

3. 光学系统

各种静电复印机,它们的光学系统也各有特色。一般把这些光学系统归纳为静止全场曝光和窄带扫描曝光两大类。在这两大类中,由于采用的光学零件及使用要求不同,有以下几种主要形式:

1)直照式光学系统。这是静止全场曝光的一种形式,它只有

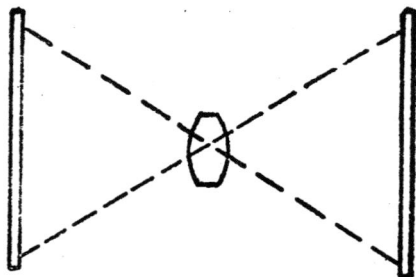

图14—10 直照式光学系统

一只镜头,是最简单的光学系统。采用这种光学系统得到的光像是反像,只适用于板式静电复印机。

2)反射式光学系统。是静止全场曝光的后一种形式。原稿的光线经过反射镜的反射作用,使反射光线经过镜头再投射到感光版上,进行全场曝光。

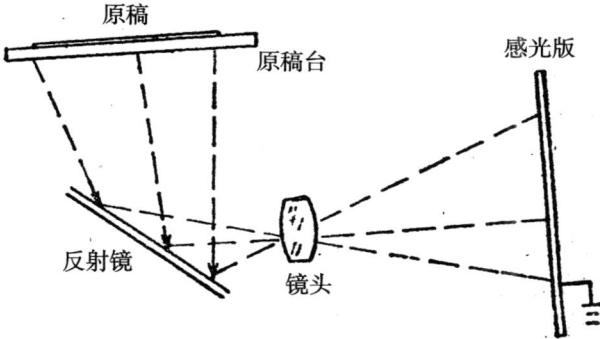

图14—11　反射式光学系统

3)固定反射式光学系统。这是窄带扫描曝光的一种形式。一般常用两反射和四反射两种形式。

4)运动反射式光学系统。也是窄带扫描曝光的一种形式。这种光学系统与固定四反射式光学系统的不同点在于:它以反射镜、光源和光导体(鼓或版)作同步运动,取代原稿的运动。

5)固定反射式光学系统。是窄带扫描曝光的又一种形式。由原稿和光导体(鼓或版)作同步运动,而反射镜、镜头固定不动。

6)运动反射式光学系统。窄带扫描的一种形式。原稿和感光材料不动,反射镜、镜头和光源作方向一致的同步运动。

静电复印机的类型分为:大型转鼓式,小型转鼓式,平板式,氧化锌纸直接式,制版机和阅读复印机等。

1)大型转鼓式硒静电复印机。例如:陕西华航光学仪器厂生产的 HS—775 型就属于此类型。可以连续复制各种图纸、报纸、书刊的单页等。这类设备结构复杂,各部位协调要求较高,造价也高。

2）小型转鼓式硒静电复印机。可以复制不能拆开的成本书刊资料及单张原稿,复制品幅面约为 8 开大小,用普通纸可进行任意份数的复印,适于图书馆和情报机构使用。例如:日本东芝公司和武汉复印机总厂联合生产的 BD—4515 和 BD—5511 型等均属于此类型。

3）平板式静电复印机。适用于各种原稿的单张及多张 1：1 及变倍(放大或缩小)复制,设备结构简单,易于制造,但复印效率低,目前生产厂家较少。

4）静电复印制版机。以氧化锌纸版为感光材料,适用于多份(数份至数千份)资料的大量复印。营口复印机厂生产的 JF–1 型静电复印机属于此类型。

5）氧化锌纸直接复印机。这种类型的静电复印机是在感光材料氧化锌纸上直接得到复制品。机器结构简单,操作方便。湖北沙市市生产的彩蝶牌 42 型就属于这种类型。

6）阅读复印机。目前国内外生产的阅读复印机是缩微文献阅读器和静电复印机的结合体,可利用它有选择地将缩微胶卷(片)上的图像放大到氧化锌纸或普通纸上。如柯达公司生产的 323 型和拜而好公司生产的 ABR–610 型阅读复印机。

三、用于静电复印的材料

用于静电复印消耗材料包括静电复印墨粉、载体和复印用纸等。

1. 墨粉

按摩擦带电性质分为正极性和负极性墨粉,也有接近中性的墨粉。中性墨粉与正载体摩擦带负电荷,与负载体摩擦带正电荷。

上海油墨厂生产的 8401 粉就是接近中性的墨粉。

墨粉中主要的成分是着色剂炭黑。为了使墨粉与一定的载体混合摩擦后带有适量的电荷,并降低熔点,增加其对纸的粘着力,在炭墨中还应加一些腊、树脂以及其他附加剂。

静电复印对墨粉的要求:

1)容易摩擦带电,并要求所带电荷极性一致,带电量多少要适当。

2)为了保证复印品清晰、分辨力高,墨粉的颗粒直径一般应为 5—15 微米。颗粒太粗会使分辨力降低,太细则会使复印品颜色浅淡。

3)颜色要尽量的黑,不易退色,能长期保存。

4)墨粉的熔点要适当。熔点不能太高,太高了容易使机器本身温度升高,损坏复制品的纸张;熔点太低,墨粉容易粘在感光材料上,不易清扫,污染感光材料表面。

5)吸湿性和凝聚性越小越好。否则,长期保存时,会因凝集成块状,影响使用。

6)非静电吸附性能越小越好。否则,墨粉会粘附在光导体表面上,增加复印品的底灰。

2. 载体

目前常用的干法双组份显影剂的载体有两种形式:一种是用于瀑布显影的直径为 200—700 微米的小球珠,如玻璃珠、钢球或塑料珠,另一种用于磁刷显影的直径为 50—200 微米的氧化铁粉。

载体的作用有两个方面:一是当载体和墨粉混合摩擦时,使墨粉带上电荷;二是载体表面吸附一定量的墨粉,通过载体不断运动把墨粉带到潜影区,被潜象吸附,实现显影。

载体有正载体和负载体之分。如上海油墨厂生产的"84—61"载体为正载体,"84—81"载体为负载体。使用不同的显影方式,应选用不同材料的载体。

静电复印对载体的要求：

1）颗粒要小，又要有一定重量。载体颗粒小，可以提高复印品的分辨力，显影细致。但太小时则会因其重量太轻，在倾泻过程中，不能自由落下，与墨粉一起被静电潜影吸附在光导体表面上，影响复印质量，划伤感光体表面。

2）载体易于摩擦带电，使带有相反极性电荷的墨粉适当地吸附在其表面上。载体与墨粉除静电吸附力外，非静电吸附力要尽量小。

3）吸湿性越小越好。

3. 复印用纸

静电复印对用纸没有特殊的要求，可以使用普通纸进行转印。

但是，转印纸的体积电阻率不应低于 10^{12} 欧姆·厘米，纸的体积电阻率太低，对纸充电时会透过纸对光导体表面充电，这会加强光导体的电场，相对地削弱纸上的电场，对转印不利。不过，普通纸都能达到这个要求。

转印用纸要平整，否则，纸的有些部分不能紧贴光导体表面，影像就转印不全。

转印用纸要干燥，因为含水率增加，会使体积电阻率很快下降。纸的含水率不宜大于5%（重量比）。

转印用纸的厚薄要根据具体复印机的要求而定，太厚太薄都会使机器产生故障。

连续复印的转鼓机上用的卷筒纸要具有一定拉力，否则可能被拉断使复印中途停止。

四、静电复印机的使用和维护

静电复印机涉及的科学技术领域较多，它集中了光学、电学、电子学、物理学、化学、机械传动等学科的技术。结构也比较复杂，特别是自动化程度较高的复印设备。因此，除了要很好地掌握静电复印的基本原理外,操作人员在日常复印工作中必须精心地使用和维护复印设备,以保证复印机的正常运行,延长机器的使用寿命,从而获得高质量的复印品。

1. 静电复印机的安装要求

机器应安装于清洁、干燥和无有害气体的环境中。做到防尘防震,地面平坦,房间空气流通,室内温、湿度适宜,电源电压要求相对稳定。复印机外壳要牢固接地线,以保证复制品的质量和复印机的使用寿命,以及操作人员的安全。

2. 使用前的准备

1)整机的检查:观察整机安装状态,检查复印机各系统的安装是否符合要求。例如,光学系统(镜头、反射镜、灯管、玻璃)有无损坏,各传动机构有无异响等。

2)配装显影药剂:

双组份干法显影一般应按 2 至 5 比 100 的比例配置墨粉和载体。各复印机的显影药剂应按说明书要求使用。

3)上光导体鼓:如硒、硫化镉鼓装前应测中心半径距离,特别要注意避免碰撞等。

4)复印纸的装用:应按各复印机要求的克数和使用的规格装用。装入存纸盒前应反复搓动,以防粘连。

5)接通电源:检查稳压器电压,观察电压表是否同机器要求电压相符,然后开机进行试用。

3. 操作注意事项

1)工作室内通风良好,干燥无灰尘;

2)对复印机的温度进行控制;

3)复印用的消耗材料(纸、墨粉和载体)不能受潮;

4)复印纸要同复制原稿相符;

5)发现故障进行排除,然后工作;

6)复印中要不断补充墨粉;

7）关机和开机的先后顺序一定要按操作规程进行；

8）每次复印完毕,待复印机充分散热后再盖机罩；

9）工作人员不在时要切断电源。

4.静电复印机的维护

复印工作人员对复印机的维护是很重要的,直接关系到复印品的质量和复印机的使用寿命。

维护的要点是：

1）每连续工作 4 小时清扫一次；

2）原稿盖板和原稿玻璃经常擦拭；

3）镜头、反光镜、光源要保持清洁；

4）各充电电极（充电、转印、消电等电极和消电灯）要保持清洁；

5）输纸、供纸、收纸系统以及定影装置要洁净；

6）传动机械半年上油一次；

7）吸尘袋清洁:夏印 1000 张左右应清扫一次,复印 3000 张后,用水冲洗、干燥再使用。

8）光导体清洁:在清洁过程中千万不能划伤和摩擦,清洁的方法是:用软毛刷或脱脂棉轻轻掸扫光导体的表面,将粉尘去掉,如粉尘粘附较牢,可用少量清洁液,如硒鼓可用脱脂棉沾少量的乙醇单方向反复擦拭。

9）墨粉补充时要注意随时调节；

10）作好设备维护情况的记录。

第十五章　图书保护技术

第一节　图书保护的重要性和纸张的强度

一、图书保护的重要性

自人类发明书写技术以来，就开始了对书写资料的保护。图书馆兴起后，就有更多的人对图书保护问题进行研究。

中世纪以前，知识的载体都是由一些质地牢固的材料做成的，如早期的金石、甲骨、竹简，后来的手工纸，这些材料的寿命往往超过了多少代人的寿命。因此，当时图书保护的中心课题是防虫、防霉以及传统的修复托裱工艺。

近百年米，图书保护的情况发生了很大的变化。图书保护的课题不仅是要找到防止有害生物对图书危害的有效措施，而且还要对危害图书的其他因素进行研究，如危害图书的物理因素、化学因素等。图书保护的范围不能只局限在对珍本书、善本书的保护上，对图书馆的所有馆藏，甚至包括刚上架的新书，也要进行保护性的处理，以延长图书的寿命。图书保护范围的扩大、研究课题的深化主要有以下原因：

1.近百年来，图书用纸的耐久性能急剧下降，大多数图书馆藏书濒临自毁。

随着科学文化的发展，图书、文献的数量急剧增加，手工纸已经满足不了社会的需要。十九世纪中期,机器造纸应运而生。机器纸从外表上看同手工纸区别不大,然而其使用寿命却明显下降,大多数纸张从制造到脆化得不能使用,时间最长不超过50年。

本世纪以来,不少国家使用现代化的装订技术,使图书在制造过程中纸张又进一步地受到损伤,耐用性下降。

被损坏的图书的知识内容,虽然可以用代用品保存下来,但知识载体的物质形态是出版事业发展的历史证据,是研究版本学的重要史料,因此,图书馆有责任对图书的物质形态加以保护,使图书真正完整地保存下来。

同时,从传播知识的角度来看,纸型图书有其他载体所不能取代的优点:个人使用方便,易于携带;人们从中吸取知识的程度可以因人而异,又便于放置。尽管新技术在图书馆内大量使用,使得纸型图书作为人类学习最有效的手段的地位受到了某种程度的冲击,但以上这些优点足以使纸型图书在很长一段时期内与图书的其他载体并存。

鉴于以上原因,如何提高现代纸张的持久性和耐用性,使纸型图书寿命延长,成为今天图书保护的重要课题。

2.非纸型图书的出现,使图书保护有了新内容。

随着现代化技术的发展,图书馆网络化的需要,电子计算机的磁盘磁带、缩微品、录音带、录像带等多种信息载体的使用,使得图书馆馆藏的形式和范围发生了很大变化。这些感光材料和磁性材料并不稳定,保存它们比保存纸型图书需要更严格的环境条件。为了解决这一新问题,图书保护必须研究和探求非纸型图书的保存环境和条件。

3.空气污染成为保存馆藏的最大威胁。

随着工业的发展,空气污染也日趋严重。它已不再局限于大城市和工业区的上空,而是扩散到整个大气层中。空气中的有害化学成分每时每刻都损坏着各种不同载体的馆藏,加速各种信息载体的变质和老化过程。从某种意义上讲,这种损坏已经像书库内温度和湿度的波动给图书带来不良影响那样经常和普遍。

4. 新的技术革命浪潮冲击着图书馆事业,使它进入了新的阶段。图书保护在新的形势下显得更加必要。

由于科学的发展,各门科学的分支越来越多,越来越细,并且相互交叉,相互渗透。要对某一课题进行研究,科学工作者就要对该课题的文献进行详尽地追溯和全面普查。回溯服务将成为今后图书馆的重点工作之一。这样,图书保护就显得更加必要了。

5. 随着图书馆性质的演变,现代图书馆更强调社会性。面向社会,为社会所利用,情报对社会的作用日益增加。这样,传送和贮存情报的物质载体的长期性问题就始终存在。

图书保护工作是贯穿在图书馆的各项工作之中的。图书保护的出发点不仅应立足于对藏书的知识内容及其物质形态的保护,还应将图书保护工作同用户的要求、图书馆公共服务的范围以及图书馆的其他功能协调起来。

图书保护工作对图书馆各方面的工作都有很大的影响,因此,每个图书馆员必须具备有关的知识。在今天的形势下,图书保护工作仅靠为数不多的、具有这方面专业知识的专家的努力,是很不够的。只有将图书保护工作同图书资料管理工作紧密地结合起来,才能真正做好图书保护工作,更好地为读者服务。

二、纸张的强度

通过物理和化学方法鉴定分析图书用纸的耐久性和持久性,可以估计纸型图书的使用寿命。

纸的耐久性是指用物理方法模拟实际使用一本书时,纸在弯曲过程中所承受的应力。利用机器将一张纸弯过来弯过去,进行拉力和撕裂试验,以测定纸张的物理强度和塑性。通常用耐折强度和撕裂度来表示。纸张的耐折强度和撕裂度愈大,表明该纸张的耐用性愈强,在使用中愈不易受到损坏。

纸的持久性,是表示纸张化学性质稳定的程度,它与纸张的化学性质、纤维质量和制造工艺有关。纸张的持久性可以利用物理、化学试验的手段,通过测定纸张的酸度、纸浆的纯度以及纸张人工老化的数据来估计。纸张的持久性愈大,在相同的保管条件下,保存的时间就愈长。

一般说来,使用纤维强度大、纤维素含量高、非纤维素含量低的植物纤维造出来的纸,物理强度大,耐用性好;在造纸过程中,纸浆里残留的有害化学品少,纸张的酸度低,纸张的持久性就高。科学家们的测定表明,含有碳酸钙的碱性纸一般有 400 年的使用寿命。

根据纸张的耐折强度和撕裂度,一般可以把纸张分成以下几个等级:

1. 较高强度的纸

指耐折强度在 1000 次或 1000 次以上,撕裂度在 75 克以上的纸张。这种纸,一般是用优质的化学木质纤维或棉花纤维造成的。证卷纸、账本纸均属此类。这些纸一般不用来印刷图书。

2. 标准强度的纸

耐折强度为 300—1000 次,撕裂度为 60—75 克的纸张。这类纸作为图书用纸较为合格。

3. 低强度的纸

耐折强度为 10—300 次,撕裂度为 25—60 克或略高的纸。这类纸的使用寿命有限,特别是耐折强度只有 10—50 次的纸,如新闻纸,使用寿命更短。一些学术性的出版物用纸,耐折度往往在 50 ~ 75 次之间,这类纸由于酸度较高,变质速率很快,保存不了多长时间就会脆化。

4. 弱强度的纸

指耐折强度只有 2—10 次,撕裂度为 12—23 克的纸。这类纸的强度在新闻纸之下,很不耐用。保存这类纸印制的资料,必须十分小心。

5. 不能再使用的纸

指耐折强度为 1.0—0.1 次、撕裂度为 8—12 克的纸张。这种纸张用拇指一戳就破。图书用纸如果变质到了这种程度,重新装订时,就很难缝合成册。使用这类纸,翻动时应加倍小心。这类纸型的图书一般不宜再提供使用,只能保存起来。

6. 易碎的纸

指耐折度为 0.1—0.01 次、撕裂度为 4—8 克的纸张。这类纸在手里一压,就会成为小碎片,不能再使用。修复这类纸型的图书时,要求有熟练的操作技术。

7. 非常易碎的纸

这类纸的耐折强度只有 0.01—0.001 次,撕裂度只有 4 克。将这类纸放在掌心轻轻一搓就变成了粉末。在对已损坏到这种程度的文献进行修复时,即使是熟练的修复人员也应加倍小心,防止文献损坏。

8. 接近粉末状态的纸

这类纸的耐折强度只有 0.001 次,撕裂度在 2.5 克以下。这类纸已脆化得接近成灰。被损坏到这种程度的文献仍可以去酸,但去酸前应用薄绢将它托住。

第二节　损坏图书载体的因素

图书是知识、信息的存贮载体和传递工具。信息、知识在任何时候都要依附于一定形式的物质载体才能存在、保存和传播。图书的载体就是专门用来记录信息、知识的物质材料。

图书具有多种形式,如文字型、声频型、视频型、代码型等。纸张、字迹、感光材料、磁性材料都是图书载体的一部分。

存放图书的环境条件、管理方法以及图书载体本身的质量都可以影响图书载体变质的速率。具体讲书库内不适宜的温度、湿度、有害的化学品、光线、昆虫、微生物以及其他一些因素都可以导致图书载体的损坏和变质。这些有害因素对图书的危害,往往不是孤立地进行的。

科学工作者对大量的、不同品种的纸张进行了分析研究,认为印刷型图书变质的主要因素有以下几点:

1. 纸张受热和光线照射;

2. 纸张受潮;

3. 存放纸张的环境中温度和湿度经常波动;

4. 书库内的空气受到有害气体的污染;

5. 氧化剂的存在;

6. 铁、铜等重金属夹存于纸中;

7. 造纸时使用酸性填料;

8. 使用酸性或含氯化物的油泥或墨水作为印刷和书写的材料;

9. 纸张成分中纤维素含量较少,而木质素等非纤维素含量较高。

一、温度和湿度

1. 温度

纸张在制造和使用的过程中,有可能使有害的化学物质混在张浆之中或同纸张接触。如纸张制造过程中施加的明矾、松香,图书保管和使用过程中所接触到的有害气体等。这些化学物质潜伏在图书的载体中,并逐渐地对纸张和字迹中的化学成分发生反应,使得纸张和字迹的主要成分受到破坏,导致了图书的变质。

无论书库条件如何完善,只要图书的载体中含有这些有害的化学成分或接触到这些有害的物质,图书的载体内部的这种破坏性反应过程总是要进行的。从表面上看,图书用纸随着存放时间的增长而发黄变脆,字迹渐渐地退色;胶片存放久了也会发脆,这种变化就是所谓的"自然陈化",也就是人们常说的"陈化"。

这种自然陈化的本质,是图书载体内部的分子发生了物理和化学变化。一般说来,大多数化学变化都是随温度的升高而加快,随温度的降低而延缓。图书载体的变质过程也遵循这一规律。书库内空气的温度愈高,图书载体(纸张、纸板、粘胶剂、织物、皮革等)就老化得愈快。在高温下,纸张的机械强度下降迅速,化学纸浆的分解过程加快,木质素的化学变化也非常强烈。

图书保护的专家巴罗(Barrow,William James)对图书用纸进行了大量的研究。1963 年,他把同一种纸分别放在60℃、80℃、100℃、120℃的条件下进行加速老化试验,并测定其老化后的耐折强度。在掌握了大量的测量数据后,他绘出了图 15—1 的曲线。

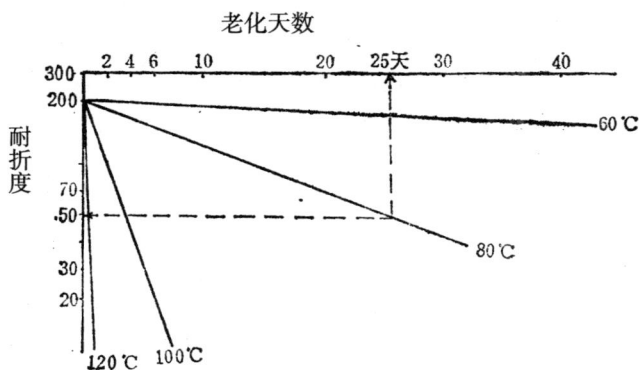

图 15—1 耐折强度同温度的关系

由上图可以看出,耐折强度为 200 次的纸,在 80℃温度下放置 25 天,其耐折强度将降为 50 次;而将同一种纸放在 100℃的温度下,则只需 3 天时间,就可使耐折强度下降到 50 次。

　　大量的实验和研究还表明,在常温下保存了 25 年的纸,其损坏程度同在 100 ±2℃ 的条件下存放 72 小时的损坏程度一样;而在常温下保存了 400 年的纸,其损坏程度同在 100 ±2℃ 条件下存放 48 天的损坏程度相同。

　　在大量的实验基础上,巴罗作出了以下结论:低温能延缓纸张的变质,高温将加速纸张的变质;存放纸张环境的温度每改变 20℃,将使纸张的变质速率改变 6.5 倍。

　　静电复印前,纸张往往要进行烘烤。经过这样热处理的纸,往往发硬。这种发硬的现象,也是纸张受热后变质的一种表现——交联反应。纸张硬度的增加,使其耐折强度下降,纸张的耐用性减小。经研究证明,交联反应是受到了纸张内部酸的催化所致。这种使纸张变硬的交联反应,一般只发生在纸张受到高温烘烤的情况下。因此,应当尽量地避免使纸张承受高温。

　　温度升高,不仅会使纸张老化,还会使纸张发生物理形变。纸张在受热后会发生膨胀,膨胀后的纸张,其抗张能力明显减弱,耐久性随之下降。同时,温度升高,还会使缩微材料发脆,磁性材料退磁。有害生物也会由于温度升高而加快繁殖。因此,应尽量降低书库的温度。

　　书库内温度的波动,同样会对纸张造成破坏。纸张会随温度的忽高忽低而胀缩,胀缩的结果给纸张带来剩余形变。如果纸张长期处在这种波动之下,剩余形变会越来越大,最后使纸张中的主要成分——植物纤维发生断裂,纸张的强度也随之下降。

　　2. 湿度

　　湿度是同温度紧密相连的一个物理量。和温度相比,湿度对图书的影响更大。书库内温度的变化,直接引起相对湿度的变化。在绝对湿度不变的情况下,温度升高,相对湿度下降;温度下降,相对湿度上升。利用这一关系,可以用人工的方法来控制书库的湿度。

　　纸张是一种多孔的物质,这些孔洞可以起到毛细管的作用,所以纸张吸水性很强。当书库比较潮湿时,纸张就吸收空气中的水分,使其含水量增加;书库干燥时,纸张内的水分就被蒸发出去,纸张的含水量就减小。因此,纸张的含水量是随书库内空气的相对湿度而变化的。但并不是所有的纸张吸水性都一样,从下表中,我们可以看到某些纸张的吸水率同书库内相对湿度的关系。

不同相对湿度下的纸张含水量

含水率(%)　　　　　纸样 相对湿度(%)	化学纸浆纸(%)	棉浆纸(%)
40	5.8	4.9
50	6.6	5.4
60	7.4	5.7
70	8.4	6.1
80	9.6	6.8

　　纸张含水量的高低对于纸张的保管和使用是有很大影响的。纸张中只有含有一定量的水分,才能保持较好的机械强度和柔韧性。含水量过低,纸张就要发脆,耐折强度和柔韧性都会降低;含水量过高,纸张的强度会明显下降,纸上的字迹也将褪色或扩散。大量的实验证明,只有当纸张的含水量在 7±1% 时,其强度和柔韧性才最好。纸张出厂时的标准含水量在 7% 左右,我们称这种含水量为安全含水量。

　　纸张的含水量同书库内空气的相对湿度直接有关。要使纸张的含水量保持在7%左右,书库内的相对湿度一般应控制在50%左右。图15—2 和图15—3 表明了书库内的相对湿度同纸张物理强度的关系。

　　书库内湿度的波动也会给纸张的耐久性带来严重的影响。书

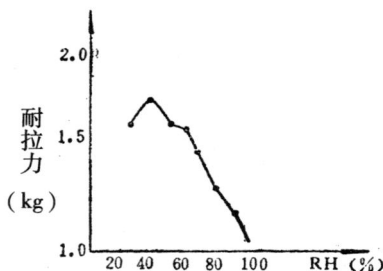

图 15—2　书库内相对湿度
同纸张撕裂度的关系

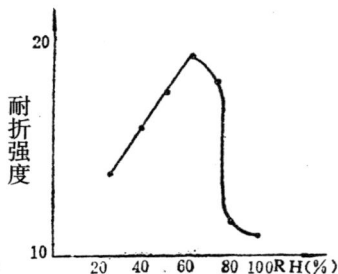

图 15—3　书库内相对湿度
同纸张耐折强度的关系

库内湿度高,纸张的含水量增大,纸张内部分子间相互结合的氢键就会被打开;书库湿度下降,纸张的含水量减少,而那些使氢键打开的水分子也会失去。但纸张解吸后,氢键难以复原,就会产生滞后现象。湿度长期地波动,使纸张内的氢键越来越少,纸张内分子间的结合力也越来越小,纸张的强度就会逐渐减弱。

　　纸张的含水量除影响纸张的耐久性外,还会影响纸张的持久性。也就是说,纸张的含水量除影响纸张的物理强度外,还影响纸张内部的化学变化。

　　纤维素是纸张的主要化学成分,它是由许多葡萄糖分子聚合而成的。纤维素聚合度的大小直接关系到纸张的耐折强度等物理性能。纤维素的链越长,则聚合度越高,纸张的强度也越大,耐久性越好。书库内湿度升高,纸张的含水量就会增加,这就为纤维素的水解提供了必要的条件。特别是由于酸、酶等物质的催化作用,纤维素水解速率迅速增加。当纸张中含有酸性物质,或者接触到酸性物质时,纸张中即使只有微量的水存在,也可以引起纤维素的水解。纤维素发生水解时,纤维素的长链会不规则地断裂,使纤维素聚合体的长度减低。一旦聚合度下降,纸张的强度就会迅速减弱。纸张纤维素发生水解时,还会引起一系列不良反应,使纸张从各个方面受到破坏。如,纤维素发生水解时,纸张所含的水分将被消耗掉,含水量减少,纸张的柔韧性也下降。更为严重的是,纤维素发生水解反应的过程中会产生游离酸,使纸张酸度升高,这就进一步加速了纸张的全面损坏。当纤维素的水解反应进行得十分彻底时,纤维素被分解成葡萄糖,这时纸张就全部成为粉末。

除了酸中的氢离子可以催化纸张的水解外,水中的氢离子也可以直接参与纤维素的水解。因此,书库内湿度增大,纸张的耐久性和持久性就会下降。

除此之外,湿度对书库内昆虫和微生物的生存和繁殖也有直接影响。高湿有利于这些有害生物的生长繁殖。因此,将书库的湿度控制在一定的范围内,就可以抑制有害生物的生长和繁殖。

二、酸的破坏作用

从大量的实验中可以看到,纸张中酸值的增加,也就是纸张PH值的下降,使纸张加速脆化。这是由于酸可以催化纤维素和半纤维素(这是纸张的两种重要成分)水解,生成易于粉碎的水解纤维素。同时,酸在高温下还可以催化纸张的交联反应,使纸张迅速发硬。

实验证明,酸催化纸张内部有害的化学反应的进行,同酸的种类无关,而同酸的浓度有关。不管是什么酸,都可以催化纸张内部的有害化学反应,而纸张内酸的浓度愈高,纸张的耐折强度损失就愈大。这可以从图15—4 和图15—5 看出。

由图15—4 可以看到,无论是明矾($Al_2(SO_4)_3$)、硫酸还是盐酸,只要是酸都可以催化纸张的降解,使纸张的耐折强度下降。从图上还可以看到,纸张的 PH 值愈高纸张耐折强度下降的百分比愈小。

由图15—5 我们可以更清楚地看到纸张所含酸的浓度同耐折

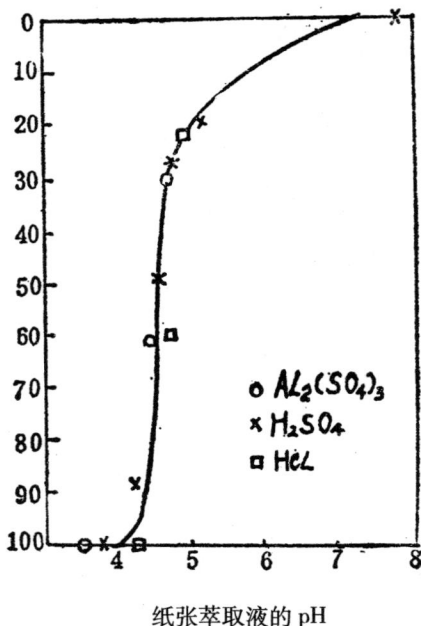

纸张萃取液的 pH

图 15—4   不同种类的酸对纸张耐折强度的影响

强度下降的关系。对原耐折强度均为 400 次的纸,用不同浓度的酸处理后再进行老化,在相同的时间和条件(100℃)下,纸张耐折强度的损失随酸的浓度不同而有显著的不同。酸的浓度愈低,pH值愈高,纸张耐折强度的损失愈小。如图 15—5,pH 为 6.2～9.7的纸,经过 2 天的老化后,其耐折强度只发生微弱的变化,基本还停留在 400 次上,耐折强度至少保留了 95%;而 pH 为 4.5～4.8的纸,原来耐折度也为 400 次,但经过 2 天老化后,纸张的耐折强度迅速降到 200 次以下。耐折强度仅保留了 15～35%。

图书纸张内的酸,一般来源于以下几个方面:

1. 造纸工艺给纸张带来的酸

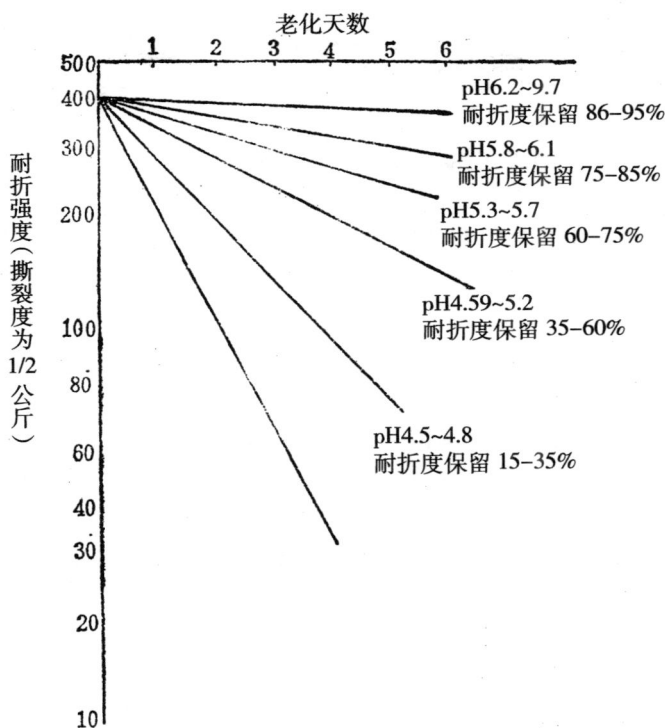

图 15—5　酸度同纸张老化后耐折强度的保留值

　　在造纸过程中,利用酸或碱对造纸原料进行高温蒸煮而得到的化学纸浆,难免要留下一些有害的化学药品。特别是利用明矾、松香给纸张上胶,更会给纸张留下酸性物质。明矾的化学成分是 $Al_2(SO_4)_3$,在纸张的保存过程中,它会在空气中慢慢水解而释放出游离酸,使纸张带有酸性。

　　2.造纸过程中,木质素难以除尽,特别是机械木浆,里面含有大量的木质素。在纸张保存过程中,木质素在光和氧的作用下,发生分解反应而产生出有机酸。

3. 空气中的酸性有害气体,如二氧化硫,同纸张接触后,在纸张内微量的金属离子的催化下,可以同纸中所含的水产生反应而生成硫酸。

4. 用酸性的或含氯化物的油墨来进行印刷或书写,也会给纸张带来酸性。

在用这类材料书写或印刷的手稿或图书上,我们可以看到,时间一长,字迹所在处就会腐蚀成洞,字迹周围的纸张也会受到影响而腐烂。

5. 同酸性的纸张接触,可以使不带酸性的纸也受到影响而带有酸性。

一些衬页纸、文件夹以及其他用来保护贵重资料的外封,一般都含有一定的酸度,这些酸可以逐渐地迁移到被保存的文件中去,使那些本来不含酸性的纸张也慢慢地含有较低的酸度。现在不少散页文献、手稿实际上是保存在含有酸性的文件夹和资料袋中。

三、氧化剂

造纸的制浆和漂白工艺,有可能沿着纤维素分子引进氧化基团。当纸上沾上了污斑而难以用一般的方法除去时,使用氧化剂除污,也可以在纸上留下氧化剂。修复纸型图书时,使用未经处理的自来水进行操作,自来水中大量的氯离子也为纸张提供了氧化剂。以上这些因素都为纸张内部分子发生氧化反应,提供了原料。

这些潜伏在纸张内的氧化剂以及纸张所接触到的氧化物质,都可以使纸张的主要化学成分——纤维素氧化。纤维素分子使纸张具有一定的物理强度,它被氧化后,它的大分子不仅要改聚,而且构成纤维素的葡萄糖基团本身也要受到破坏,而生成一群性质相近的物质——黄色、易碎的氧化纤维素。这时纸张的可延性和耐折强度降低,脆性也随之增加。

大量的实验表明,较和缓的氧化反应会降低纸张的抗张强度;而较剧烈的氧化反应,会使纸张的抗张强度持续下降。

在一般的情况下,空气中的氧对纸张的破坏作用是比较缓慢的。但当纸张内有微量的金属离子(如铜、铁等)存在时,空气中的氧对纸张的破坏作用就加速进行。纸张中微量的金属离子一般来自造纸机械、自来水以及不正确的图书保管之中。

四、灰尘

自然界岩石的风化、矿物的开采、植物的花粉都是灰尘的来源。然而,灰尘最主要的来源是燃料燃烧时排放出来的烟雾中的颗粒。据资料介绍,每燃烧 100 吨的煤,就要向空气中排放 10 公斤的煤烟。据统计,世界上每年要向大气层排放一亿吨煤烟。

灰尘是无机物和有机物的混合体。灰尘中的无机物一般是由碳素、微量金属、石英、石棉、硝酸盐、硫酸盐以及核尘埃等组成;灰尘中所含的有机物,一般都是些芳烃类的化合物。灰尘的颗粒大小也不是一致的,它可以小到 0.001 微米,也可以大到 100 微米以上。由于灰尘颗粒微小并带有许多孔洞,它可以浮在空中并吸收空气中的有害气体,而使自己带上酸性。

灰尘给图书的载体带来多方面的危害。如灰尘落在图书里,书页弯折时,灰尘的棱角就会割断纸张纤维,损坏书页。同时,它还可以划破胶片和磁介质材料,使各类图书受到不同程度的损伤。

除此之外,由于灰尘具有一定的酸度和含有微量金属离子,为纸张纤维素的水解和氧化提供了良好的催化剂。大多数灰尘和纤维的吸湿性能强,纸张上带灰尘的表面比不带灰尘的表面具有较高的湿度,而较高的湿度,是纸张内发生有害的化学反应的必不可少的条件。

因此,灰尘既是纸张物理变质的因素,又是纸张化学变质的因素。如果图书长期积尘,而书库湿度又较高,灰尘中所含的粘土就会使书页粘结而成书砖。

灰尘还是霉菌孢子的传播者。一般说来,灰尘多的地方,霉菌孢子的含量也高。由于灰尘含有部分有机物质,这就为微生物在纸上生长、发育提供了良好的培养基地。

综上所述,灰尘对图书有多方面的破坏作用。因此,图书馆内必须保持一定的清洁度,以防止纸张迅速变质。在欧洲,一般规定图书馆内应将直径大于 2 微米的灰尘控制在 5% 以下。

五、光

光是一粒一粒以光速运动的粒子流,这些光粒子也叫光量子。光子不仅具有能量,也有质量和动量。波长不同的光,波长愈短,其中光量子的能量就愈大;同一波长的光束,光的强度愈强,该光束内光量子数就愈多,这束光的能量也就愈高。

光可以分为可见光和不可见光两大类。波长在 4000～7000Å 以内的光,一般能被肉眼看见,称为可见光;而波长大于 7000Å 的光以及波长小于 4000Å 的光,一般不能被肉眼看见,称为不可见光,如电磁波、红外光、紫外光以及各种射线。

无论是人工光源还是自然光源,是可见光还是不可见光(包括各种射线)都能加速馆藏图书的变质。因为,光能使纸张软化,特别是使纸张中木质素软化;光对胶卷也有破坏作用,可以使之脆化;光还可以使某些字迹褪色。

物体表面被光照射后,其中有一部分光被物体表面反射,另一部分光则透过物体,剩下一部分光就被物体吸收。被物体吸收的那部分光,有的转变成热能,使物体温度升高;有的则转化成化学能,使物体内部分子结构发生变化。因此,在光的作用下能发生许多化学反应。一般说来,紫外线对物体的破坏作用最大。除此之外,还有蓝光和紫光。

光对纸张的破坏程度,除同光的波长有关外,还同光的强度有关。强度愈大的光,不管是天然光源发出的还是人工光源发出的,对纸张和字迹的破坏作用都比强度低的同种光的破坏作用大。因此书库内照明光线的强度十分重要。

光对图书的破坏程度不仅与光的波长和强度有关,还同纸张保存的环境条件有关。在有氧的情况下,光能加速纸张纤维素的氧化,使具有一定强度的纤维素变成特别易于研成粉末的氧化纤维素。特别是在潮湿的环境里,光不仅加速纤维素的氧化作用,而且还促使纤维素发生一系列的分解反应,陆续地分解成为许多强度很小的新化合物,如水解纤维素、糊精纤维素,最后变成粉状的葡萄糖,使得整个纤维素分子结构被破坏。

空气中的二氧化碳,无论是干燥的还是潮湿的,对纸张纤维素的破坏都不大,但一旦增加了紫外线的照射,含有二氧化碳的大气也会加速纸张的老化,使纸张发脆,甚至成为粉末。

在无氧的情况下,光也能破坏纤维素,但破坏的程度要小些。

光还可以使纸张内的非纤维素成分氧化,特别是使木质素氧化,使其生成氧化木质素,使纸张强度减弱,颜色发暗、变黄。

实验证明,光对纸张的破坏作用在光照停止后,仍要持续一段时间。光对纸张的危害主要在于使纸的机械强度——抗拉强度、耐折强度特别是抗断性降低。

长期的光化作用还可以引起染料褪色,如字迹、彩色封面等。这是光对染料的发色团的破坏作用,这种破坏作用,只有在光作用于染料和字迹上时才会发生。一旦光照停止,这种破坏作用也就结束了,但它有累积作用。

除此之外,光还会引起纸张的施胶、书的装订材料、粘胶剂等老化变质。在纸上加膜以及在纸上加些涂料,都不能阻止光对纸张和字迹的破坏。

六、有害生物

危害馆藏的有害生物,包括微生物和昆虫,都是变温动物。外界的温度、湿度对它们的生长、发育、繁殖影响很大。

1. 微生物

微生物包括细菌、病毒和真菌。能够破坏纸张的细菌对湿度要求比较高,一般只有当纸张被水浸透后才会发生。如图书馆内水管破裂、救火用水以及其他不慎使得纸型图书被水浸透,才可能出现细菌对纸张的损坏。

在对图书有危害的微生物中,霉菌是最主要的一种。霉菌是一种低等生物,它没有口器,为了摄取营养,它要靠自身分泌出纤维素水解酶来催化纸张中的纤维素的水解。只有当纤维素被彻底水解成葡萄糖后,霉菌才可以通过细胞膜吸取葡萄糖水溶液以维持自身的生长繁殖。因此,霉菌对纤维素的分解起到催化作用。只要纸张上出现了霉斑,这块纸上的植物纤维素就受到了不同程度的破坏。发霉的纸常常湿润和发软就是这个道理。

霉菌的菌层通常都带有颜色。这种染色作用,是霉菌造出了染色体并把它分泌到外界来的结果。霉菌的这种色素很稳定,它深深地染在纸张的纤维上,在受害的书页上,通常会出现各种色度的红、黄斑点,也有灰、淡紫、绿、棕、褐和其它颜色的斑点。这些色斑遮盖字迹,污染图书。要除掉这些色斑,就会伤及纸张。长了色斑、变了色的纸张往往会支离破碎而至脱落。

霉菌在吸取营养时,还会分解出有机酸,这些酸会从另一个方面破坏纸张、粘胶剂或装订线。

霉菌对环境的温度和湿度是有一定要求的,特别是湿度。最适宜霉菌生长的相对湿度是 80~95% 以上,相对湿度小于 75% 霉菌就会停止繁殖。高温、高湿最适宜霉菌的生长。温度和湿度的波动,使水蒸汽在纸张上凝结成极微小的水滴,给霉菌的发育造成最有利的条件。

霉菌靠孢子来繁殖后代。孢子很轻，往往浮在空气中。孢子生命力很强，在十分干燥的空气中，霉菌的发育会暂时停止，但孢子却能安然无恙。孢子还能长时期地抵抗 0℃ 以下的低温，经过很长一段时期，甚至多年，一遇到有利条件，它们就可能长出新的菌群来。

2. 害虫

危害图书的害虫种类很多，其中最主要的有五种，档案窃蠹、烟草甲、毛衣鱼、蟑螂、白蚁等。这些害虫之所以被认为是主要害虫，是因为，这类虫子对图书造成的危害最大，或对图书的危害虽然不是十分严重，但在各图书馆里普遍存在，数量相当多。档案窃蠹，烟草甲属于前者。毛衣鱼和蟑螂属于后者。

害虫靠口器吃掉纸张、装订线和粘胶剂来危害图书。有些害虫不仅吃纸，连书架、书库里的布、木头都吃。因此它们对图书的危害是十分严重的。

害虫对图书的危害程度与它的生长发育阶段有关。昆虫从外部形态到内部构造，以及生活习惯等一系列的变化称为变态。害虫的变态一般有两种：一种是昆虫的生长、发育要经过卵、幼虫、蛹、成虫这四个阶段，这种变态叫完全变态；另一种是昆虫的生长、发育只经过卵、幼虫、成虫三个阶段，不经过蛹这一步，这种变态叫不完全变态。

虫卵是一个大型细胞。卵外面是层坚硬的卵壳，含有很多蜡脂，是用来保护卵的。一般的化学试剂难以穿透卵壳，所以虫卵一般难以杀死。

卵在一定的温度和湿度下变成幼虫。幼虫是虫子生长发育最旺盛的时期，这时它要吃掉大量的食物，以供生长发育的需要。因此，这个阶段的虫子对图书的危害最大。幼虫具有表皮厚、脂肪多的特点，化学药品要穿透它比较难。幼虫期的虫子比成虫期的虫子一般更难以杀死。

幼虫发育到了蛹期,这时虫子的嘴、翅膀都缩成一团,不吃也不动,外面还有层蛹套。因此,蛹期的虫子一般对图书的危害不十分严重。但这个虫期的虫子呼吸量小,新陈代谢缓慢,而且蛹里含有大量脂肪和蛋白质,化学药品不容易渗透进去。因此,蛹期的虫子比幼虫更难杀死。

蛹发展到成虫后,就要进行交配、产卵。成虫是虫子生长、发育的最后阶段,虫子产过卵不久就会死掉。这个虫期的虫子抗药性不大,最容易被化学药品杀死。

昆虫是一种变温动物,体温高低受外界影响很大。外界温度如果对虫子不适宜,它就会停止生长和繁殖。同时,害虫体内含有大量水分,一般占体重的44%到67%,有的达90%。昆虫靠体内大量的水分来进行新陈代谢和维持体内循环。一旦体外相对湿度比较低,虫体内的水分就要向外蒸发,虫子就会死亡。因此,环境的温度、湿度对虫子的生长发育和繁殖影响很大。有效地控制书库的温度和湿度,也是抑制害虫对图书的破坏的一种很重要的方法。

在一般情况下,8～40℃是昆虫维持生命的有效温区;8～15℃是昆虫生长发育的起点温度;22～32℃是昆虫生长的最适温区;35～45℃是昆虫生长的最高有效温区;45～48℃是昆虫的停育高温区;8～ -4℃是虫子停育低温区;48℃以上; -4℃以下为昆虫的致死温区。

昆虫对湿度的要求也有一定的限度,最适合昆虫生长的相对湿度一般在70～90%左右,接近高湿范围。在这种相对湿度下,虫子可以加速体内的发育,而在干燥的条件下,昆虫发育缓慢。

昆虫常常通过不同的途径钻进书库。它们可以随同入库的图书一起进入书库。特别是从外面采购来的旧书,有时会受到害虫的侵染,而这种侵染从外表上又很难发现。害虫还可以由工作人员和读者的衣服带进图书馆,或者随同旧家具、包装箱和包装纸、食品等带进图书馆。

下列各种情况能助长昆虫在图书馆内传播:

1)房屋结构不良,墙壁地板有缝隙;

2)图书在库内放置不当,如将书籍堆放在地板上、窗口上和台阶上,有的把图书扔在书架中间的过道上。

3)书库里堆放一些包装封皮,废弃的纸张,以及其他一些不相干的东西;

4)图书很少使用;

5)对图书缺乏经常除尘防尘和检查等管理。

了解了虫子生长、发育的情况和条件以及虫子在书库里的传播途径,我们就可以通过各种方法来杀死虫子或控制虫子的破坏作用。

七、其它因素

有些因素从表面上看起来似乎同图书保护无关,但实际上同样涉及到图书保护问题。如:图书馆管理制度不严造成图书的丢失;贮存设备质量较差,有尖锐棱角,划破图书;在装运图书的过程中随意扔放,造成图书的损伤、雨淋等;用铁钉装订图书,将文件装订颠倒,把字迹装订到里面去了;修复图书使用的粘胶剂不加防腐剂;用胶水带粘补图书等。

火灾和水灾是涉及到图书安全的另一个问题。火灾对图书馆的危害往往是多方面的,除大火本身给图书带来灾难外,滚滚的浓烟、强烈的高温、救火用水都会给图书带来严重的危害。

在一般情况下,烟雾不会给图书带来损害,但当书籍被浓烟包围时,情况就大不一样了。浓烟里夹杂着的大量烟灰除覆盖在书籍表面外,还可以渗透到书页里去。很细的烟灰在书页上形成大片污垢,而这些污垢是很难用修复的方法除掉的,这类图书只有报废。

　　火灾中的高温以及燃烧过程中释放出来酸性气体,对图书也会造成严重影响。经得起 200 次折叠的纸张,在 100℃ 的温度下,只需 24 小时,其耐折强度就损失掉一半。因此,火灾中幸存的图书,即使未被烤焦,但纸张由于长时间烘烤和酸性气体的影响已明显老化,对于正常的流通来讲,不少书就显得太脆了。

　　用水灭火是抢救的一种措施。但在大多数情况下,救火用水对图书的损坏比火灾本身还要大得多。救火中喷射出来的大量水柱直接冲击图书,使书本浸泡在污水之中。浸湿的图书里夹杂着瓦砾等坚硬的物体,致使图书破裂,并给修复工作带来困难。在温暖潮湿的天气里,这些被水浸湿的图书只需 48 小时就会发霉腐烂。那些浸在水中的书,特别合订本,会引起书脊变凹,前页边凸出的形变,这种形变,造成了压力在书本上分布不匀而使图书发生解体。由于浸泡而引起合订本的形变,大多数是在图书被水浸后 8 小时就明显地表现出来。一些彩色的图书资料被水浸后,有色层就会分离,染色也会减弱,或完全失去颜色。

　　即使是一般的水害,如图书馆水管破裂,屋顶渗漏,搬运过程中遇雨也会给图书带来严重损坏。水减弱纸张纤维表面的附着力,使得纸张极不坚固,因较小的机械磨损而破裂。水还会软化纸上的施胶,使被水浸湿的图书相互粘连,如不及时采取措施,干燥后就会变成书砖。

　　图书馆火灾的起因大多数是由于图书馆内部管理不善,将一些可燃性的物品放在火源附近,或者是由于电器不经常检查维修或使用不当而引起火灾。

第三节　保护的基本措施

图书保护的措施主要有两个方面。一方面是在图书的制造过程中,采用持久纸印制图书,使知识载体具有持久性和耐用性;另一方面是在图书馆内采取防护性的措施对图书进行保护。这方面的工作可以通过以下三种途径进行:

一是改善图书馆的环境,使之同图书馆的活动相适应。这主要是通过对图书馆的温度、湿度加以控制,对进入馆内的空气进行净化,对窗户采用帘幕遮光或其他避光措施,对图书馆可能出现的火灾、水灾、偷盗等事故及时进行预防与及时处理。这类方法大多同图书馆的建筑、设备有关,可以从宏观上对馆藏进行较为全面的保护。

二是通过去酸、修复和装订等方法来延长图书的使用寿命。这类方法侧重于对图书逐册维护,是从微观的角度对图书进行保护的。

三是通过变换图书的物质形式,使图书的知识内容从一种载体转换到另一种载体,从而保存下来。

图书保护工作者对于一个特定的藏书体系中已损坏的图书最有鉴别能力,而图书馆工作人员对藏书的体系、藏书的发展最为了解。因此,只有图书馆工作人员才能在众多的图书之中,判断哪种图书最值得优先保护,哪些图书没有保存价值,哪些图书可以任其自然淘汰。对于应当保存的图书,应根据文献需求情况的分析来决定是保存图书的原件还是仅仅保存图书的知识内容。

保护知识载体的技术有以下几个方面:

一、持久纸

一般认为，持久纸应具有一定的塑性和化学稳定性，它起码应具备以下几点：

1. 用冷萃取法测得纸张的 pH 值在 8.5～10.3 之间；

2. 纸张的物理强度应达到最低交叉折叠耐力为 30 双叠和 1 公斤的撕裂度；

3. 纸内碱的最低含量应为纸张烘干后重量的 2%（碱可以是碳酸镁或碳酸钙，或者二者兼有）；

4. 持久纸在 100±2℃ 的温度下人工老化 24 天后，其耐折强度至少还保留 50%；

5. 持久纸应使用棉花或完全漂白的木质纸浆来制造，不能用含有未漂白的木浆或磨木纸浆造纸。

使用持久纸作为图书知识内容的物质载体，在印制图书时，不能使用酸性或含氯化物的油墨进行印刷。这就从纸张变质的内因方面消除了损坏图书的有害因素，是应当十分重视的一项措施。在美国、日本以及一些西欧国家，大量使用碱性纸来印刷有保存价值的图书。在我国，碱性持久纸的研究和生产还刚刚起步，要用碱性纸印刷图书，还有一段过程。除造纸部门的努力外，还需出版部门重视。尽管如此，利用持久纸制造图书仍是一个较有前途的图书保护方法之一。

二、改善书库条件

图书进入图书馆后，保护图书的第一步工作就是创造适宜的贮存条件，采取一切可能来延缓图书的变质过程。

1. 书库的建筑与设备

书库的建筑与设备为图书保护提供了最基本的物质条件。图书馆的建筑应根据图书馆的特点进行设计和施工，它必须满足两点要求:1)为图书的保存提供有利的环境条件;2)图书馆是人们活动频繁和图书流通频繁的地方,因而所有建筑都必须考虑到图书馆工作的需要和读者使用藏书方便。

从图书馆发展的方向来看,过去那种书库加阅览室的老式建筑格式将逐渐减少,将有更多的书开架阅览。因此,仅从图书保护的角度去设计黑暗山洞般的书库建筑将不适于图书馆的需要。图书馆的建筑除了在设计上要考虑到防光、防尘、防有害气体、防火、防水以外,还应在施工上采取一些具体的措施。如采用现浇现灌、全部密封式的施工技术等等。这样,就可以在每一个局部的地方造成一个稳定的环境,便于控制图书馆内的温度、湿度和防止有害气体、灰尘对图书的危害,同时对于防火、防水也有一定的作用。在图书馆内采用双层玻璃窗,在窗上加涂紫外线吸收剂或采用茶色玻璃,既可以防止紫外光对图书的危害,同时也为图书馆提供了良好的自然光线,为读者提供了优雅的学习环境。

图书馆的书架、书柜等是用来存放图书的。除应根据知识载体的特点、开架闭架的服务方式来选择设备外,贮存设备还应没有尖锐的棱角,不直接同地面接触(避免吸潮)。对于特殊的载体如磁性物质,还应考虑到防磁等问题。总之,图书馆的建筑与设备都应为图书的保存提供一个安全的、稳定的存放环境。

2. 温度、湿度的控制与调节

书库内温度和湿度的控制与调节,对于各种类型的知识载体的保护都是十分重要的。它不仅可以延缓因物质材料内部的有害成份而引起的知识载体的变质,还可以有效地防止图书的霉变和虫蛀。

书库内的温度和湿度应控制在什么范围,国内外有不同的标准,但大致的区间比较接近。确定图书馆最适温、湿度的原则应从以下几个方面来考虑:

1)应当考虑到有利于知识载体的长期保存。这是确定图书馆内最适温度和湿度的首要标准。一般说来,温度愈低,愈有利于物质材料的长期保存。

2)图书馆内温度和湿度应当不利于有害生物的生长和繁殖。一般说来,温度在25—30℃之间或相对湿度为70%以上,微生物和有害生物的生长繁殖十分迅速,因此,图书馆内,特别是书库内的温度和湿度应在上述温度和湿度范围之外。

3)图书馆内温度和湿度标准的制定还应考虑到人们在图书馆内长期工作的需要。

只有综合考虑以上三方面的因素,才能找出图书馆内既适于图书保护,又适于读者和图书馆工作人员工作的理想温度和湿度标准。一般认为纸型书库理想的温度和湿度标准是温度在18℃左右,相对湿度在60±5%的范围内;缩微胶卷材料和照片库的理想温度在10~16℃区间,相对湿度在30~50%范围内;存放磁带材料的书库温度在4~16℃之间,相对湿度在40~60%范围内。

然而,理想的温度和湿度标准,不一定完全适应各国各地区图书馆的实际情况。由于经济条件的限制,并不是所有的图书馆都可能采用理想的温、湿度标准的。因此,各地区、各单位图书馆内温、湿度标准的制定,应在考虑以上标准的前提下,根据本单位的经济条件、本地区的气候特点统筹考虑,制定出适合本单位图书馆最适温度和湿度标准。一旦正确地制定了本单位图书馆的温、湿度标准之后,就不能经常去改变它,避免因温度和湿度的波动而造成图书的损坏。

控制书库内的温度和湿度,最有效的方法是使用空气调节机,但在经济条件不许可的单位,也可通过人工的方法进行。但利用人工调节的方法来控制书库的温度和湿度,对于开架阅览室来说,效果不是很好。

使用空气调节机不仅可以使对书库内的温度和湿度进行控制和调节,还可以有效地清除灰尘和有害气体。但是,空气调节机耗电大,花费昂贵。要使书库内保持稳定的温度和湿度,必须有一套在正常情况下不间断工作的空调系统,同时还应有备用的空调机,以便在空调系统发生故障时,立即投入运行。间断工作的空调系统会造成温度和湿度的波动,就这点而言,有空调系统比没有空调系统更糟。

用人工的方法对书库的温度和湿度进行控制和调节是指:当书库的温度和湿度处在标准状况时,用人工的方法对书库进行密闭,以防止和减少室外的温度和湿度对书库内标准温度和湿度的影响;当书库内温度和湿度不适于图书保存时,利用人工通风、机械通风和使用去湿机或化学药品对书库内的温度和湿度进行调节,使其达到规定的温度、湿度标准。

密闭书库是为了防止和减弱库外不适宜的温度和湿度对库内的影响,使库内温度和湿度保持稳定而采取的措施。它只能对库内温度和湿度起到控制作用,不能起到调节作用;通风是根据空气流动的规律,有计划地使库内外的空气进行交换,以达到调节书库内温度和湿度的目的,但对书库内的温度和湿度不能起到控制作用。因此,密闭和通风要相互结合使用,只强调或只使用某一种手段是达不到预期目的的。

在使用通风方式对书库温度和湿度进行调节时,要注意当时当地的气候特点。通风一般应在五级风力以下;在沿海地区刮台风时,海洋大气深入大陆纵深地带,如果在这种情况下通风,会使台风中夹杂的盐粒沉积在纸张上。盐粒和灰尘有明显的吸湿性,也是霉菌的养料,这就会助长霉菌的生长,从而危害图书。

用人工的方法对书库进行升利温、降温、降湿,应增用测温、测湿仪表进行监测,并严格按照科学原理进行操作。用人工方法对温度、湿度进行调节,对人流活动不多的地方有一定的效果,但对人流活动频繁的书库收效不大。

3. 防光、防尘

无论是自然光还是人工光，由于它们具有较高的能量，都会对图书带来危害。书库内防光可以从以下两方面着手：

　　一方面，要控制自然光线（特别是紫外光）直射进书库。要做到这点，除了在设计书库时考虑到窗子的朝向外，还可以在窗子外加遮阳设备，或者对窗玻璃进行特殊的处理。如，在玻璃上加滤光片，涂紫外线吸收剂，采用有色玻璃等，减少紫外光的射入。

　　另一方面，要减少书库内人工光源对图书的破坏。日光灯是将紫外光源转化成荧光的，所以日光灯光谱内含有较多的紫外线。在书库内应禁止使用日光灯，而用白炽灯代替。使用白炽灯时，灯光也不宜太强，灯泡用半透明的球形灯罩罩住，以分散光流。这样的灯既能充分地照明，又能对灯泡内灼热的钨丝发出的强度较大的亮光进行遮蔽。同时，还应尽可能地不让人造光的光源与书架靠近。灯光应朝下直射到书架面前。至于书架光源的分配，只要馆员在书架前工作时的阴影不会投射到需要寻找的图书的书脊上即可。

　　将有价值的文献、图书放在陈列柜里长期展出，也是对图书的一种损坏。除非采取专门的预防措施，最大限度地减少曝光时间，否则最好只作临时展出。

　　灰尘也是损害图书的大敌。图书馆内的灰尘一般来自门、窗的四周，通风口道，建筑物的缝隙和开口处。也有的是因馆内墙壁涂料不好或因地面毛糙所致。

　　要减少和防止灰尘，应保证墙壁涂料牢实，地面材料光滑，门窗紧密。门窗有缝隙处应加布条，墙壁有缝隙处还可以用油灰或胶密封。除此之外，在窗外加百叶窗也是防尘的好方法。

　　除此以外，还可以利用书匣、樟木箱等设备以及用丝绸或其他物品进行多层密闭等方法对珍本书进行保护，使其不易受到外界不利条件的影响。这属于我国传统的图书保护方法。

三、杀虫与消毒

书库内温度和湿度控制不当，不仅加速了纸张的老化，还助长了有害生物在书库内的生长、发育和繁殖。一旦图书生虫、发霉，应立即采取措施，对图书进行杀虫或消毒。

在书库内驱虫或在室外对已生虫或发霉的图书进行杀虫、消毒，较为理想的方法应具备以下几点：

1. 消毒和杀虫的药剂和设备较易得到；

2. 操作起来很方便；

3. 经过杀虫或消毒处理后，不会给图书制成材料带来不良的影响，如，图书制成材料在处理的过程中受到损坏或留下痕迹，或引起纸张、色彩的变化，或使字迹溶解等等；

4. 经过杀虫或消毒处理后，不会在图书上留下残渣，造成图书的污染；

5. 使用化学药剂对图书进行消毒或杀虫后，该药剂应很容易从图书上清除掉；

6. 杀虫和消毒的方法和作用试剂不应对人有害。

能同时满足以上几点的措施是极少的。中国传统的灵香草和樟木箱，能同时具备以上所有条件。

驱虫和消毒一般都是利用化学方法，杀虫的方法则有物理法和化学法两种。

1. 驱虫法

驱虫的药品很多。它们之所以能达到驱虫的目的，主要是这类药品具有挥发性，能在相当大的空间里散发出驱虫剂的分子，使虫子一接触到它就感到讨厌而离开。目前驱虫的手段很多，归纳起来主有以下几种：一种是在书库里存放萘、樟脑或灵香草等；一种是在书页里夹上带有气味的花或叶，如烟叶等。在书页中夹放植物的方法对图书是有害的，这些植物直接同书页接触后，会对图书造成污染或危害。另一种方法是用樟木箱、楠木箱存放图书。几千年的实践证明这种方法是十分有效的,但它造价较高,容积也小,不适于用来大批地保存图书,因而有一定的局限性。对于珍本书和善本书可用这种方法来保护。

在书库里放置有气味的药品来驱虫,一定要注意对人无毒、无刺激。灵香草(又名熏衣草)可以驱虫,有浓烈的香味,是一种中草药,对人不仅无毒,还有一定的益处,是较好的驱虫药品。而萘一类药品,不仅具有令人可恶的刺激性气味,还会在人体内产生沉积,对人体有一定的危害,是不宜采用的。特别是开架书库,使用了这类药品,读者和工作人员在里面难以长期工作。

2. 化学杀虫法

化学杀虫法是使用化学药品直接毒杀害虫的方法。化学杀虫剂是具有杀虫活性的化学物质,可以引起害虫生理机能严重的障碍以至死亡。

化学杀虫法很多,有胃毒法,触杀法和熏蒸法等。比较适宜的方法是熏蒸法。熏蒸法是让杀虫药剂的气体(或汽体),通过害虫的呼吸系统或体壁膜质进入虫体,引起害虫中毒死亡。一般的化学杀虫法比较难以杀死虫蛹和虫卵,但有些熏蒸剂却可穿透卵套的蜡脂和蛹的脂肪、蛋白质,杀死虫卵和虫蛹。

当图书受到霉菌等微生物侵蚀时,要采用熏蒸法进行灭菌处理。一般使用的药剂有甲醛、环氧乙烷、溴甲烷等。它们有很大的毒性,对人有害,使用时,应有技术人员指导和监督。

为了预防图书发霉,还可以用一些渗透性强、高效低毒、杀菌广的药品做成"防霉纸",夹在书页之间,起到防霉作用。

利用熏蒸法进行杀虫或灭菌消毒,其效果除同药品本身有关外,还同熏蒸剂在熏蒸室内的浓度、温度和湿度有关。使用熏蒸法时,一般应使熏蒸室内具有一定的真空度。利用熏蒸法处理过的图书,一定要等毒气散尽后,才能送回书库。

402

化学杀虫法最大的缺点是,直到现在仍没有找到既可杀虫而又无毒的药品。同时,在一个地区连续地使用同一化学药品,虫子会产生抗药性,而使毒杀的效果减弱。

化学法杀虫的最大优点是杀虫彻底、迅速。

3. 物理杀虫法

物理杀虫法很多,一般有高温杀虫法,低温杀虫法,放射线杀虫法,绝氧杀虫法等。物理杀虫法的最大优点是不会使坏境受到污染。

1）高温、低温杀虫法

高温杀虫法是利用高温的作用,使生物体内的酶失去活性,蛋白质发生凝固而致死的方法;低温杀虫法是通过降低温度,使生物体内的体液冰冻或结晶,原生质遭到机械损伤、脱水和生理结构受到破坏而致死。高温杀虫一般可在 50℃ 左右,低温杀虫可在 -29℃ 以下。

虫子耐高温比耐低温差,利用高温可以有效地杀死虫、卵和蛹;低温可以冻死成虫和幼虫,但对霉菌、卵、蛹却无能为力。

高温虽然可以杀死虫子和霉菌,但温度升高也在不同程度上给纸张和字迹带来损害。有些霉菌在 120℃ 的高温下还可以存活 8 小时之久,因此,高温杀虫有一定的局限性。

低温可杀死幼虫、虫蛹、虫卵以及成虫,对纸张无破坏作用,不污染环境,是一种较为满意的杀虫方法。国外普遍使用低温杀虫方法,我国正在研究之中。预计,随着我国低温技术和设备的发展,冷冻杀虫也会很快在我国推广。

2）放射线杀虫法

能杀死虫子的射线一般波长较短（低于紫外线的波长）,但却具有较高的能量（大于紫外线的光能）。虽然缩短杀虫时间可以减少射线对纸张和字迹的破坏,但不可能完全没有影响。实验已经证明:放射线对纸张是有危害的。放射线的破坏作用在纸张和字迹里可以持续相当长的时间,而其破坏的结果也是逐渐地显示出来的。同时,使用放射线杀虫,设备投资较高,不易普遍推广。

国内外已经试验过的放射线杀虫法有 x 射线杀虫法和 r 射线杀虫法。

3)绝氧杀虫法

生物的生长、发育一般离不开氧气。没有氧气,许多害虫都会死亡。将生虫的图书置于绝氧的条件下,它们将窒息而死。

制造缺氧的环境,目前可以通过两种途径:物理法和化学法。如,抽气充氮,燃烧循环缺氧,除氧剂缺氧法等等。

绝氧杀虫法目前还处在摸索阶段,尚未投入使用。

四、去酸

由于多方面的原因,纸张会带上酸。酸是损坏纸张的主要因素。由于现代机器纸中酸的存在,使得近百年出版的图书只有 50~60年的寿命。因此,除掉纸中的酸,是延缓纸型图书脆化的重要手段。

纸张去酸的原理是:通过降低纸张中氢离子的浓度,来降低纤维素水解的速率。去酸的目的,不仅要使纸张内含的酸发生中和作用,还要在纸中留下一定量的碱性物质作为缓冲剂,使纸张具有抵抗酸化的能力。但去酸处理后,如果纸张的 pH 值过高,将使艺术品的色彩和字迹的颜色发生改变,并使含有磨木纸浆的纸发黄。

去酸的方法很多,归纳起来大致有三类:湿去酸法、无水去酸法、干去酸法。这三种方法各有其特点。

1. 湿去酸法

湿去酸法是将纸浸在碱性溶液中,或将碱性溶液喷涂在纸上,然后将被处理过的纸进行干燥处理。这种方法一般是使用碱土金属(钙、镁等)的碳酸盐溶液。这些碱土金属的碳酸盐不仅可以中和纸内的酸,还可以使纸张干燥后残留一定量的碱土金属离子,如

Ca^{2+}、Mg^{2+}使纸张带有一定的碱性,起到缓冲剂的作用。同时,这些碱土金属离子本身,在木浆纸的氧化过程中,可以起到使木浆稳定的作用。这是由于碱土金属能使催化木浆氧化的微量金属离子如铜、铁等,产生一种钝化作用,以阻止它们催化木浆的氧化。

书页浸泡在去酸溶液中,水溶液还可以洗涤掉纸上的某些污斑、灰尘,并消除纸上的皱纹。陈旧的纸经过水溶液的洗涤,可以重新建立纤维素分子中的一些破裂的氢键,而使干燥易碎的纸增加机械强度,这是水洗去酸法的一大优点。但是,对于强度很低、十分脆弱的纸,是不适于使用这种方法去酸的。对于一些字迹不牢固的手稿,要在进行字迹保护后,才能用这种方法处理,因此,它又存在一定的局限性。

2. 无水去酸法

无水去酸法就是将去酸试剂和有机溶剂混合而成的溶液喷涂或刷在书页上,以达到去酸的目的。使用的溶剂要求在广泛的温度范围内均成液态,并在室温下也可以挥发。去酸试剂一般是碱土金属的盐。

这种方法的优点在于,对已经发脆而必须十分谨慎处理的纸张,操作起来十分方便。由于使用的溶剂在室温下可以挥发,所以不存在纸张干燥处理和担心纸张干后起皱等问题。

无水去酸法使用的有机溶剂,一般都具有易燃和有毒的特点,使用时必须在通风橱内谨慎操作。

3. 干法去酸

将纸型图书放在密闭的容器内,用气态(或汽态)的碱性物质进行熏蒸而达到去酸目的。干法去酸是在气相状态下去酸。干法去酸试剂应符合以下条件:

①经过处理后,纸张内的酸可以被均匀地中和;

②经过处理后,纸张应当偏于碱性;

③经过处理后,纸张应当留下相当于 3% 碳酸钙的碱性残

留物；

④在适当的时间内,处理试剂必须渗透到图书的纸张里去；

⑤虽然是在气相状态下去酸,但决不能在去酸处理后,碱性试剂又从纸上跑掉,使纸张重新偏于酸性。也就是说,经过去酸后,试剂应在纤维素内发生聚合作用,或者生成一种不易发散的物质而留在纸张中。

⑥去酸试剂不能在纸上留下任何气味；

⑦被处理后的纸张应对人无毒；

⑧纸张经去酸处理后,不会出现新的问题,如纸张颜色变暗,对字迹发生影响等；

⑨去酸处理费用不贵。

目前用作干法去酸的试剂有氨气、吗啡啉以及二乙基锌。

在以上的去酸方法中,人们较为感兴趣的是气体去酸。气体去酸避开了逐册挑选藏书、逐册处理的过程,而是大规模地对大量藏书同时进行处理。这种方法费用较低,节省人力,因此,这是目前国内外比较受欢迎的去酸方法。

对图书的去酸,我国还处在探索阶段,很多工作还只是刚刚起步。

五、代用品

将珍本书及需要永久保存的重要资料、文献复制下来,在流通时尽量使用代用品,从而减少原件的损伤,这也是一种保护图书的方法。对于纸张脆化严重,不能再流通而又有保存价值的图书,可以将其复制下来,这也是抢救图书的一种重要措施。

这种将知识内容从一种载体转换到另一种载体上去的图书保护方法,并不是今天才发明的,古代和中世纪的抄书者可算是这种转换的先例。原稿的影印本、重印本代替原稿在图书馆内使用,也仍属于这种转换方式。随着科学技术的进步,目前可以使用缩微胶卷、光盘、磁性材料、照相复制以及静电复制等代用品,将图书的知识内容从一种载体转换到另一种载体上。这些代用品除可以起到保护图书的作用外,还可以提供远距离检索,有些代用品还成为一种新的服务手段,起到了丰富馆藏和改进读者服务手段的作用。

六、图书的修复

修复是对一些发黄变脆、不能再流通的图书进行抢救的一种措施。它往往是将强度较高的某种物质加附在被损坏的纸张上,以加强纸张的强度,便于保存和再使用。

图书修复的原则,就是要求做到整旧如旧,保持原件的本来面目。经过修复的书页要求达到"薄、光、平、软"。由于修复所需费用较高,因此对于一些价值不大的文献以及可以购新换旧的印刷品,复本较多的图书一般不用这种方法处理。

修复的方法分为两类:一类是传统的修复方法,一类是现代修复方法。

现代的修复方法是利用机械加膜、丝网加固等方法来增加被损坏的纸张的强度。使用加膜法一定要注意膜的耐久性,耐久性不好的膜,往往使纸张损坏得更快。在进行机械加膜和溶剂加膜之前,要先对原件进行去酸,避免纸张在加膜后继续损坏。丝网加固,是我国近几年使用的新技术。它是用一根蚕丝制成丝网,在一定温度下加在受损的纸张上,使丝网同纸张成为一体,以增大纸张的强度。

传统的修复方法是一门专门技术。它是利用浆糊作为粘接剂,运用修复和托裱的手段,将选定的纸张"补"或"托裱"在书页上面,以增加纸张的强度。

使用传统的修裱方法,必须注意以下几点:

1. 保持图书的历史面貌,修裱时不能丢掉片纸只字;

2. 修裱所用的各种材料,如纸张、浆糊、化学试剂等不能对图

书产生任何有害的影响,选材时要考虑到是否对图书的长期保存有利;

3. 在使用任何托裱技术之前,对被处理的纸张和字迹要进行必要的试验,待确有把握后再进行修裱。

用于修复的粘接剂应当粘性适宜,白色,不损坏图书纸张和字迹,不生虫和不带菌,浆糊内不加入吸潮物质。

托裱用纸的选择是直接影响托裱质量和图书寿命的重要因素之一。托裱用纸的一般标准是耐久,有害杂质少,色白,较薄,柔软。以宣纸最为适宜。机制纸纤维短,易发脆,托裱后耐久性差,易断裂。在一般情况下,不宜选用机制纸作托裱用纸。

七、图书的卫生消毒

图书馆的图书在流通过程中有可能被各种病毒所沾染,但并不是所有的疾病都可以通过图书传播。一般能通过无生命的物品传播的疾病主要有天花、水痘、白喉和猩红热等。肺结核虽然也可以通过图书传播,但法国科学工作者的实验证明,被这种病菌沾染的图书只要搁在书架上,15 天左右不外借,传染疾病的可能性就可以被排除。虽然如此,对图书进行卫生消毒,保障图书馆员和读者的身体健康,仍然是十分重要的。

用什么方法和试剂对图书进行消毒,是直接关系到图书保护的问题。五十年代初期,苏联使用紫外线对图书进行消毒,法国则有人主张将图书放在阳光下曝晒消毒,这些消毒法对图书的危害都是十分严重的。

我们用不着怀疑所有出借过的图书都带有病菌,但病人用过的书,病菌传染率肯定是较高的。对全部馆藏进行消毒不太容易,也没有必要,通常只需对一些有特殊用途的图书或肯定是病人用过的图书进行消毒。所谓特殊用途的图书是指流动图书车、流动图书箱以及医院图书馆内所保存的图书。这些图书流通量大,每次回馆后最好能全部消毒。

采用真空消毒的方法,可以做到真正彻底地消毒。将需要消毒的书籍打开成扇形或挂在消毒罐内,关闭罐门,用真空泵抽空罐内空气,然后灌入福尔马林加热成的气体,或用二氯硝基甲烷或四氯乙基,消毒半小时到两小时,就可达到目的。当真空罐减压到700mm/Hg以上时,菌体本身就会膨胀而死,加上福尔马林,消毒就更彻底了。

使用这种方法时应当注意,二氯硝基甲烷或四氯乙基对人有害,使用时必须十分慎重。消毒完毕后,应当先排除罐内气体,换进空气后,再开罐门取出书籍。

在国外,一般不使用化学药品对图书消毒。在日本,首先在图书馆员中做好防病工作,不让传染病患者在图书馆工作。法国的图书馆和当地卫生部门达成协议,卫生部门将传染病的疫情及时告诉图书馆,在传染病流行期间出借的图书,如果疫情不十分严重,这些书只要在书架上搁置几天不外借就行了。如果疫情严重,书籍又可能被病人接触过,这时才用化学方法来灭菌。

八、图书馆工作与图书保护

图书保护同图书馆的整个管理工作是密不可分的。只有在图书馆的各个工作环节中都注意保护图书,才能切实有效地搞好图书保护工作。

在图书馆的日常管理工作中,保持图书馆的清洁是保护馆藏的首要工作。污物的堆积为昆虫和霉菌提供了生长和繁殖的有利条件。

在图书馆内,不仅要对地面和家具定期清扫,还特别要做好书籍和书架的清洁工作。在对图书和书架进行清扫时,如用湿抹布或沾有清洁剂的抹布在书架上擦来擦去,将图书在书架上推进拉出,这样反复摩擦、擦洗、推拉、弯曲,以及各种清洁剂的应用,会使图书很快地磨损和变质。因此,在清洁工作中应当以不危害图书为原则。在给图书除尘时,一般不应将书抽出,用手去拍打和扬灰。这种不正确的除尘法会使具有研磨作用的微粒渗透进书页中去,损坏图书和装订线。所以,一般应使用真空吸尘器给图书除尘。

除国家图书馆外,图书馆的大部分图书都是直接向书店购买的。出版社每年出书几万种,怎样对图书进行审购,也是与图书保护有关的。在审购图书时,应选择形式、内容、纸张和印刷质量都较好的图书。图书购进后,要仔细地审查有无缺页、虫咬、霉菌以及外观是否良好,如果不合要求,应立即退换。刚采购来的图书加工完毕后,不应立即入库,进行消毒后才可入库,避免虫子、霉菌随同图书进入书库。在国外,新书入库前要在冷冻室放置一段时间,才可进入书库。

对国外书商的图书,更应仔细选择。应选择纸张、印刷都好的图书,最好能选择用持久纸印制的图书。

在图书著录项目中,记载复本对于图书保护也是很重要,可以将保存本保护起来。图书出现严重损坏时,是修复还是剔除,应先查目录卡,看着有无复本。有复本则不必用较多的钱去进行修复;如果没有复本,且已绝版,则应考虑修复问题。

图书排架是否适当,对图书的寿命也是有一定影响的。图书排架以及图书馆员在架上取放图书时,一般应注意以下几点:

1. 书在架上不宜排列过紧。过紧的排列会给虫类的生长造成有利的条件;同时,当人们从架上取书时,抓住书脊往下拉,书脊就有可能损坏或折断。

当你用手轻轻地推一下架上的图书,而图书不能回到原位时,这种排架就太紧了。当书紧紧地挤在架上时,应当小心地从书的侧面轻轻将它推动,然后抓紧书脊的中间,将它移出。

2. 书应当垂直地放在书架上。一本书斜放在书架上,书的整

410

个压力就集中在书脊上,就有可能导致书脊折断或撕裂,封面和书角也会受到损伤。如果将书乱七八糟地立在书架上,书很容易倒下来;如果将书的前页边(与书脊相对的一边)或书脊的底部放在书架上,书脊很快就会折断。

3. 为了不损坏封面和避免书页脱落,大开本的书籍、杂志和报纸都要平放保管,没有装订的杂志和活页材料也应该平放保存。最大的书一般应放在书架底部,最小的书应放在书架上部,其余的书应放在书架的中间部分。

4. 很薄的书应放在有槽的或带有夹子的书架上,这样做可以避免因图书滑下而遭到损坏。

5. 如果书架上的图书并不多,就可以利用书档。用书档存放图书应有适当的尺寸。较小的书档不宜存放较高的书,如果书存放在不适当的书档里,很快就会弯曲,导致封面和书页被撕乱。如果书档的边很尖锐,则容易割伤人和书,应用锉刀锉掉锐角,才可存书。

6. 图书上架时,书离书架后面应有一定的空间,离书架前面也应有一定的空间,书的上切边和上一层搁板间要留有一定的空隙,以保证空气在书籍的周围自由流通。同时,书脊之间应形成一条平行线。这样不仅查阅图书方便,而且可使架上图书之间的压力均匀。

7. 散装资料、小册子上架时,可用无酸的纸袋、盒箱、卷夹先装好后再上架。切忌使用橡皮筋捆扎资料,橡皮筋变质后,会在图书上留下难以除掉的污斑。

8. 装订图书时,不要用金属钉合书籍。金属钉在纸上会留下锈迹,从而为纸张的变质提供催化剂。

9. 封面可以保护图书免受光、有害气体和灰尘的影响以及防止各种机械性损伤。杂志、报纸在装订时应装上一个封面。一些珍贵的书籍应选用质地较好的材料做书脊。

在图书流通的过程中,各种规章制度的制定,除应考虑到为读者服务外,还应重视对图书的保护。采取严格的制度和措施防止读者撕书、涂画书页、偷书等不良行为,在书库内应严禁抽烟,以免引起火灾。

图书馆员应当向读者宣传图书保护的重要性,禁止读者在阅读时吃东西,抽烟,用笔在书上做记号,将书页卷角,折弯书脊以及在书中夹放一些不相干的东西。

保护图书的外形结构也是图书保护的重要一环。图书流通一段时间后,需要重新装订,这对于周转率高的图书馆更为必要。重新装订后的图书,强度得到加强,便于长期流通。

第四节　非纸型图书保护

除纸型图书外,照片、影片、录像片、唱片、缩微胶片、计算机磁带等,这些感光材料和磁性材料有着复杂的化学成分,其载体本身也容易破碎,所以保存这类资料往往比保存纸型图书更需要严格的管理。

一、胶卷(片)资料

1. 变质原因

缩微胶卷变质一般表现为胶片图像的消失和影像质量的下降。胶片图像的消失是由于乳胶层磨损,乳胶层从塑料片基上脱落或片基本身变质造成的,如胶片硬化、乳胶层起皱或龟裂等。图像质量的下降,一般是由显像性能的减退引起的。如胶片析像能力(即图像的清晰度)下降或对比度(即图像间黑白反差)的下降。

胶片变质的原因,主要有以下几点:

高温:各种缩微胶片都会由于高温使胶片边缘收缩而导致整

卷胶片卷曲不平,严重时投影不清晰,因而影响阅读和复印。不同类型的胶片抗热性的差别很大。银盐型胶片和重氮盐胶片抗高温能力要比微泡型胶片强得多。微泡片最大的敌人是高温,在环境温度为80℃时,影像就会消失。

湿度:湿度过高会导致胶片上出现污斑和发霉;在低湿度下使用胶片,则会使胶片发脆。在很低的湿度下使用缩微品时,胶片穿过阅读机或倒片机,会产生静电,而静电能吸附尘埃,引起化学反应,对胶片具有研磨作用,从而使乳胶面损坏。

在不同类型的缩微胶片中,银盐胶片对高湿极为敏感。当相对湿度为60%时,霉菌就会在银盐胶片上迅速繁殖;而在较低的湿度下,银盐胶片的乳胶层又会由于收缩而造成胶片卷曲。醋酸纤维素胶片在高温高湿下会发粘变型,影像层剥落。重氮盐和微泡片不易受湿度的影响而卷曲,霉菌也不易在上面繁殖。

其他原因:除以上因素外,光也能损坏胶片。银盐型胶片和微泡片具有抵抗光的能力,而重氮盐胶片如暴露在光下,就会使影像消失。

大气污染也会造成各种类型片基的变质以及影像的化学分解。卤化银缩微片对许多污染物都极为敏感,如二氧化硫、油漆气味、过氧化物、臭氧以及氨气。卤化银片和污染物之间会产生氧化还原反应而形成污斑。银盐胶片在气态污染物下,其影相层变得可溶并出现红色和黄色斑点,甚至指纹印也会给卤化银片带来危害,这是因为手上的盐分会同银发生反应而使胶片变质。

除空气污染外,在管理工作中用橡皮筋扎胶片也会使胶片上出现污点。除此之外,橡皮膏、透明胶带、漂白后的纸张、字迹上的油墨印都会损坏胶片。

外力对胶片的损坏也是经常可以看到的。如在胶片上留下划道等。微泡片对于外力最为敏感。微泡片的影像层是靠光从密集的微泡中衍射出来而成像的,因此,指甲压力、仪器故障、钢笔和铅笔造成的压力都会消除影相。除此之外,将缩微品绕成圈时,如果绕得太紧,也会引起胶片间的研磨以及留在胶片中的灰尘同胶片研磨,从而使影相变质。

使用阅读器后,读者往往由于疏忽而将胶片留在阅读器内,也会使胶片因长时间承受高温而变质。

2. 保护方法

缩微胶片可能达到的寿命,在很大程度上决定于空气的温度、湿度、净化程度以及管理方法。

供读者使用的胶片,其存贮的环境条件,一般以 20℃ 和相对湿度为 45—50% 为好。

为了防虫、防霉,一般将胶片放在塑料盒内,保持通风。在胶片存贮的地方不能放置樟脑丸一类的驱虫、灭虫药品。存放胶片时,注意不要把非银盐胶片同银盐胶片放在同一个片轴上或同一容器内,特别是不能同微泡片放在一起。因为微泡片会释放出酸性气体而损坏其他胶片。

在管理过程中,特别应注意防火、防水、防晒和防重压。在流通工作中,应制订规章制度,防止阅读时给胶片带来损坏。

二、照片资料

照片是由乳胶层和涂层发生化学反应而得到的图像。这些图像借助玻璃、金属、塑料或纸张作为底层而存在。黑白图像是由密集的金属银组成,而彩色图像则是由染料形成。

照片图像的变质原因比较复杂。制片时照片上残留的化学物质,会使照片在保存的过程中出现黄褐色斑点,或使图片失去颜色,甚至使图像消失。外界的空气污染物也会引起图像褪色,相纸分解,乳胶层和底层变质,甚至使乳胶层从底层上分离。

使用纸张作为底层的照片,造纸过程中在纸上留下的松香涂料,特别容易使照片变质。有害的化学品一般容易集中在相纸边沿部分,在照片同照片的接触中,有害的化学品往往相互传递,使有害物质从一张照片移到另一张照片上。为了避免相互传染,保存相片时,应将照片边沿对齐,并在照片之间夹上柔软而无酸性的衬纸。

大多数常见的危害主要来自使用和保存照片的过程中。使用不稳定的粘胶剂对照片进行裱贴和装帧,以及用它们来制作保存照片的封皮、封套,将卡片纸或表面粗糙的纸放在照片上,都会使纸上的酸性物质移到照片上,使照片出现污斑或发脆。在照片上乱用钢笔、铅笔作记号和加盖图章都会给照片带来损害。纸质照片比胶片更易损坏,因为这些纸张极易吸湿和吸收空气中的污染物。

彩色照片含有染料成分,染料成分随着时间流逝,慢慢就会褪色。一般图像明显地褪色是在 10 年后。褪色是一种复杂的化学反应,褪色速率会因高温、高湿、严重的空气污染和强光照射而加快。要永久性保存的彩色照片,一般要把它制成黑白底片。流通中的照片,要尽量避免强光的照射。

温度和湿度的波动,使照片的乳胶层产生一种破坏性应力。当湿度较低时,乳胶层和相纸干裂,图片出现卷曲。对于存放时间已很长,相纸和胶层已脆化了的图片,因温度和湿度波动而产生的应力,会使照片折断。高温促使乳胶层和纸层脆化和变质。当相对湿度为 60% 左右,温度为 21℃时,霉菌就会在照片上繁殖,并引起胶片的翘曲。所有的光线都会使照片的图像消退。

照片资料的易脆性和对光的敏感性,决定了照片的原版决不能用于展览。将照片存贮在 18—21℃,相对湿度为 30% 的环境中,可明显地延长照片的寿命。

在平日的管理中,照片和底片应分开放置,避免底片受潮时同照片粘连在一起,同时减少底片的磨损。

三、声像资料

1. 录音资料

像所有的有机物一样,录音资料也易受到化学因素、物理因素的影响,高温、高湿会促使录音载体变质和霉菌生长,导致载体上出现斑点、使声音失真。

温、湿度的波动在载体上会出现线性张力,使载体变形。不正确的保管方式往往使这种变形加剧。如唱片,在这种情况下就可能翘曲。因此,唱片应平整叠放,如发生倾斜,就会产生翘曲而使声音失真。一般说来,塑料唱片放置的最低处最易受损,因此每隔一段时间应改变其放置的位置。

以聚酯作载体的磁带对温、湿度波动极为敏感。温、湿度发生波动,磁带绕成的圈就要变形、并出现串带现象;同时,磁带上的氧化铁也要掉落。磁带应保存在温度波动小于 ±5℃、相对湿度波动小于 ±10% 的环境中。

微型暗盒式磁带虽然使用方便,但这种磁带的载体是不稳定的,而且它的片基很薄,容易断裂并出现串带。这种磁带上的信息是不能永久保存的。

所有录音载体都极易受到灰尘和污垢的损害,对存放录音载体的环境进行除尘和空气过滤,都是必要的保护措施。同时,磁性载体还应远离磁场,以免抹去声音信息。

2. 录像磁带和计算机磁带

可以从物理性能和化学性质来分析录像带的质量,如录像带的聚合物带基的抗张强度、片基物质的密度等。片基物质的密度对录像带的保护有重要影响,因为较薄的带基容易出现串带和引起线度上的变化。

录像带在运行时,灰尘和污物易通过磁头进入带内,而使磁带损坏。另外,在放像过程中,磁带直接接触机器,图相层上的微量乳胶也会被擦掉。

　　计算机的磁带不仅会在使用的过程中受到损坏,如承受的应力,嵌入磁带的灰尘的磨损等,还会受到片基变形的影响。因此,即使在最佳的使用和保存条件下,计算机的磁带的估计寿命也仅10～20年。

　　为了防止录像带、计算机磁带上胶膜的粘连,一般应在较低温度下存放。存放磁带的温度以18～24℃,相对湿度以50%±10%左右为宜。

　　同录音磁带一样,以上两种磁带不应存放在磁场和电场周围,并严格制定管理和使用制度。

　　变质是逐渐进行的。在放映和复制过程中,可能出现污斑。对磁带实行定期重绕,有助于分配磁带上的应力,避免串带。

附录　参考文献目录

注:按教材章节顺序排列。

计算机化图书馆系统引论

　　史鉴、阎立中等译　书目文献出版社　1981 年

图书馆自动化系统

　　胡世炎等译　书目文献出版社　1984 年

情报检索自动化基础

　　王永成编　知识出版社　1984 年

电子计算机在情报工作中的应用

　　曾民族、高崇谦编译　科学技术文献出版社　1980 年

情报技术现状及其应用

　　科学技术文献出版社　1980 年

管理信息系统

　　企业管理出版社　1981 年

管理信息系统

　　徐开明、蒋新儿编著　江苏科学技术出版社　1985 年

论我国图书情报检索的现代化问题

　　刘荣　《武大学报》　1978 年第 5 期

新技术革命与图书馆事业

　　杨沛霆　《图书馆学通讯》　1984 年第 2 期

图书馆工作业务电脑化

　　胡应元　《图书馆学通讯》　1984 年第 2 期

现代化技术对图书馆工作术语概念的深化

　　刘荣　《图书与情报》　1984 年 1—2 期

国外电子技术现状及 2000 年展望

　　上海科技情报所内部报告　1978 年

新的技术革命与图书馆

　　黄宗忠　《图书情报知识》　1984 年第 1 期

情报资料、图书、文献、档案工作的现代化及其影响

　　钱学森　《科技情报工作》　1979 年 7 期

图书馆的机械化

　　（日）专门图书馆协会

日本图书馆现代化设备情况考察见闻

　　丁志刚、鲍振西等　《北图通讯》　1978 年 1 期

建立在新技术基础之上的美国图书情报工作

　　沈迪飞　《计算机与图书馆》　1983 年第 1 期

BASC Ⅱ语言与磁盘操作系统

　　林卓然编　广东科技出版社　1982 年

BASC 程序设计的理论与习题

　　农植伟等译　人民教育出版社

语言文字的信息处理

　　陈明远编　知识出版社　1982 年

光学文字识别系统

　　周新、钱乐秋　《自动化学报》第 5 卷第 1 期　1979 年

情报检索系统入门

　　南京大学数学系译　1979 年

电子计算机——过去、现在和未来

　　丁元煦译　科学出版社　1978 年

汉字输入与人机对话

　　竺乃刚等　《计算机学报》　1978 年 1 期

图书馆计算机系统的系统分析和系统设计

周兵　《计算机与图书馆》　1980 年 2 期

图书馆使用电子计算机的准备工作

徐秉铎　《计算机与图书馆》　1980 年 3 期

如何选择图书馆管理系统适用的计算机

安溆兰、陆玉英　《计算机与图书馆》　1981 年 3 期

系统思想和系统工程(系统工程普及讲座汇编)

钱学森、王寿云　中国科协普及部

系统工程的一些基本概念、观点和方法步骤

顾基发　（系统工程普及讲座汇编）

图书馆管理的统计和系统法的运用

刘钦智　《北图通讯》　1980 年第 2 期

谈谈我国图书馆应用计算机的起步问题

沈迪飞　《图书馆学通讯》　1979 年 2 期

我国科技情报工作现代化目标及其评价原则

刘荣、惠世荣　《科技情报工作》　1981 年 8 期

系统工程学概论

郑春瑞　科学出版社

机读目录概述

周兵　《北图通讯》　1979 年 3 期

图书馆目录

李纪有、沈迪飞、余惠芳　书目文献出版社　1982 年

"马尔克"计划简介

刘国钧　《图书馆工作》　1975 年试刊

利用MARC Ⅱ机读目录系统建立书目数据库共享情报图书资源的
探讨

朱南　《图书馆学通讯》　1979 年第 2 期

谈 MARC 在我国的使用

刘荣　《图书情报工作》　1982 年第 4 期

MARC 磁带格式中的跨块标志

姜树森据 ISO/TC46/SC4 NO147 译　《计算机与图书馆》　1980 年第 3 期

用 WANG VS 计算机进行图书编目、流通的试验

徐亭起　《计算机与图书馆》　1981 年第 2 期

磁带格式的变换

李铁亮　《计算机与图书馆》　1981 年第 1 期

《SPIN》磁带的转换与试验

胡欣德等　《计算机与图书馆》　1981 年第 1 期

数据结构和管理(三)续、第三章

(美)伊凡、费劳利斯　李乐天译

《计算机与图书馆》　1981 年第 1 期

要让国产计算机为图书情报工作现代化服务

陈光祚等　《武汉大学学报》　1980 年 2 期

SDI—111 情报检索系统

王小宁等　《计算机与图书馆》　1979 年 2 期

CJK 终端与计算机编目

陈晓蔷　《计算机与图书馆》　1984 年 4 期

关于测定联机目录终端需要量的研究

J. E. 特莱　《计算机与图书馆》　1984 年 4 期

西文书目系统的联机编目试验

付亚民、陈怀音　《计算机与图书馆》　1984 年第 2 期

国际标准图书编号(ISBN)

余国森、宋君伟等校　《文献与情报工作国际标准汇编》

关于 ISBN

阎立中　《图书馆工作》　1978 年第 3 期

计算机辅助文献管理系统(CADMS)

上海科技情报所　《计算机与图书馆》　1984 年第 4 期

计算机编制主题词轮排的尝试

张孟钦、王懋江　《计算机与图书馆》　1981 年第 2 期

机编关键词文摘索引的形态及特征

    杨廷郊　《计算机与图书馆》　1980 年第 1 期

轮排主题索引的结构特点与机械化过程

    罗素冰、刘荣译　《情报学刊》　1984 年第 3 期

计算机编制《中国机械工程文摘》主题索引

    杨则正　《计算机与图书馆》　1984 年第 2 期

索引语言及其逻辑

    陈光祚　《图书情报知识》　1982 年第 4 期

汉字主题索引的自动编制方法

    刘春科　《计算机与图书馆》　1984 年第 3 期

美国机编文摘概况

    王兵　《情报学报》　1985 年第 4 卷第 2 期

西文期刊联合目录联机检索系统

    应煊、白金华　《计算机与图书馆》　1982 年第 4 期

从 INSPEC 磁带对中国期刊论文的摘编方法谈我国自建文献库的
文献编写

    汤丹　《计算机与图书馆》　1983 年第 3 期

一个试验性的连续出版物系统

    董成泰、张甲　《计算机与图书馆》　1983 年第 1 期

期刊存贮与检索在微机上的实践

    徐兆和　《计算机与图书馆》　1983 年第 1 期

连续出版物的 CODEN 代码

    涤非　《计算机与图书馆》　1980 年第 3 期

外文期刊编目检索计算机处理系统

    刘开瑛　《计算机与图书馆》　1981 年第 1 期

国际连续出版物编号（ISSN）

    周智佑译、孙立明校　《文献与情报工作国际标准汇编》

图书、期刊主题法检索——微电脑及数据库管理系统的应用

    蒋白桦　《图书情报知识》　1982 年第 4 期

裴广生 《计算机与图书馆》 1983 年第 3 期

机读文献库

余光镇 《计算机与图书馆》 1980 年第 2 期

一个多用途的数据库管理系统

L. 桑德 《计算机与图书馆》 1984 年第 4 期

DIALOG 联机情报检索系统

董丽琴 《计算机与图书馆》 1984 年第 2 期

联机情报检索系统入门

（日）罗素冰 刘荣译 《图书馆情报知识》 1982 年第 3 期

自动化情报检索中的若干研究课题

G. 萨尔顿 郑友德译 《计算机与图书馆》 1984 年第 3 期

联机情报检索的远距离传输

钟广义 《计算机与图书馆》 1984 年第 3 期

美国三大联机书目系统综述

余光镇 《计算机与图书馆》 1984 年第 3 期

1985 年图书馆采用的新技术

《计算机与图书馆》 1984 年第 5 期

图书馆网络

S. K. 马丁著 邓琼芳、蔡非译 书目文献出版社 1983 年

联机数据库检索网络

美 M. E. 威廉斯 邱峰译 《计算机与图书馆》 1980 年第 1 期

图书馆的联机革命

吴崔荣 《计算机与图书馆》 1981 年第 3 期

情报检索系统：特性、试验与评价

（美）F. W. 兰卡斯特著 陈光祚译 武大图书馆学系印 1981 年

Journal of Library Automation（美）刊

情报管理 （日）刊

录音手册 （英）约翰·奥尔德雷德著 李勋、夏剑秋译 电影出版社

电声技术基础

424

管善群编著　人民邮电出版社

数码音响放音技术的基本原理

庄超益　《无线电》　1985 年第 7、8 期

视听电路数字化

王国定　《无线电与电视》　1984 年第 3 期

浅谈电视信号的数字化

张家谋　《无线电》　1984 年第 11 期

CD(激光)唱片近日观

李宝善　《无线电与电视》　1984 年第 5 期

使用录像磁带

(英)J. E. 鲁滨孙著　孙明经译

彩色电视

Carnt and Townsend 著　Lliffe 出版

非书资料管理

方同生著

非书资料著录规则

全国文献工作标准化技术委员会第六分委员会

最新复印技术

王阜有、关志鹏编译　河南科学技术出版社　1985 年

图书馆业务自学大全

图书馆现代化简介与展望

张琪玉、刘彭、宋桂文编著　吉林省图书馆学会　1981 年

缩微复印

施仁　《复印》　1980 年第 1 期

文献复制是图书馆现代化服务的有效手段

周锋　《北图通讯》　1978 年第 2 期

静电摄影与静电复印机(连载)

胡异　《复印》　1979 年第 2 期　1980 年第 2 期

缩微资料的贮藏与保管

　　贺金升　中国科学图书馆《图书馆工作》　1971 年第 6 期

光学记录技术是变革情报贮存和传递的重要手段

　　上海科技情报研究所　《科技情报工作》　1979 年第 5 期

国外电摄影进展近况和发展动向

　　张怀玉　《复印》　1980 年第 3 期

缩微技术在图书馆中的应用及其建筑设计要求

　　裴兆云　《北图通讯》　1982 年第 4 期

有关静电复印机使用的几个问题

　　骆小丰　《复印》　1984 年第 1 期

The preservation challenge：

A Guide to Conserving Library Matevials.

by Morrow，Carolyn clark copyright 1983.

permanence／purability of the book

A Two—year Research Program

　　by w. J. Barrow Research caboratory copyright 1963.

图书馆藏书的卫生与修复

　　黄树升译　书目文献出版社

关于现代工业纸张的保护

　　张晋平、潘路　中国历史博物馆印

藏书发展、藏书管理与藏书保护

　　D. C. 黑曾　《图书馆资源与技术服务》　第 25 卷第 1 期

图书资料保存与使用矛盾的处理

　　亚历克斯·威尔逊　《图书情报译丛》　1984 年第 2 期

试论图书保护学

　　吴慰慈　《图书馆工作与研究》　1981 年第 3 期

资料的有效寿命与保存

　　（日）诸墨忠雄　《四川图书馆学报》　1982 年专刊

档案材料的保护和修复

　　（印）凯思帕利亚著

图书馆藏书的卫生与修复

    （苏）H. 普列奥勃拉、仁斯长娅等编

图书馆藏书的保护

    苏联国立列宁图书馆图书卫生修整部主编

损坏纸张的理化因素及预防措施

    （苏）列宁国家图书馆　《大学图书馆通讯》　1983 年第 9 期

从现代纸的寿命说起

    丁宏照　《图书情报工作》　1982 年第 4 期

浅谈我国现代纸张的脆化问题

    刘家真　《图书情报知识》　1984 年第 3 期

加强书刊资料的保护是当前国际图书馆界关心的一个重要问题

    鲍振西《北图通讯》　1983 年第 1 期

关于图书馆藏书的保管

    Л. 彼得罗娃著　《中国科学院图书馆通讯》　1958 年第 8 期

书库防护《图书馆建筑与设计》

    南京工学院建筑系　第 100—103 页

利用最新科研成果抢救图书

    赵思　《世界图书》　A 辑　1983 年第 9 期

纸含酸性　书寿短促

    陈济安译　《四川图书馆学报》　1982 年第 3 期

抢救文献资料浅议

    赵林　《北图通讯》

光对档案的损害及其防护办法

    王贺芹　《档案学通讯》　1982 年第 6 期

防患于未然——谈图书馆日常工作中对藏书的保护

    张金芳　《图书馆研究与工作》　1982 年第 2 期

我国古代图书资料保护方法浅析

    黄文田　《贵图学刊》　1983 年第 4 期

保护公共藏书

A. 秋卡耶夫　《图书馆学刊》　1981 年第 4 期

流通中的图书保护问题

倪新桢　《图书馆研究与工作》　1982 年第 4 期

藏书保护的环境因素

张金芳　《图书馆杂志》　1982 年第 1 期

滤除紫外线的薄板

芳生译　《档案参考》　1983 年第 2 期

书库的通风、防潮、隔热——湿热地区高校图书馆书库建筑

刘渝生　《赣图通讯》　1981 年第 4 期

伯克利处理水淹图书的新技术

王宜宾编译　《云南图书馆》　1982 年第 1 期

图书馆的空调与灾害

锦禹　《广东图书馆学刊》　1982 年第 1 期

图书的防虫与消毒

清华大学建工系　《图书馆建筑设计》

《中国古籍装订修补技术》

肖振棠、丁瑜编著